St. Petersburg

Eva Gerberding

Gratis-Download: Updates & aktuelle Extratipps der Autorin

Unsere Autoren recherchieren auch nach Redaktionsschluss
für Sie weiter. Auf unserer Homepage finden Sie Updates und
persönliche Zusatztipps zu diesem Reiseführer.

Zum Ausdrucken und Mitnehmen oder als kostenloser
Download für Smartphone, Tablet und E-Reader.
Besuchen Sie uns jetzt!
www.dumontreise.de/st-petersburg

short.travel/625r8

Reise-Taschenbuch

Inhalt

Reiseinfos, Adressen, Websites

Panorama – Daten, Essays, Hintergründe

Unterwegs in St. Petersburg

Inhalt

Zarskoje Selo

Auf Entdeckungstour

Karten und Pläne

s. hintere Umschlagklappe

▶

Diese Symbole im Buch verweisen auf die Extra-Reisekarte St. Petersburg

Das Klima im Blick

Reisen verbindet Menschen und Kulturen. Wer reist, erzeugt auch CO_2. Der Flugverkehr trägt mit bis zu 10 % zur globalen Erwärmung bei. Wer das Klima schützen will, sollte sich – wenn möglich – für eine schonendere Reiseform entscheiden. Oder Projekte von *atmosfair* unterstützen: Flugpassagiere spenden einen kilometerabhängigen Beitrag für die von ihnen verursachten Emissionen und finanzieren damit Projekte zur Verringerung des CO_2-Ausstoßes in Entwicklungsländern (www.atmosfair.de). Auch der DuMont Reiseverlag fliegt mit *atmosfair*!

Liebe Leserin,
lieber Leser,

bei keinem meiner Besuche in St. Petersburg versäume ich es, kurz in die Eremitage zu gehen. Wenn ich die Jordantreppe hinaufgehe, bin ich schon mittendrin im imperialen St. Petersburg von Katharina der Großen. Immer wieder aufs Neue fasziniert mich der Blick aus dem Winterpalast auf die Newa oder zur anderen Seite auf den Schlosspalast.

St. Petersburg ist eine Stadt, die stolz herzeigt, was sie hat: fantastische Paläste und Kirchen, romantische Brücken über Flüsse und Flüsschen – und vor allem den nordischen Himmel mit seinem unvergleichlichen Licht. Die betörende Schönheit der Weißen Nächte muss man erlebt haben: die Öffnung der Brücken über die Newa, die Silhouetten der Paläste, die sich in ihrem silbrigen Wasser spiegeln. Mehr als in jeder anderen europäischen Stadt habe ich in St. Petersburg den Eindruck, mich in einem Freilichtmuseum der Architektur zu bewegen. Nirgendwo sonst sind die Bauten so aufeinander abgestimmt, nirgends ist die städtebauliche Konzeption so deutlich wahrnehmbar wie hier. Allein 500 Adelspaläste gibt es in der Innenstadt.

Wer St. Petersburg hört, denkt an Puschkin und Dostojewskij, an die Ballettkunst und die Musik Tschaikowskijs, Strawinskijs, Prokofjews und Schostakowitschs. Über 300 Jahre teils glanzvoller, teils von Schrecken geprägter Geschichte liegen hinter St. Petersburg. Durch die Verlegung der Hauptstadt nach Moskau 1914 wurde das architektonische Gesamtbild von Petersburg gerettet. Strenge Denkmalschutzvorschriften und chronischer Geldmangel haben die Zerstörung des Stadtkerns verhindert. An Petersburg begeistert mich immer wieder, dass es eine Stadt im Aufbruch ist und eine Stadt der Gegensätze.

Mit diesem Buch möchte ich Sie auf Ihrer Entdeckungsreise durch St. Petersburg begleiten. Sie können ein wenig in das Innenleben der Newa-Metropole eintauchen und erhalten dabei konkrete Tipps zu kulturellen Highlights, typischen Restaurants sowie angesagten Cafés und Szenevierteln.

Ich wünsche Ihnen einen erlebnisreichen Aufenthalt und freue mich auf Ihre Rückmeldung!

Wie Venedig besitzt auch St. Petersburg zahlreiche Wasserstraßen

St. Petersburg persönlich – meine Tipps

Nur wenig Zeit? Ein Spaziergang zum ersten Kennenlernen

Vom **Schlossplatz** überqueren Sie die Newa über die Schlossbrücke (Dworzowaja most) Richtung **Wassiljewskij-Insel**. An der Spitze dieser Insel haben Sie von der **Strelka** einen wunderbaren Blick auf die Stadt: links die **Peter-Paul-Festung** mit der Petrograder Seite und rechts die Große Seite mit der **Eremitage** und den Palästen, die sich wie Perlen einer Kette aneinanderreihen; rechts die **Admiralität** und dahinter die **Isaakskathedrale**. Mit diesem Panoramablick bekommt man ein Gefühl für die Stadt.

Oder machen Sie es wie der Schriftsteller Nikolaj Gogol, der schrieb: »Es gibt nichts Schöneres als den Newskij Prospekt, jedenfalls nicht in Petersburg; für Petersburg ist er alles.« Tatsächlich, ohne den **Newskij Prospekt** versteht man die Stadt nicht. Der 5 km lange Boulevard führt von der **Admiralität** bis zum **Alexander-Newskij-Kloster** an etli-

chen Sehenswürdigkeiten und Geschäften, Cafés und Restaurants vorbei und ist immer belebt. Von den rund fünf Millionen Einwohnern scheinen fast eine Million auf dem Newskij hin- und herzulaufen. Die Petersburger laufen und hetzen hier aber nicht nur, sondern schlendern und bummeln auch.

St. Petersburg zum Kennenlernen

★ Peter-Paul-Festung
★ Strelka
Wassiljewskij-Insel
★ Eremitage
Schlossplatz
Admiralität
★ Isaakskathedrale ★ Newskij Prospekt

Alexander-Newskij-Kloster ★

Mindestens zwei Tage sollte man für den Besuch der Eremitage einplanen

Welche Stadtviertel sind besonders spannend?

Einer der lebendigsten Stadtteile ist die **Petrograder Seite** mit ihrer Mode- und Restaurantmeile entlang dem **Bolschoj Prospekt** und dem **Kamennoostrowskij Prospekt.** Aber auch das Viertel zwischen **Ligowskij Prospekt** und **Wladimirskij Prospekt** hat sich zu einem lebendigen Stadtteil mit Klubs und Cafés entwickelt. Das Viertel ist zudem mittlerweile bei Künstlern als Quartier beliebt: Die **Puschkinskaja 10** und das **Loft Etagi** befinden sich hier.

Wo Petersburg besonders spannend ist

Die Museen der Stadt – welches muss man wirklich sehen?

Museen hat Petersburg viele und fast alle sind interessant. Das Highlight ist natürlich die **Eremitage.** Allein für diese sollte man mindestens zwei Tage einplanen. Nicht nur die alten Meister und die französischen Impressionisten hängen hier, sondern auch interessante Wechselausstellungen zeitgenössischer Kunst sind zu sehen. Zudem sind allein die Räume im alten Winterpalast einen Besuch wert! Nicht versäumen sollten Sie auch das **Russische Museum** am Platz der Künste. Es zeigt russische Kunst von den Ikonen bis zu Werken der Moderne. Besonders interessant ist die Sammlung der russischen Avantgarde.

Mein besonderer Museumstipp

Literaturfreunde werden an Petersburg ihre wahre Freude haben. Eine Besonderheit sind die Literaturmuseen, die einen interessanten Einblick in das Leben der Dichter und Schriftsteller bieten: Vor allem das **Puschkin-Museum** in der letzten Wohnung Alexander Puschkins und das **Dostojewskij-Museum** in der letzten Wohnung, die Dostojewskij mit seiner Familie bewohnte, geben Zeugnis von der Zeit und tiefere Einblicke in das Werk der beiden Schriftsteller.

Gibt es typische Locations, die zugleich originell sind?

In den letzten Jahren ist ein neuer Trend in der Gastronomie zu beobachten: Es gibt immer mehr Restaurants, die die russische Küche pflegen. Besonders atmosphärisch können Sie das im **Mari Vanna** (s. S. 260) erleben. Dort sieht es aus wie in einem russischen Wohnzimmer vor fünfzig Jahren und so ist auch die Küche: Serviert wird russische Hausmannskost wie Borschtsch und Pelmeni oder ›Hering im Pelzmantel‹. Im **Russkaja Rjumotschnaja No. 1** (s. S. 210) kann man ebenfalls russische Küche genießen und auch gleich den Wodka dazu, denn hier ist ein kleines Wodka-Museum angeschlossen. Interessant sind auch georgische Restaurants wie das **Tbilissi** (s. S. 265).

Wer das Ungewöhnliche sucht – Sightseeing einmal anders

Die russischen Friedhöfe haben eine ganz besondere Atmosphäre und kein Friedhof in Petersburg ist schöner als der des **Alexander-Newskij-Klosters**. Hier finden Sie in der Nekropole der Künstler die Gräber von Dostojewskij, Tschaikowskij, Glinka, Rimskij-Korsakow und Mussorgskij. Linkerhand auf dem **Lazarus-Friedhof** liegen die Staatsmänner und Architekten der Stadt begraben.

Schwitzen Sie einmal in der **Banja** (s. S. 52)! Schon der portugiesische Leibarzt von Zarin Elisabeth bestätigte, dass »die Banja zwei Drittel aller Medikamente ersetzt, die in der ärztlichen Heilkunde beschrieben sind«. Immer noch ist für die Russen die Banja eine Art Allheilmittel für Leib

Die besten Aussichtspunkte

und Seele und das beste Mittel gegen Depressionen.

Wagen Sie sich in das Chaos des Petersburger Alltags: Tauchen Sie ein in den Trubel eines **Bauernmarktes** (s. S. 175), wo es nach Gewürzen duftet und alle Herrlichkeiten südlicher Früchte präsentiert werden.

Petersburg von oben: Wo hat man die beste Aussicht?

Der Klassiker ist die Kuppel der **Isaakskathedrale**. Hunderte Stufen führen nach oben, doch dann werden Sie reich belohnt: Der Rundblick aus der Engelsperspektive ist fantastisch. Vom Glockenturm der **Auferstehungskirche des Smolnyj** bietet sich ein herrlicher Blick auf das Kloster und die Newa und man gewinnt einen Eindruck von der Weite der Stadt. Auch einige Bars und Restaurants sind Top-Aussichtspunkte: die **Wine Terrace** im W Hotel (s. S. 44), das Restaurant **Moskwa** im Einkaufszentrum Stockmann (s. S. 180), das **Terrassa** im Vanity-Komplex (s. S. 161) oder die **Bellevue Brasserie** im Hotel Mojka 22 Kempinski (s. S. 32).

Wie kommt man mit öffentlichen Verkehrsmitteln zurecht?

Alle 40 Sekunden fährt in Petersburg eine Metro. Schneller und günstiger

St. Petersburg persönlich – meine Tipps

Einkaufsmöglichkeiten und Parks

Jelagin-Insel
Bolschoij Prospekt
Taurischer Garten
Sommergarten
DLT
Grand Palace Passage
Gostinyj Dwor

kommt man nicht voran. Die Karten mit den farbigen Linien sind relativ übersichtlich. Außerdem kreuzen viele Trollejbusse die Stadt.

Wohin geht man für den Einkaufsbummel?

Ideal sind, vor allem bei schlechtem Wetter, die vielen Passagen und Kaufhäuser der Stadt – ob der **Gostinyj**

In neuem Glanz: der Sommergarten

Dwor, gegenüber die **Passage** oder das **Grand Palace.** Edeldesigner findet man im neu renovierten **DLT** in der Bolschaja Konjuschennaja. Wer sich für Mode interessiert, wird sicher fündig auf der Petrograder Seite, vor allem am **Bolschoij Prospekt,** wo kleine interessante Labels und auch russische Designer vertreten sind.

Welcher Stadtpark ist am schönsten?

Der schönste Park mitten in der Stadt ist der **Sommergarten,** den schon Peter der Große anlegen ließ und Alexander Puschkin für seine morgendliche Inspiration besuchte. Zwischen drei Kanälen und der Newa liegt er auf einer Insel und hat durch seine geometrische Anordnung einen ganz eigenen Charme. Auch der **Taurische Garten** mit seinem kleinen See, den Spielplätzen und den verschlungenen Wegen bietet Erholung mitten in der Stadt. Das schönste Naherholungsgebiet sind jedoch die Inseln im Norden, vor allem die **Jelagin-Insel** ist ein friedlicher Ort mit herrlichen Spazierwegen.

Wie besichtigt man die Stadt vom Wasser aus?

Vom Wasser aus eröffnen sich völlig neue Perspektiven auf das ›Venedig des Nordens‹. Überall, wo der Newskij Prospekt von Kanälen gekreuzt wird, gibt es Anbieter von Bootstouren, in der Gruppe oder individuell. In einer Stunde auf dem Boot kann man mehr sehen als zu Fuß in derselben Zeit (s. S. 62, 158).

Petersburg am Abend

Petersburg ist eine Musikstadt. Nicht nur das **Mariinskij-Theater,** das **Michailowskij-Theater** oder die **Philharmonie,** sondern auch viele kleine Konzertsäle locken mit interessanten Opern- und Ballettaufführungen oder Konzerten. Aber auch die Klubszene ist sehr le-

Bewegendes passiert in Neu-Holland: die Insel als Kultur- und Begegnungszentrum

bendig. Eine Tour durchs Nachtleben führt zu Jazzklubs und schicken Trendlocations ebenso wie zu gemütlichen Kneipencafés (s. S. 142).

Die reizvollsten Ausflugsziele
Zahlreiche Ziele außerhalb der Stadt laden zu Ausflügen ein: ob im Norden am Finnischen Meerbusen das Landhaus des Malers Ilja Repin (s. S. 282), im Süden die Zarenschlösser und Parks **Zarskoje Selo** und **Pawlowsk** oder im Westen das Prunkschloss **Peterhof** mit seinen Wasserbecken und Fontänen.

Ist Petersburg nicht sehr anstrengend?
Petersburgs Straßen sind überfüllt von Autos und ständig verstopft. Die Stadt und die Menschen wirken europäisch, aber die Mentalität ist doch eine andere – hier wird gedrängelt, geschoben und auch skrupellos vom Recht des Stärkeren Gebrauch gemacht. Je gelassener man dem begegnet, desto besser kommt man zurecht. Oasen in diesem Chaos sind die Parks, Museen und Cafés.

Was tut sich in Petersburg?
Neu-Holland (Nowaja Gollandija), die von schmalen Wasserstraßen umgebene ehemalige Werftanlage, wurde Ende des 18. Jh. im frühklassizistischen Stil errichtet und ersetzte die holländisch anmutenden Holzbarracken aus der Zeit Peters des Großen. Seit der Neueröffnung im Sommer 2016 ist die Insel nun das gesamte Jahr über als Ort der kulturellen Begegnung mit Ausstellungen, Performances und Musikveranstaltungen geöffnet. Nach und nach werden alle historischen Gebäude renoviert und für die Öffentlichkeit zugänglich gemacht (www.newhollandsp.ru).

NOCH FRAGEN?
Die können Sie gern per E-Mail stellen, wenn Sie die von Ihnen gesuchten Infos im Buch nicht finden:
gerberding@dumontreise.de
info@dumontreise.de
Auch über eine Lesermail von Ihnen nach der Reise mit Hinweisen, was Ihnen gefallen hat oder welche Korrekturen Sie anbringen möchten, würden wir uns freuen.

Engelsperspektive – auf der Kuppel
der Isaakskathedrale, S. 207

Kleine Fluchten mitten in der Stadt –
Mendelejewskaja linija, S. 243

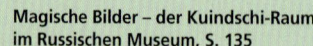

Lieblingsorte!

Magische Bilder – der Kuindschi-Raum
im Russischen Museum, S. 135

Vitamine in allen Farben – Bummel
auf dem Kusnetschnyj rynok, S. 175

Pure Eleganz – Lobbybar des Grand Hotel Europe, S. 165

Ruhe und Besinnlichkeit – im Park der St.-Nikolaus-Kathedrale, S. 198

Nachmittags in der Lobbybar des Grand Hotel Europe einen Tee trinken, über den bunten Kusnetschnyj rynok bummeln oder die Ruhe im kleinen Park der St.-Nikolaus-Kathedrale genießen; auf der Wiese in der Mendelejewskaja linija sitzen und dem studentischen Treiben an der Universität zuschauen oder sich im Restaurant Mari Vanna in eine andere Zeit zurückversetzen lassen; außer Atem nach 562 Stufen die Kuppel der Isaakskathedrale erreichen und über die Dächer der Stadt hinweg in die Ferne blicken – St. Petersburg ist voller interessanter und liebenswerter Orte und Plätze, einige sind mir besonders ans Herz gewachsen und ich freue mich immer wieder darauf, zu ihnen zurückzukehren.

Steingewordener Traum mit idyllischem Park – das Jelagin-Schloss, S. 270

Mehr als ein Hauch Nostalgie – das Restaurant Mari Vanna, S. 260

Schnellüberblick

Vom Heumarkt zum Englischen Ufer
Vom Dostojewskij-Viertel der ›kleinen Leute‹, das immer neue Überraschungen in den schmalen Gassen birgt, geht es durch das Theaterviertel über Kanalbrücken in den imperialen Teil der Stadt. S. 184

Wassiljewskij-Insel
Eine auf dem Reißbrett entstandene Insel für Wissenschaft und Kultur. Heute liegt hier neben Museen und Universität ein angenehmes Wohngebiet. Vom Universitätsufer öffnen sich schöne Blicke auf die Große Seite. S. 230

Petrograder Seite
Ein lebendiges Wohnviertel, der europäischste Teil von St. Petersburg mit den meisten Jugendstilbauten. Hier findet man herrliche Cafés und Restaurants, außerdem laden interessante Shops zum Bummeln ein. S. 248

PETROGRADSKIJ RAJON

Malaja Neva

VASILEOSTROVSKIY RAJON

Boľšaja Neva

ADMIRALTEJSKIJ RAJON

Altstadt

Die architektonischen Höhepunkte liegen vor allem in der Altstadt: Senatsplatz, Schlossplatz, Winterpalast, Christi-Auferstehungs-Kathedrale. An der Mojka sieht man viel vom maroden Charme der Newa-Metropole. S. 114

Newskij Prospekt

Rund um Petersburgs Flaniermeile lag einst das beliebte Wohnviertel der Aristokratie. 4,5 km geht es an Palästen, Schaufenstern, Cafés und Restaurants entlang von der Admiralität bis zum Alexander-Newskij-Kloster. S. 144

Fontanka und Litejnyj-Viertel

Das einst von Adel und Großbürgertum bewohnte Viertel bietet heute eine große Restaurantdichte, Antiquitätenläden und Galerien, zeigt aber auch das baufällige, nicht renovierte Petersburg. S. 212

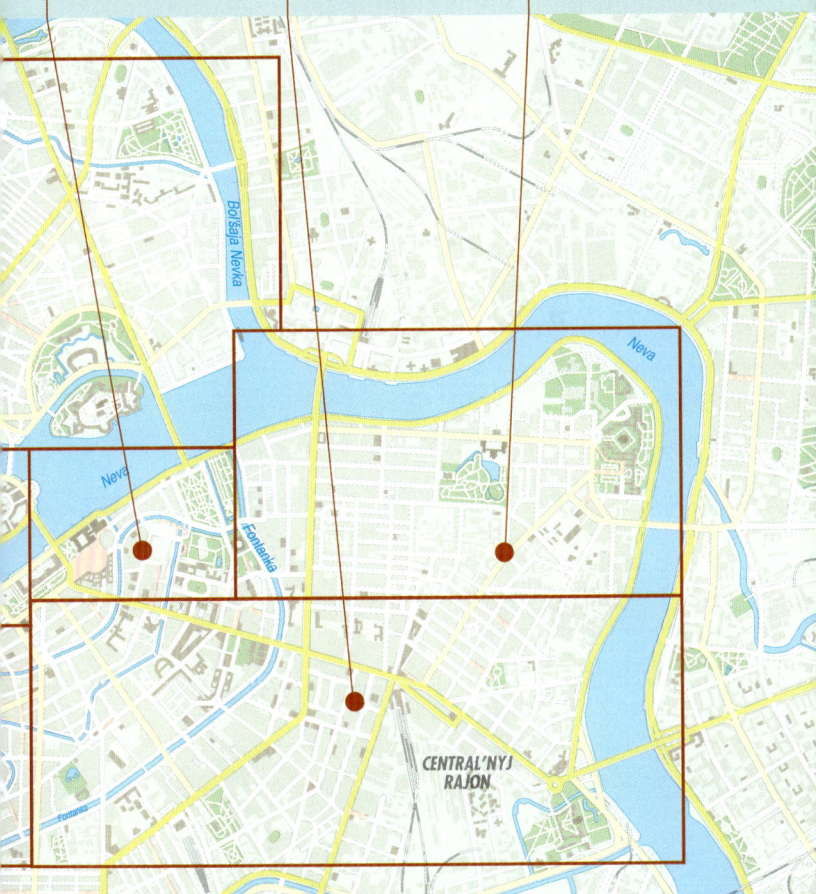

Reiseinfos, Adressen, Websites

St. Petersburgs Zauber auf die Spur kommen – per Kutsche, Bus, Auto oder zu Fuß

Informationsquellen

Infos im Internet

www.visit-petersburg.ru
Übersichtlich gestaltete offizielle Tourismus-Homepage der Stadt in Englisch und Russisch von der Agentur für städtisches Marketing. Mit einer Auflistung von Hotels und Restaurants und allem, was man zur Reisevorbereitung braucht. Zur Einstimmung kann man sich hier akustische Exkursionen und virtuelle Touren herunterladen. Mit App.

www.russland.news
Deutschsprachige Internetzeitung mit aktuellen Infos und Hintergrundberichten zu ganz Russland. Man kann Petersburg anklicken und kommt zu den Infos über die Newa-Stadt mit Tipps für Hotels, Restaurants etc.

www.petersburger.info
Sehr gute Infos über die Stadt: Geschichte, Kultur, Hotels, Restaurants und praktische Tipps. Privat von einem Deutschen ins Netz gestellt (dt.).

www.petersburg.aktuell.ru
Nachrichten über und aus Petersburg von der deutschsprachigen Internetzeitung »Russland-Aktuell«. Interessante, aktuelle Berichte, viele gute Servicetipps zu Restaurants, Hotels und Klubs!

Interessante Apps für Petersburg
City Card: Die App erleichtert es, von einem Ort zum anderen zu finden.
Spb Transport: Fahrpläne einsehen, Routen planen.
SPB Bridges: Diese App kennt die Öffnungszeiten der Brücken.
Die genannten Apps sind kostenlos für iPhone und Android erhältlich.

---

www.spbculture.ru/en/
Auf dieser Seite informiert das Kulturdezernat der Stadt St. Petersburg über Institutionen und aktuelle Kulturevents.

www.petersburg4u.com
Informativer Blog von Einheimischen und Touristen zu Mode, Kunst, Museen, Restaurants u. v. m.

www.auswaertiges-amt.de
Über die Menüpunkte »Reise & Sicherheit«, »Länder A–Z« gelangt man zu Basisinformationen des Auswärtigen Amts zur politischen und wirtschaftlichen Lage, zu Geschichte und Kultur Russlands; interessant auch die Sicherheitshinweise und die Darstellung der Beziehungen Deutschland–Russland.

Touristenbüros vor Ort

Im deutschsprachigen Raum gibt es keine russischen Fremdenverkehrsämter.

Städtisches Touristenbüro
ul. Sadowaja 14/52 und 37
Tel. 310 22 31
www.visit-petersburg.ru
eng.ispb.info
Mo–Sa 10–19 Uhr
Metro: Newskij Prospekt/Gostinyj Dwor
Tourist Helpline 30 30 555 (24 Std.)
Weitere Informationsstellen u. a. am Flughafen und am Isaaksplatz, s. Website.

Weitere Informationsmöglichkeiten vor Ort
In allen großen Hotels gibt es ein Servicebüro, über das Ausflüge gebucht, Tickets besorgt und Dolmetscher bestellt werden können. Eine gute Anlaufstelle ist auch folgende unter deutscher Leitung stehende Agentur:

Ost-West-Kontaktservice
ul. Wosstanija 7, office 306
Tel. 327 34 16, www.ostwest.com

Lesetipps

Achmatowa, Anna: Liebesgedichte, Ditzingen 2013. Hundert Gedichte zum Thema Liebe. Leicht formuliert, entfaltet Achmatowa in wenigen Zeilen einen ganzen Reigen von Geschichten und Bildern. Ein Einblick in das Leben der größten Dichterin der Stadt.

Anziferow, Nikolai: Die Seele Petersburgs, München 2003. Der Historiker und Publizist schrieb das Buch schon 1922. In der Sowjetunion war es ein Geheimtipp und nur im Antiquariat zu finden. Anziferow macht sich auf die Suche nach der Seele der Stadt.

Belyj, Andrej: Petersburg, Frankfurt 2005. Ein Vater-Sohn-Konflikt während der Revolution von 1905, mit Fieberträumen und Halluzinationen – manchmal verwirrend, aber originell.

Bitow, Andrej: Das Puschkinhaus, Frankfurt 2008. Kindheit und Jugend unter Stalin, komplizierte Lieben, ekstatische Besäufnisse und ein tödliches Duell. Ein opulenter Roman über das Lebensgefühl während der Sowjetzeit.

Brodsky, Joseph: Erinnerungen an Petersburg, München 2003. Das schönste Buch über die Stadt von Russlands bedeutendstem Dichter. Eine Hommage – dazu die stimmungsvollen Fotos von Barbara Klemm.

Butenschön, Marianna: Ein Zaubertempel für die Musen, Die Ermitage in St. Petersburg, Köln 2008. Ein Blick hinter die Kulissen der Eremitage. Mit großem Kenntnisreichtum und Anekdoten erzählt. Ein faszinierendes Kaleidoskop des Museums von seinen Anfängen bis in die Gegenwart.

Fedorowski, Wladimir: Die Zarinnen – Rußlands mächtige Frauen, München 2002, nur noch antiquarisch erhältlich. Starke Frauen an der Spitze eines Riesenreiches – auf lockere und amüsante Weise erzählt.

Figes, Orlando: Nataschas Tanz – eine Kulturgeschichte Russlands, Berlin 2011. Wer dieses Buch liest, lernt viel über Russlands Sitten und Bräuche, seine Kultur und Geschichte und die Persönlichkeiten, die Russland geprägt haben.

Dostojewskij, Fjodor: Verbrechen und Strafe, Frankfurt 2008 (s. S. 190).

Gorelik, Lena: Verliebt in St. Petersburg. Meine russische Reise, München 2008. Die gebürtige Petersburgerin reist mindestens zweimal im Jahr in ihre alte Heimatstadt und besucht dabei ihre Verwandten. Ein witziges, sehr persönliches Reisebuch.

Granin, Daniil: Peter der Große, Berlin 2001, antiquarisch erhältlich. Ein großer Roman über Russlands Glanz und Elend und den genialen Stadtgründer.

Nabokov, Vladimir: Erinnerung, sprich, Hamburg 1999. In Nabokovs Erinnerungen wird alles wieder lebendig: das vorrevolutionäre Petersburg, das er als Junge erlebt hat, und das Paradies vor der Stadt, das Landhaus.

Scherrer, Jutta: Requiem für den Roten Oktober, Rußlands Intelligenzija im Umbruch 1986–1996, Leipzig 1996, nur noch antiquarisch erhältlich. Die Veränderungen der Perestroika-Zeit und der postsowjetischen Ära werden in verschiedenen Essays beleuchtet.

Schinkarjow, Wladimir: Maxim und Fjodor, Berlin 2001, nur noch antiquarisch erhältlich. Petersburger Lebensphilosophien auf leichte und ironische Art und Weise von einem Mitglied der Künstlergruppe Mitki erzählt (s. S. 92).

Schulze, Ingo: 33 Augenblicke des Glücks, München 2009. Erlebte und erdachte Episoden eines Deutschen in Petersburg. Die Stadt als Projektionsfläche für Schulzes literarische Fantasien. Sehr unterhaltsam!

Wetter und Reisezeit

Maritimes Klima

St. Petersburg liegt zwar auf dem-selben Breitengrad wie die Südküste Grönlands, doch ist das Klima milder; es ist maritim mit kalten Wintern.

Von den rund 1500 km² der Stadt (Großraum) sind rund 15 % Wasser. Im Durchschnitt liegt die Stadt lediglich 3–10 m über dem Meeresspiegel, d. h. das Stadtgebiet ist permanent von größeren Überschwemmungen bedroht. Rund 300 Hochwasser sollen es seit Beginn des 18. Jh. gewesen sein.

Der Einfluss der Ostsee ist in St. Petersburg zu allen Jahreszeiten spürbar. Immer herrscht eine hohe Luftfeuchtigkeit – selten liegt sie unter 80 %. Daher empfindet man die Temperatur anders als in Moskau: Die Kälte fühlt sich kälter an und die Sommerwärme nicht so warm. Starker Wind und häufiger Regen sind zu allen Jahreszeiten vorherrschend.

Klimadiagramm St. Petersburg

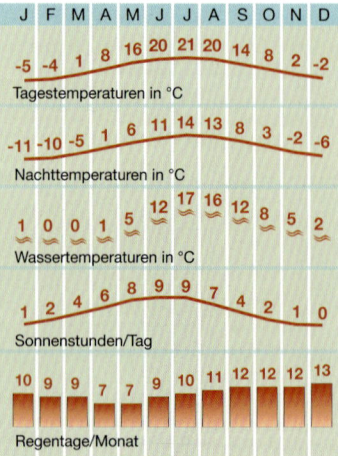

Petersburg im Frühling

Mit den ersten Frühlingstagen, wenn die Temperaturen wieder deutlich über null Grad steigen, spürt man ein kollektives Aufblühen der Stadt. Das Schmelzen des Newa-Eises bildet den Auftakt zu der Zeit des Tauwetters. Nach einem harten Winter mit viel Schnee kann der März – und ebenso der April – noch sehr unangenehm sein. Dann verwandelt sich der Schnee in Matsch und die Stadt droht im Dreck zu versinken. Das wird schlagartig besser, sobald sich das erste Grün an den Bäumen zeigt. Ab April/Mai steigen die Temperaturen sprunghaft in die Höhe. Am Frühlingsanfang können sie durchaus zuweilen von einem Tag auf den nächsten um 15 Grad differieren.

Im Frühling finden in Petersburg einige Festivals statt (s. S. 50). Auch das Osterfest ist ein wichtiger Höhepunkt im Jahreslauf – und vor allem wird am letzten Wochenende im Mai der Stadtgeburtstag gefeiert.

… im Sommer

Der Sommer ist mit Durchschnittstemperaturen von bis zu 20 °C in der Regel sehr angenehm. Dennoch sind auch zwischen Juni und August wegen des Seeklimas abrupte Wetteränderungen möglich.

Der August ist der ruhigste Sommermonat, in dem die Petersburger in die Ferien oder zur Datscha fahren. Dann kann man die Stadt relativ menschenleer genießen.

Die ›Weißen Nächte‹

Im Sommer erlebt man durch die nördliche Lage der Stadt zur Zeit der Sonnenwende die ›Weißen Nächte‹. Einige Tage – um den 21. Juni herum – wird es selbst zu tiefster Nachtzeit nicht völlig dunkel. Das ist nicht nur für Touristen eine interessante Zeit, sondern auch für die Petersburger, die sich das ganze Jahr auf die Weißen Nächte freuen! Zu dieser Zeit finden auch die meisten Events und Festivals in Petersburg statt.

… im Herbst

Der Monat September ist eine wunderbare Reisezeit für die Stadt, denn die Tage können noch sehr warm sein. Im Oktober wird es jedoch schlagartig kühl und nass. Der Vorteil in dieser Zeit ist, dass die Museen nicht mehr mit Touristen überfüllt sind, alles ist entspannter und leerer.

Wegen der Laubfärbung sind Spaziergänge in den innerhalb und außerhalb der Stadt gelegenen Parks im Herbst besonders empfehlenswert (beispielsweise Pawlowsk und Zarskoje Selo).

… im Winter

Das Schönste an St. Petersburg sind neben den ›Weißen Nächten‹ die ›Weißen Tage‹. Petersburg im Schnee ist wirklich ein Märchen: Alle Geräusche sind gedämpft und die Stadt erstrahlt hell und festlich. In den Wintermonaten kann es durchaus bis zu 25 °C Frost geben, obwohl die Durchschnittstemperatur –7,9 °C beträgt. Im Winter wird es erst gegen 10 Uhr hell und bereits ab 15 Uhr dunkel.

Das Neujahrsfest und das russisch-orthodoxe Weihnachtsfest sind im Winter die größten Feste. Ende Februar/Anfang März verabschieden sich die Menschen mit der ›Butterwoche‹ von der kalten Jahreszeit.

Gut zu wissen
Günstige Flüge buchen: Linienflüge nach St. Petersburg aus dem deutschen Sprachraum werden von Aeroflot, Rossiya, Austrian Airlines, Lufthansa und Swiss durchgeführt. Von einigen Städten gibt es auch Verbindungen mit Air Berlin und Germanwings. Besonders teuer sind Flüge zwischen Mai und August. Manchmal sind Umsteigeverbindungen über Helsinki, Kopenhagen, Warschau oder Stockholm günstiger als Direktflüge. **Wettervorhersage im Internet:** www.petersburg.aktuell.ru oder www.wetteronline.de.

Schneeverhältnisse

Leider ist ein beständig verschneites St. Petersburg mit Eisgang auf der Newa, wie man es aus der Literatur kennt, angesichts der Erwärmung des Erdklimas nicht mehr das absolut vorherrschende Winterbild. Der Schnee ist nicht mehr mit der gleichen Zuverlässigkeit zu erwarten wie früher und verschwindet zuweilen ebenso schnell, wie er gekommen ist.

Kleidung und Ausrüstung

Keine Reise im Herbst ohne Stiefel und Regenjacke! Schon im Herbst ist sehr warme Kleidung angeraten und besonders stabiles Schuhwerk. Bei Schnee und Eis – und das kann von November bis März sein – braucht man rutschfeste Sohlen, denn die Gehwege sind nicht geräumt. Für Frauen gilt: Niemals Schuhe mit dünnen Absätzen tragen, denn nicht nur werden im Winter Schnee und Eis nicht geräumt, die Fußwege weisen teilweise auch Löcher im Asphalt auf. Am besten geht man in Petersburg mit flachen Schuhen.

Anreise und Verkehrsmittel

Einreise- und Zollbestimmungen

Für die Einreise in die Russische Föderation ist ein gültiges Visum erforderlich, das bei der Visaabteilung der zuständigen Botschaft bzw. des Generalkonsulats erhältlich ist (s. S. 58). Dazu benötigt jeder einen gültigen Reisepass (auch Kinder), einen Visumsantrag und ein Passbild, darüber hinaus einen Hotelvoucher oder eine Einladung. Das Visum ist kostenpflichtig und nur für den beantragten Zeitraum gültig. Außerdem muss man eine Auslandskrankenversicherung abgeschlossen haben.

Normales Reisegepäck darf zollfrei eingeführt werden. Bei der Ausfuhr ist zu beachten, dass man keine Antiquitäten, Kunstgegenstände nur mit Ausfuhrerlaubnis und außerdem keinen schwarzen Kaviar mitnehmen darf.

Anreise

... mit dem Flugzeug

Von allen großen Flughäfen Deutschlands, der Schweiz und Österreichs wird Petersburg täglich mehrmals angeflogen. Die Flüge der ausländischen Airlines landen und starten meist auf Pulkowo II, die Flüge der russischen Airlines aus dem Ausland landen und starten meist in dem neuen Terminal I, wo auch die Inlandsflüge landen. Beide Flughäfen liegen im Süden der Stadt, www.pulkovoairport.ru/en.

... mit der Bahn

Die Zugfahrt ist lang, aber unter Umständen unterhaltsam, wenn man in dem Viererabteil mit netten Menschen reist. Etwa 35 Stunden dauert die Fahrt ab Berlin. Züge von dort kommen am Warschauer oder Witebsker Bahnhof an. Infos und Ticketbuchung bei www.gleisnost.de.

Von Moskau fährt ein Schnellzug nach St. Petersburg (Ankunft: Moskauer Bahnhof); die Fahrtzeit beträgt nur knapp fünf Stunden.

Zentrales Bahnticket-Büro in St. Petersburg
nab. Kanala Gribojedowa 24
Metro: Newskij Prospekt/
Gostinyj Dwor

Buchung von Bahntickets per Internet innerhalb Russlands:
eng.rzd.ru

... mit dem Auto

Es ist davon abzuraten, mit dem Auto von Westeuropa über Polen nach Russland einzureisen. Die Straßen sind schlecht und die Wartezeiten an den Grenzen sind lang.

Wer dennoch sein Auto braucht, reist am besten mit dem Schiff an: Abhängig von der Jahreszeit verkehren Fähren der finnischen Schifffahrtslinie Finnlines zwischen Travemünde und Helsinki (www.finnlines.com). Von

Flughafentransfer

Um ins Zentrum von St. Petersburg zu gelangen, kann man ab Pulkowo II **Bus** 13 nehmen, ab Pulkowol Bus 39. Beide Busse fahren bis zur Metrostation Moskowskaja. Manche Hotels bieten einen **Abholservice** an. Es besteht aber auch die Möglichkeit, in der Flughafenhalle ein **Taxi** zu buchen, das ins Zentrum ca. 20 € kostet (Fahrtdauer 30–40 Min.).

Helsinki fährt man auf der Straße über Wyborg nach St. Petersburg.

Einmal wöchentlich kann man außerdem von Travemünde mit Finnlines direkt nach St. Petersburg fahren.

Verkehrsmittel

Metro
Die Metro ist das schnellste Verkehrsmittel der Stadt. Sie fährt von 5.45 bis 1 Uhr in kurzen Intervallen, in der Hauptverkehrszeit im 1,5-Minuten-Takt. Am Eingang (Schild ›Вход‹) der Metro kauft man Jetons, die in die Pfosten an den Schranken geworfen werden (1 Jeton kostet 35 Rubel; wenn man die Metro nicht verlässt, kann man damit theoretisch die gesamte Metrostrecke St. Petersburgs abfahren). Bei grünem Licht zügig durchgehen. Zum Teil führen 120 m lange Rolltreppen in die Tiefe des 60 km langen Tunnelsystems. Will man umsteigen, geht man den Schildern ›переход‹ nach; sucht man den Ausgang, folgt man dem Schild ›Выход‹. 2012 wurde die Station Admiralitejskaja auf der violetten Linie 5 eingeweiht (www.metro.spb.ru/en/).
Metroplan s. Rückseite der Reisekarte zu diesem Buch.

Elektritschka
Die Vorortbahn fährt von den verschiedenen Bahnhöfen in die Datschensiedlungen und ehemaligen Zarenresidenzen. Vom Baltischen Bahnhof aus kann man nach Peterhof starten Der Witebsker Bahnhof ist Ausgangspunkt für Fahrten nach Pawlowsk und Zarskoje Selo.

Autobus und Trolleybus
Um Autobus und Trolleybus zu benutzen, braucht man einen Talon, den man beim Fahrer kaufen kann (35 RUB). Im Bus muss er dann entwertet werden. Ist der Bus zu voll, um selbst an die Entwertungsmaschine zu gelangen, reicht man seinen Talon weiter und bekommt ihn entwertet zurück.

Straßenbahn
Nur noch wenige Straßenbahnen rattern durch die Stadt. Die Talons der Trolleybusse gelten auch für die Straßenbahn.

Taxi
Kein ›echtes‹ Taxi fährt mit Taxameter. ›Echte‹ Taxis sind knallgelbe Fahrzeuge mit einer grünen Lampe an der Windschutzscheibe, die leuchtet, wenn das Taxi frei ist. Der Preis muss vor der Fahrt verhandelt werden. Die Taxis vor den Hotels fahren zu überhöhten Preisen.
Taxiruf: Tel. 068, en.taxi068.ru; Tel. 700 00 00, www.taxi7000000.ru.
Frauen fahren Frauen: Ladybird-Taxi, Tel. 900 05 04, www.ladybird-taxi.ru.
Tschastniki (private Fahrer): Neben offiziellen Taxis gibt es auch private Fahrer. Es ist durchaus üblich, per Handzeichen irgendein Auto anzuhalten. Man nennt das Fahrziel und handelt den Preis aus. Nur einsteigen, wenn der Fahrer allein im Auto sitzt!

Mietwagen
Mit dem Leihwagen durch die Stadt zu fahren ist nicht ganz unproblematisch, weil der Verkehr chaotisch ist. Einen Wagen mit Fahrer zu mieten, erspart Ärger und Diskussionen mit der Verkehrspolizei. Wer es dennoch allein wagen will: Die meisten Hotels helfen bei der Anmietung von Leihwagen. Oder man wendet sich an die bekannten internationalen Autovermietungen. Folgende Anbieter sind auch am Flughafen im Terminal 2 vertreten: Avis (www.avis.com), Europcar (www.europcar.com), Hertz (www.hertz.com).

Übernachten

Hotels

In den letzten Jahren hat sich die Hotelsituation in St. Petersburg weiter verbessert: Neben den traditionellen Luxushotels und den alten Bettenburgen aus der Sowjetzeit gibt es inzwischen einige Mittelklassehotels westlicher Ketten und Minihotels, in denen die Gäste sehr persönlich betreut werden. Jeder Besucher der Stadt kann nun ein Hotel nach seinem Geschmack finden.

Die bisher nach europäischen Maßstäben sehr hohen Übernachtungspreise sind stark gesunken. Doch vor allem während der ›Weißen Nächte‹ im Sommer platzt die Stadt aus allen Nähten, daher sollte man seine Unterkunft besonders für diese Zeit frühzeitig buchen.

Preiskategorien

Luxushotels	ab 220 €
Gehobener Komfort	135–200 €
Mittelklassehotels	65–135 €
Einfache Hotels	bis 65 €

Privatunterkünfte und Appartements

Eine andere Möglichkeit, mitten in der Stadt günstig zu wohnen, sind Zimmer in Privatwohnungen. Da wird der Familienanschluss gleich mitgeliefert.

Buchung und günstige Angebote
www.welt.ru
www.booking.com
www.russia-hotels.de/petersburg.htm
www.st-petersburg-hotels-russia.com
www.hrs.com

Eine Vielzahl unterschiedlicher Privatunterkünfte – vom Luxusappartement in der Nähe der Eremitage bis zum Zimmer mit Familienanschluss – vermittelt die Agentur **Bed & Breakfast** (Bolschaja Konjuschennaja ul. 3/15, Tel. 325 65 36 oder 315 19 17, www.bednbreak fast.sp.ru, Metro: Newskij Prospekt/ Gostinyj Dwor, DZ ab 30 €).

Edel und teuer

Purer Luxus – **Belmond Grand Hotel Europe:** ■ Karte 2, M 11/12, Michailowskaja ul. 1/7, Tel. 329 60 00, www. belmond.com/grand-hotel-europe-st-petersburg/, Metro: Newskij Prospekt/Gostinyj Dwor, DZ ab ca. 160 €. Eine Institution in St. Petersburg, die man gesehen haben muss! Nähere Informationen s. S. 103.

Legendär – **Astoria:** ■ Karte 2, L 12, Bolschaja Morskaja ul. 39, Tel. 494 57 57, www.thehotelastoria.com, Metro: Admiralitejskaja, DZ ab ca. 120 €. Traditionsreiches Luxushotel; ausführliche Informationen s. S. 103.

Mit Ausblick – **Mojka 22 Kempinski:** ■ Karte 2, L 11, Mojka 22, Tel. 335 91 11, www.kempinski.com, Metro: Newskij Prospekt/Gostinyj Dwor, 197 Zimmer, DZ ab ca. 109 €. Der Palast aus dem 19. Jh. hat eine einmalige Lage direkt an der Mojka; man schaut über den Schlossplatz zur Eremitage. Die meisten Zimmer sind sehr klein, dafür zum Innenhof gelegen und ruhig. Sensationell ist der Blick vom Restaurant Bellevue Brasserie (s. S. 32).

Cool und trendy – **W Hotel:** ■ Karte 2, L 11, Wosnesenskij pr. 6, Tel. 610 6161, www.whotels.com, Metro: Admiralitejskaja, DZ ab ca. 108 €. Das Hotel liegt im kulturellen Zentrum der Stadt, nicht weit von Eremitage und Mariinskij-Theater entfernt und wurde 2011 als erstes Designhotel der Stadt eröffnet. Gestaltet vom Mailänder Architekten Antonio Citterio protzt das 137-Zimmer-Haus mit edlem Ambiente. Goldene Lampen und Spiegel vermitteln stilvolles Flair in den weißen, stylish eingerichteten Zimmern. In der Lobby empfangen die Gäste aufeinander abgestimmte Kunstwerke, Bücher und ein offener Kamin.

Hotel mit Leuchtkraft: Eine ausgefallene Architektur und moderne, helle Räume zeichnen das zentral gelegene Novotel aus

Preiswerter übernachten

Auf den Websites der Petersburger Hotels werden oft die Höchstpreise genannt, die nur während der Weißen Nächte gelten. Außerhalb der Saison gibt es jedoch Preisnachlässe, manchmal sogar besonders im 5-Sterne-Segment, wo man dann genauso viel zahlt wie in einer der Bettenburgen am Stadtrand, die nicht so flexibel reagieren. Nachfragen lohnt sich! Viele Hotels bieten ohnehin einen erheblichen Rabatt, wenn man sie über das Internet bucht.

Markante Lage – **Corinthia Newskij Palace:** ■ Karte 2, N 12, Newskij pr. 57, Tel. 380 20 01, www.corinthia.com, Metro: Majakowskaja, DZ ab ca. 105 €. Nach einer umfassenden Renovierung ist das Corinthia nicht nur eleganter und komfortabler geworden, sondern wurde auch zum größten Business- und Konferenzhotel der Stadt. Die meisten der 388 Zimmer liegen zum ruhigen Innenhof.

Modern gestylt – **Sokos-Palace Bridge:** ■ K 11, Birschewoj per. 2–4, Tel. 335 22 00, www.shotels.ru, Bus 1, 7, 10, DZ ab ca. 96 €. In dem auf den ersten Blick klein erscheinenden Gebäude an der Spitze der Wassilij-Insel verbergen sich 319 Zimmer; jene in den höheren Etagen bieten einen schönen Blick über die Dächer der Stadt. Sehr gemütliche, großzügige Lobby und schöner Spa-Bereich mit großem Pool. Die Zimmer sind eher Standard und entsprechen nicht dem proklamierten 5-Sterne-Niveau!

Komfortabel und stilvoll

Gediegen und traditionell – **Angleterre:** ■ Karte 2, L 12, Bolschaja Morskaja ul. 24, Tel. 494 56 66, www.angleterrehotel.com, Metro: Admiralitejskaja, DZ ab ca. 72 €. Das Angleterre gehört wie das benachbarte Astoria zur Rocco-Forte-Gruppe und hat als 4-Sterne-Hotel ein eigenes Profil mit schönen Zimmern und gutem Bistro. Viele der Zimmer sind zur Isaakskathedrale gerichtet.

Traditionell – **Radisson Royal Hotel:** ■ Karte 2, M 12, Newskij pr. 49/2, Tel. 322 50 00, radissonblu.com/e/hotel-stpetersburg, Metro: Majakowskaja, DZ ab ca. 65 €. 4-Sterne-Hotel in stilvoller Hülle aus dem 19. Jh. Hier befand sich einst das Traditionshotel Moskau in direkter Nähe zum Moskauer Bahnhof. Die Lage ist sehr zentral, der Service gut. Die Schallschutzfenster schützen vor dem Verkehrslärm auf dem Newskij.

Einfach zentral – **Novotel:** ■ N 12, Majakowskaja ul. 3 a, Tel. 335 11 88, www.accorhotels.com/5679, Metro: Majakowskaja, DZ ab ca. 50 €. Anders als in den meisten Petersburger Hotels finden sich in den mehr als 200 Zimmern keine echten oder nachgemachten Antikmöbel. Alles wirkt hell, klar und freundlich, auch das Gebäude selbst ist ungewöhnlich modern.

Klein und fein

Mittendrin – **Pushka Inn:** ■ Karte 2, L 11, nab. reki Mojki 14, Tel. 644 71 20, www.pushkainn.ru, Metro: Newskij Prospekt/Gostinyj Dwor, DZ ab ca. 100 €. Das Pushka Inn ist eine gute Alternative zum Hotel. Die Palette der Räumlichkeiten reicht vom 4-Zimmer-Appartement bis zum Doppelzimmer. Das Ambiente ist modern bis steril; zu den Vorzügen gehört die zentrale Lage an der Mojka neben dem Puschkin-Museum. Leider genießt man jedoch keinen Puschkin-Blick – die Dachfenster gestatten nur den Blick in den Himmel. Dafür gibt es ein günstiges kleines Restaurant im Haus.

Relaxte Atmosphäre – **Alexander House:** ■ K 13, nab. Krjukowa Kanala 27, Tel. 334 35 40, www.a-house.ru, Metro: Sennaja Ploschadj/Sadowaja, DZ ab ca. 95 €. Ein echtes Kleinod unter den kleinen Hotels in Petersburg, in einem Palais aus dem 19. Jh. direkt am Kanal gelegen. Die 19 Zimmer sind nach Städten benannt und raffiniert eingerichtet – keines wie das andere. Schöner Innenhof mit Sauna und sehr großzügige Gemeinschaftsräume: ein Kaminzimmer mit Bibliothek und ein Café.

Vorrevolutionär – **Art-Hotel Rachmaninow:** ■ Karte 2, L 12, Kasanskaja ul. 5, Tel. 957 00 60, www.hotelrachma ninov.com, Metro: Newskij Prospekt/ Gostinyj Dwor, DZ ab ca. 60 €. Mitten in der Stadt gelegen, direkt hinter der Kasaner Kathedrale und doch relativ günstig. Die 30 Zimmer sind alle liebevoll im vorrevolutionären Stil eingerichtet. Im Frühstückszimmer lädt ein Klavier zum Spiel ein (mittwochs gibt es Konzerte) – der Geist des namengebenden Komponisten weht durch die Räume.

Angenehm – **Herzen House:** ■ Karte 2, L 12, Bolschaja Morskaja 25, Tel. 315 55 50, www.herzen-hotel.ru, Metro: Admiralitejskaja, DZ ab ca. 52 €. Minihotel mit nur 20 Zimmern im vierten Stock eines historischen Hauses. Die Lage ist bestens, denn in Fußnähe liegen die meisten Sehenswürdigkeiten der Stadt. Die Zimmer sind klein, aber sauber. WLAN, Kaffee und Tee sind rund um die Uhr frei.

Museal und still – **Art Hotel:** ■ Karte 2, M 11, Mochowaja ul. 27/29, Tel. 777 79 59, www.art-hotel.ru, Metro: Tschernyschewskaja, DZ ab ca. 42 €. Das kleine Hotel hat nur 14 Zimmer und liegt etwas versteckt in einem stillen Hof nahe dem Sommergarten und zur Fontanka. Die Dekoration ist ein wenig museal, doch gemütlich!

Familiär – **Matisov Domik:** ■ J 12, nab. reki Prjaschki 3/1, Tel. 495 14 39, 495 02 42, www.matisov.com, Bus 22, DZ ab ca. 30 €. Klein und gemütlich, liegt dieses familiär geführte Hotel auf der Matisov-Insel zwischen Mariinskij-Theater und Hafen – ein bisschen weit vom Zentrum, aber dafür ruhig.

Große Hotels und Kettenhotels

Dezente Eleganz – **Crowne Plaza:** ■ N 12, Ligowsskij pr. 61, Tel. 244 00 01, www.crowneplaza.com/ligovsky, Metro: Ploschadj Wosstanija, DZ ab ca. 75 €. Es ist alles so beige hier, denkt man beim Betreten der Lobby des Crowne Plaza am quirligen Ligowskij Prospekt. Die Straße ist laut, doch die Gegend um den Moskauer Bahnhof wird immer interessanter: Galerien und Shops sowie der Newskij Prospekt befinden sich in Fußnähe. Die 195 Zimmer bestechen durch dezente Eleganz und sind mit allem ausgestattet, was Businessreisende oder Touristen brauchen.

Groß – **Moskwa:** ■ O 13, pl. Alexandra Newskowo 2, Tel. 333 24 44, www. hotel-moscow.ru, Metro: Ploschadj Alexandra Newskowo, DZ ab ca. 50 €. Am Ende des Newskij Prospekt – genau gegenüber vom Alexander-Newskij-Kloster – liegt dieser Hotelgigant aus der Sowjetzeit. Die mehr als 700 Zimmer wirken trotz Renovierung von innen und außen etwas angestaubt.

Reiseinfos

Abseits des Trubels – **Andersen:** ■ L 8, ul. Tschapygina 4, Tel. 740 51 40, www.andersenhotel.ru, Metro: Petrogradskaja, 140 Zimmer, DZ ab ca. 47 €. Das Hotel auf der Petrograder Seite liegt zwar nicht so zentral, aber mit der Metro kommt man schnell überall hin. Mittelklassestandard, sauber und modern.

Sowjetnostalgie – **St. Petersburg:** ■ M 10, Pirogowskaja nab. 5/2, Tel. 380 19 19, www.hotel-spb.ru, Metro: Ploschadj Lenina, DZ ab ca. 47 €. Der Blick auf die Stadt über die Newa, den Panzerkreuzer Aurora und die Peter-Paul-Festung ist fantastisch, deswegen Zimmer zur richtigen Seite buchen! Der Standard ist leider im Prinzip niedrig, sprich ›sowjetisch‹. Wer es ein wenig komfortabler möchte, fragt nach den renovierten Zimmern.

Sowjetisch – **Oktjabrskaja:** ■ N 12, Ligowskij pr. 10, Tel. 578 11 44, www.oktober-hotel.spb.ru, Metro: Majakowskaja/Ploschadj Wosstanija, DZ ab ca. 40 €. Großes Hotel mit über 500 Zimmern fast am Newskij. Es ist einfach, aber in Ordnung, einige Zimmer sind frisch renoviert. Hier werden oft Festivalteilnehmer untergebracht. Der offizielle Preis entspricht nicht dem Standard.

Funktional – **Ochtinskaja:** ■ P 10, Bolschoj Ochtinskij pr. 4, Tel. 333 13 88, www.okhtinskaya.spb.ru, Metro: Nowotscherkasskaja, DZ ab ca. 36 €. Mittelklasse-Hochhaushotel aus den 1990er-Jahren mit westlichem Standard, an der Newa mit Blick auf den Smolnyj. Günstig und funktional, doch weit vom Zentrum.

Für Citytouristen – **Ibis – Moskowskij Woksal:** ■ N 13, Ligowskij pr. 54, Tel. 622 01 00, www.ibishotel.com, Metro: Ploschadj Wosstanija, DZ ab 32 €. Zentrale Lage in Fußnähe zum Newskij. Nach vorn zum lauten Ligowskij prospekt möchte man lieber nicht wohnen, aber von den 221 Zimmern gehen die meisten zur Seite oder nach hinten hinaus. Das Hotel ist modern, schlicht und klein und besitzt eine nette Café-Bar.

Einfach – **LDM:** ■ K 8, ul. Professora Popowa 47, Tel. 234 06 96, www.ldm.ru, Metro: Petrogradskaja, DZ ab ca. 30 €. Hochhaushotel im ehemaligen ›Jugendpalast‹. Einfache Zimmer weit vom Zentrum auf der Apothekerinsel, doch

im Sommer sehr schön und mit Blick auf die Malaja Newka, einen Seitenarm der Newa.

Hostels und Jugendhotels

New Generation – **Soul-Kitchen–Hostel:** ■ Karte 2, L 12, Mojka 62, Wg. 9, Tel. 965 816 34 70, www.soulkitchen hostel.com, Metro: Admiralitejskaja, Bett ab 16 €, DZ ab 58 €. Das schönste Hostel der Stadt in zentraler Lage am Mojka-Kanal gelegen. Das Ambiente ist äußerst ansprechend: Im großzügigen Eingangsbereich lädt eine riesige Couch zum Verweilen ein. Auch die Küche ist riesig. Insgesamt zeichnet sich das Hostel durch eine liebevolle Gestaltung und tolle Farbgebung aus.

Superzentral – **Cubahostel:** ■ Karte 2, L 12, Kasanskaja ul. 5, Tel. 921 71 15, www.cubahostel.ru, Metro/Bus: Newskij Prospekt, pro Bett ab ca. 8 €. Im 4. Stock eines Hauses direkt hinter der Kasaner Kathedrale. Einfache Zimmer mit zwei bis zehn Betten; Bettwäsche und Handtuch werden gestellt. In der kleinen Küche kann man sich etwas zu essen machen; Internetzugang.

Farbenfroh gestaltet und komfortabel: Zimmer im Hotel Alexander House

Essen und Trinken

Wie Sie das richtige Restaurant finden ...

Mit diesem Buch
Auf den folgenden Seiten finden Sie eine Auswahl von Restaurants, die zu den besten der Stadt zählen, sich als bewährte Klassiker der russischen, asiatischen und europäischen Kochkunst einen Namen gemacht haben oder gerade in aller Munde sind. Es handelt sich vor allem um Lokale, für die sich auch längere Wege durch die Stadt lohnen. Auch einige nette Cafés werden vorgestellt. Weitere Adressen, u. a. gute und günstige Stadtteilrestaurants, finden Sie bei der Beschreibung der einzelnen Stadtteile (Übersicht s. u.).

Hier können Sie sich selbst umsehen
In den folgenden Straßen können Sie sich dank einer großen Anzahl an kleinen, einfachen und auch größeren Restaurants spontan für einen Besuch entscheiden:

Newskij: Den ganzen Newskij entlang – von der Admiralität bis zum Moskauer Bahnhof – reiht sich ein Restaurant-Café an das andere, darunter auch sehr günstige Cafeterias, in denen Bliny oder Pelmeni angeboten werden.

Bolschoj Prospekt: Am Bolschoj Prospekt auf der Petrograder Seite finden Sie nicht nur einen Modeshop neben dem anderen, sondern auch zahlreiche kleine Restaurants und Cafés in allen Preislagen.

Weitere Infos
Neuigkeiten und Altbewährtes über Restaurants bietet die Website en. restoran.ru/spb/. In der Zeitschrift »Where in St. Petersburg« werden etliche Restaurantvorschläge gemacht, aber eher auf hochpreisigem Niveau.

Gastronomie in den Petersburger Vierteln

Restaurantszene

»Schtschi (Kohlsuppe) und Kascha (Brei) sind unsere Freude«, lautet ein russisches Sprichwort. Doch ganz so schlimm ist es nicht – das Speisenangebot in St. Petersburg ist weitaus vielfältiger. Zu Puschkins Zeiten war die Petersburger Küche international und mittlerweile ist sie es wieder.

Seit dem Embargo für Obst und Gemüse, Fisch und Milchprodukte aus Europa trotzen Russlands Gastronomen den Widrigkeiten, indem mehr Restaurants mit russischer Küche eröffneten. Die Petersburger Küchenchefs kochen mit lokalen Produkten, sie recherchieren, probieren aus und basteln an Kreationen, mit denen typisch russische Gerichte einen neuen Kick bekommen.

Und auch für Vegetarier ist gesorgt: Sie können mittlerweile sogar zwischen verschiedenen Restaurants wählen. Zahlreiche Restaurants sind neu entstanden; die meisten bieten auch Gelegenheit zum Draußensitzen.

Petersburger Küche

Russen essen gern und viel. Schon ein richtiges **Frühstück** muss mit etwas Warmem beginnen. Das kann Kascha (Brei oder Grütze) sein, aber auch ein Omelett oder Würstchen oder einfach etwas Aufgewärmtes vom Vortag.

Zum Hauptessen, ob mittags oder abends, gibt es immer **Suppe**: z. B. Borschtsch (Rote-Bete-Suppe), Schtschi (Kohlsuppe), Soljanka (eine säuerliche Fisch- oder Fleischsuppe) oder Ucha (Fischsuppe). Dazu reicht man Piroschki (gefüllte Teigtaschen) oder Brot. Doch das Wichtigste der russischen Küche sind die Sakuski, die **Vorspeisen**: Kaviar oder Lachs mit Bliny (eine Art Pfannkuchen), Wurst- oder Bratenaufschnitt, Salate aus Roter Bete oder Möhren,

Preisniveau

Petersburg galt lange als sehr hochpreisiges Reiseziel. Das ist für die Restaurants vorbei. Denn der Rubel ist drastisch gefallen, die Preise sind aber kaum gestiegen. Noch nie war es so günstig! Doch nach wie vor ist es nicht unbedingt zu empfehlen, Wein zu bestellen, denn in allen Restaurants ist er extrem teuer, das russische Bier hingegen ist gut und preiswert.

oder man tunkt Tomaten und Gurken in Smetana (Sauerrahm).

Im **Hauptgang** gibt es dann ein Fleisch- oder Fischgericht. Gemäß dem Sprichwort »Kascha kannst du mit Butter nicht verderben« ist es eher fett. Der Fisch ist oft mit Kartoffeln und Smetana gebacken. Die häufigsten Fleischgerichte sind: Kotlety (Hacksteaks), Schaschlyk, Bifschteks (Beefsteak), Befstroganow (geschnetzeltes Rindfleisch) und Kuriza (Huhn).

Spitzengastronomie

Alles über Niveau – **L'Europe:** ■ Karte 2, M 11, Michailowskaja ul. 1/7, Tel. 329 66 22, www.grandhoteleurope.com, Metro: Newskij Prospekt/Gostinyj Dwor, tgl. Frühstück 7–10.30, Mo–Sa 19–23, So Brunch 13–16.30 Uhr, Menü ab 80 €. Besonders toll ist der Jazz-Brunch am Sonntagmorgen – jedoch kein preiswertes Vergnügen. Auch an Samstagabenden spielen Petersburger Jazz-Bands auf. Essen a la carte, aber man kann auch 4- oder 6-Gänge-Menüs bestellen. Das Restaurant des Grand Hotel im wunderschönen Jugendstilsaal ist das Nonplusultra an Ambiente, Service und Speisen (s. a. S. 103).

Prachtvoll – **Astoria Café:** ■ Karte 2, L 12, Bolschaja Morskaja ul. 39, Tel.

Reiseinfos

494 58 15, www.roccofortehotels.com/de/hotels-and-resorts/hotel-astoria/restaurants-and-bars, Metro: Admiralitejskaja, tgl. 7–0 Uhr, Hauptgerichte ab 25 €. Im Astoria-Hotel sitzt man nett im postmodernen Ambiente mit Blick auf die Isaakskathedrale. Russische Klassiker wie Beef Stroganoff oder Pelmeni stehen ebenso auf der Karte wie europäische Spezialitäten. An den Wänden hängen Bilder aus dem Mariinskij-Theater.

Italienische Spitzenküche – **Percorso**: ■ Karte 2, K/L 11 (im Four Seasons Hotel Lion Palace), Wosnessenski pr. 1, Tel. 339 80 00, www.fourseasons.com/stpetersburg/, Metro: Admiralitejskaja, tgl. 16–1 Uhr, Hauptgerichte ab 20 €. Im Parterre des Four Seasons Hotel zaubert der Italiener Andrea Accordi kreative Gerichte aus seiner Heimat mit mediterraner Leichtigkeit. Man kann dem Küchenteam in der offenen Küche zusehen, am offenen Kamin sitzen oder den fantastischen Blick auf die benachbarte Isaakkathedrale genießen. Falls man bei den Speisen noch dazu kommt, denn diese sind auch optisch ein Vergnügen. Eine Spezialität des Chefs: ›Trio di Crudo‹, eine Rohfischkreation von marinierten Langusten, Dorade mit Forellenkaviar und Jakobsmuscheln auf cremigen Ricotta mit Parmesan. Gut sortiert ist auch die Weinkarte. Für den kleinen Hunger: In der Bar kann man italienische Antipasti essen.

Fast im Himmel – **Bellevue Brasserie:** ■ Karte 2, L 11, im Hotel Moika 22 Kempinski, Moika 22, Tel. 335 91 11, www.kempinski.com/de/st-petersburg/hotel-moika-22/dining/restaurants/bellevue-brasserie/, Metro: Newski Prospekt, Mo–Sa 12–2.30, So 12–0.30 Uhr, Hauptgericht ab 12 €, Menu ca. 70 €. Im 9. Stock des Hotel Moika 22 liegt in einem verglasten Wintergarten die Bellevue Brasserie – im Sommer mit himmlischer Außenterrasse. Der Blick fällt auf die Eremitage. In der Ferne sieht man die goldene Kuppel der Isaakskathedrale und in der Küche zaubert der junge französische Küchenchef Christophe Laplaza die leckersten Speisen: eine Mischung aus russischer Küche und hoher französischer Kochkunst.

Für Gourmets – **Bellini:** ■ Karte 2, K 11, Uniwersitetskaja nab. 13, Tel. 331 10 01, www.bellini.spb.ru, Bus: 1, 7, 10, tgl. 12 Uhr bis zum letzten Gast, Hauptgerichte ab 12 €. Hinter den schweren Doppeltüren, die in den Palast an der Newa führen, fühlt sich der Gast wie zu Besuch bei guten Freunden. Man wird herzlich begrüßt und zwei Stockwerke nach oben in den Salon geleitet. Drei großzügige, ineinander übergehende Räume faszinieren durch ihren Minimalismus. Nichts lenkt ab von der überwältigenden Aussicht auf St. Petersburg. Der Blick fällt aus hohen Fenstern über die Newa auf die goldene Kuppel der Isaakskathedrale, das bronzene Denkmal von Peter dem Großen und die Paläste am anderen Ufer, die in der Abendsonne wie pastellfarbene Perlen wirken. Schöner und besser kann man in Russlands heimlicher Hauptstadt kaum dinieren! Chef Dmitrij Kuwmin bietet köstliche, mediterran geprägte Speisen auf seiner kleinen Karte.

Fisch pur – **La Marée:** ■ Karte O 11, Suworowskij pr. 34, Tel. 719 83 83, www.lamaree-spb.ru, Metro: Tschernyschewskaja, tgl. ab 12 Uhr, Hauptgerichte ab 10 €. Nach Moskau bekam auch Petersburg sein Fischrestaurant La Marée. Die Auswahl ist riesig: diverse Austernsorten, Frischfische und Krustentiere. Dazu gibt es maritimes Ambiente.

An lauen Sommertagen genießt man den Blick auf die Eremitage und die Peter-Paul-Festung vom Deck des Flying Dutchman

Romantisch – **Demidow:** Karte 2, M 11, Fontanka 14, Tel. 272 91 81, Metro: Newskij Prospekt/Gostinyj Dwor, tgl. 12–0 Uhr, Hauptgerichte ab 10 €. Russische Küche in liebevoll restaurierten historischen Gewölberäumen. Traditionelle Fisch- und Fleischküche. Gelegentlich Gypsy- oder russische Romanzen-Abende.

Neue russische Küche – **KoKoKo im W Hotel:** Karte 2, L 11, auch CoCoCo, Wosnessenskij pr. 6, Tel. 418 20 60, www.kokoko.spb.ru, Metro: Admiralitejskaja, tgl. 15–1 Uhr, Hauptgerichte ab 7 €. Vor drei Jahren gründeten Sergej Schnurow, der Frontmann der Ska-Punk-Band ›Leningrad‹, und seine Frau Matilda das Restaurant. Anfang 2016 zogen sie ins moderne Design-Hotel W. Kleine, hauchdünn geschnittene Speckröllchen kommen mit sechs Saucen wie auf einer Farbpalette daher, die Tempura-Karauschen werden mit einer Wasabi-Sour-Cream serviert, Borschtsch verwandelt sich in ein Puzzle verschiedener Texturen. Die russische Küche interpretiert Chef Igor Grischetschkina neu, natürlich saisonal und regional. Ergänzt durch eine exquisite Weinkarte.

Best – **Duo Gastrobar:** Karte 2, N 11, Kirotschnaja ul. 8 a, Tel. 994 54 43, www.duobar.ru, Metro: Majakowskaja, tgl. 13–0 Uhr, Hauptgerichte ab 5 €. 2015 von einem führenden Stadtmagazin zum besten Restaurant der Stadt gekürt. Die beiden jungen Köche Dmitrij Blinow und Renat Malikow servieren im puristisch designten Raum mit nur 20 Plätzen. Ihre Kreationen sind unkonventionell, klein und günstig. Ein Tipp: probieren Sie viele kleine Gerichte. Vorab gibt es eine Bruschetta mit gehacktem Ei, Kamtschatka-Krabbe und Frühlingszwiebel. Beliebt ist hier der Klassiker ›Tatar‹ mit monatlich neuen Garnierungen, z. B. mit geröstetem Wurzelkraut und Se-

Schon optisch ein Genuss: Borschtsch, die russische ›Nationalsuppe‹

sam. Auch die Confit von der Ente mit Bohnenkeimen überzeugt.

Klassiker

Fisch und ein schöner Blick – **More:** ■ G 9, Petrowskaja kosa 9, Tel. 438 55 55, restoran-more.ru, Metro: Krestowskij Ostrow, tgl. 12–23 Uhr, Hauptgerichte ab 22 €. An der kalten Küste Petersburgs zaubert Chef Dmitrij Kaljuschnyj mediterrane Köstlichkeiten auf die Teller. Allein 15 Sorten Fisch und Meeresfrüchte bietet die Karte. Das Restaurant More (›Meer‹) liegt gegenüber der Kreuzinsel auf der Petrowskij-Insel im zentralen Jachthafen. Wunderschöne Terrasse mit Blick aufs Wasser und die Jachten. Auch bei schlechtem Wetter kann man hier dank großer Fenster die Aussicht genießen.

Traditionsreich – **Palkin:** ■ Karte 2, M 12, Newskij pr. 47, Tel. 703 53 71, www.palkin.ru, Metro: Majakowskaja, tgl. 12 Uhr bis zum letzten Gast, Hauptgerichte ab 18 €. Mehr als 200 Jahre reicht die Tradition des Palkin zurück. Die Küche präsentiert russische Speisen mit französischem Flair – etwas überteuert, aber die Lage im ersten Stock eines Eckhauses am Newskij ist schön.

Fleisch – **Stroganoff Steak House:** ■ Karte 2, K 12, Konnogwardejskij bl. 4, Tel. 314 55 14, www.stroganoffsteakhouse.ru, Bus 3, 22, 27, tgl. 12–0 Uhr, Hauptgerichte ab 15 €. Außer den besten Steaks der Stadt gibt es hier auch ein deftiges russisches Bœuf Stroganoff. Das Ambiente ist sehr amerikanisch mit grünen Banklampen, braunen Lederbänken, dunklen Holzfußböden und historischen Fotos an den Wänden. Das Stroganoff wurde 2013 zum besten Restaurant der Stadt gewählt.

Imperial – **Tsar:** ■ Karte 2, M 12, Sadowaja ul. 12, Tel. 640 16 16, ginza.ru/spb/restaurant/tsar, Metro: Newskij Prospekt/Gostinyj Dwor, tgl. ab 12, Küche bis 23 Uhr. Durchschnittliche Gesamtrechnung ca. 40 €. Vom Newskij sind es nur ein paar Schritte zum renovierten Palais. Die Küche ist wirklich imperial, versucht Gerichte aus der vorrevolutionären Zeit auf den Tisch zu bringen.

Auch das Ambiente ist imperial: hohe Wände, Antiquitäten und Nachbauten, Fotos von vorrevolutionären Adelsfesten und Gemälde mit den verschiedenen Zaren an den Wänden.

Vegetarisch – **Idiot:** ■ Karte 2, K 12, nab. reki Mojki 82, Tel. 946 51 73, www.idiot-spb.com, Metro: Sadowaja/Sennaja Ploschadj, tgl. 11–1 Uhr, Hauptgerichte ab 5 €. Lilafarbenes Kellergewölbe mit gemütlichen Sofas und Antiquitäten, vegetarischer Küche und Tea at its best! Geliebt von der Petersburger Boheme und auch von vielen Ausländern. Business Lunch und Happy hour.

Szenerestaurants

Lieblingsrestaurant – **Terrassa:** ■ Karte 2, L 12, Kasanskaja ul. 3, Tel. 640 16 16, www.terrassa.ru, Metro: Newskij Prospekt/Gostinyj Dwor, s. Tipp S. 161.

Chic – **Vox:** ■ Karte 2, M 11, ul. Pestelja 4, Tel. 273 14 69, www.voxresto.ru, Metro: Tschernyschewskaja, tgl. 13–0 Uhr, Hauptgerichte ab 8 €. Gegenüber liegt die Kirche des Heiligen Pantelejmon. An den Wänden hängen Fotos von Helmut Newton und auf weißen Tischdecken wird exzellente italienische Küche serviert: Hervorragend die Tagliatelle mit Pilzen und auch die Scaloppina Milanese bekommt man in Italien nicht besser! Sehr angesagt bei den schicken Petersburgern, die im Sommer gern auf der Terrasse ihren Latte schlürfen.

Buono! – **Francesco:** ■ O 11, Suworowskij pr. 47, Tel. 275 05 52, ginza.ru/spb/restaurant/Francesco, Metro: Ploschadj Wosstanija, Mo–Fr ab 9, Sa, So ab 11 Uhr. Durchschnittliche Gesamtrechnung ca. 33 €. Der

Moskauer Restaurant-Zar Arkadij Nowikow macht ein Restaurant in Petersburg auf und schon trifft sich hier die Szene zur hausgemachten italienischen Pasta, die Chefkoch Francesco Giuseppe Priolo auf den Tisch zaubert. Das Ambiente wie mitten in Bella Italia, das Geschirr Keramik aus der Toskana – das lieben die Petersburger.

Nationalitätenküche

Armenisch – **Eriwan:** ■ Karte 2, M 12, nab. reki Fontanki 51, Tel. 703 38 20, www.erivan.ru, Metro: Newskij Prospekt/Gostinyj Dwor, tgl. 12–0 Uhr, Hauptgerichte ab 13 €. Vier Säle im Folklorestil, dazu ab 20 Uhr (Mo–Sa) die passende Musik und natürlich armenische Küche. Die Auswahl ist groß und der armenische Cognac berühmt!

Weinselig – **Probka:** ▶ Karte 2, K 10, Pr. Dobroljubowa 6, Tel. 918 69 10, www.probka.org, Metro: Sportiwnaja, tgl. 13–16, 19–24 Uhr, Hauptgerichte ab 12 €. Probka heißt ›Korken‹, ein passender Name für die gemütliche Weinrestaurant. Zum Aperitif pilgert hier halb Petersburg hin, manche bleiben dann, weil nicht nur die diversen Pastagerichte schmecken, auch der italienische Schinken, der Käse und die Oliven sind köstlich. Die Weinauswahl ist riesig, und auch edle Tropfen werden glasweise ausgeschenkt!

Orientalisch – **1001 Nacht:** ■ Karte 2, L 11, Millionaja ul. 21, Tel. 570 17 03, www.1001night.org, Metro: Newsklj Prospekt/Gostinyj Dwor, tgl. 12–23 Uhr, Hauptgerichte ab 10 €. Hier taucht man in die Welt des Orients ein: Interieur, Musik und Küche lassen an Märchen aus 1001 Nacht denken – und dann wird am Do, Fr und Sa ab 21 Uhr auch noch Bauchtanz geboten, Wasserpfeife sowieso.

Reiseinfos

Kaukasisch – **Mamalyga:** ■ Karte 2, L 12, Kasanskaja ul. 2, Tel. 571 82 87, ginza.ru/spb/restaurant/mamaliga _na_kazanskoy, Mo–Fr ab 10, Sa, So ab 12 Uhr, Metro: Newskij Prospekt, Hauptgerichte ab 9 €. In dem gemütlichen Eckrestaurant wird kaukasische Küche in ihrer ganzen Vielfalt geboten: Schaschliks, Hatschapuri, Eintöpfe und hausgemachte Limonaden.

Aserbaidschanisch – **Baku:** ■ Karte 2, M 11, Sadowaja ul. 12/23, Tel. 941 37 56, www.baku-spb.ru, Metro: Newskij Prospekt/Gostinyj Dwor, tgl. ab 12 Uhr, Hauptgerichte ab 8 €. Spiegel, Mosaiken und sehr hohe Decken – in dieser bunten, orientalischen Atmosphäre wird beste aserbaidschanische Küche serviert, z. B. *Plow*, Lammfleisch in vielen Variationen, aber auch diverse vegetarische Gerichte.

Die reine Freude – **Prjanosti & Radosti:** ■ Karte 2, M 11, ul. Belinskowo 5, Tel. 640 16 16, ginza.ru/spb/restaurant/ pryanosti_i_radosti_vasiljevsky, Metro: Newskij Prospekt/Gostinyj Dwor, tgl. ab 9 Uhr, Hauptgericht ab 8 €. Sehr beliebtes kleines Ketten-Restaurant der Ginza-Gruppe mit russischen und kaukasischen Speisen. Man sitzt eng beieinander, fast familiär, was durch die hohen Bücherwände noch verstärkt wird. Aus großen Fenstern blickt man auf die kleine Kirche Simeon und Anna.

Frisch – **Kawkas Bar:** ■ Karte 2, M 12, Karawannaja ul. 18, Tel. 312 16 65, kavkaz-bar.ru, Metro: Newskij Prospekt/Gostinyj Dwor, tgl. 11–1 Uhr, Hauptgerichte ab 8 €. Gutes Schaschlik und andere kaukasische Spezialitäten. Besonders gut sind der Käse und die frischen Kräuter! Man sitzt eng und die Musik ist laut, aber im Sommer kann man nach draußen ausweichen.

Echt chinesisch – **Tan Schen:** ■ Karte 2, L 12, Gorochowaja ul. 48, Tel. 310 77 03, Metro: Sennaja Ploschadj, tgl. 12–0.30 Uhr, Hauptgerichte ab 6 €. Das Ambiente erinnert ein bisschen an eine Kantine, doch das vergisst man sofort, denn hier wird die beste chinesische Küche geboten! Super preiswert, frisch und immer voll. Abends unbedingt reservieren!

Themenrestaurants

Merkwürdig – **Flying Dutchman:** ■ Karte 2, K 10, Mitninskaja nab. 6, Tel. 313 88 66, www.gollandec.ru, Metro: Gorkowskaja, tgl. 24 Std. geöffnet, Hauptgerichte ab 10 €. Vom großen Holzsegler, auf dem sich das Restaurant befindet, genießt man einen schönen Blick auf die Peter-Paul-Festung und auf die Eremitage. Die Küche bietet eine ungewöhnliche Kombination von russischen und lateinamerikanischen Gerichten.

Kommunalkagefühl – **Mari Vanna:** ■ K 9, ul. Lenina 18, Tel. 230 53 59, www.ginzaproject.ru, tgl. 12–23 Uhr, Metro: Petrogradskaja, s. Lieblingsort S. 260.

Cafés

Stilvoll französisch – **Du Nord 1834:** ■ Karte 1, N 12, Ligowskij pr. 41/83, Tel. 578 12 45, www.dunord.spb.ru, Metro: Ploschadj Wosstanija, 24 Std., Hauptgerichte ab 9 €. Gegenüber dem Moskauer Bahnhof erinnert dieses Restaurant-Café an die schönsten französischen Cafés. 1834 eröffnete in dem Gebäude die erste französische Konditorei in Petersburg. Verführerische Patisserie im Tresen, da kann man kaum widerstehen! Aber auch einige Gerichte der klassischen französischen Küche finden sich auf der Karte.

Französisch – **Garçon:**  N 12, Newskij pr. 114–116 (im Stockmann), www.garcon.ru, Metro: Ploschadj Wosstanija, tgl. 10–23 Uhr. Nicht nur mit den Croissants und Baguettes befindet man sich schnell im Bäckerei-Himmel, auch anderes aus der guten französischen Backstube überzeugt – und dazu ein ›Coffee to go‹.

Pures Glück – **Schastje:**  Karte 2, L 12: Malaja Morskaja ul. 24, Tel. 680 24 44, www.schastye.com, Mo–Mi 8–24, Do/Fr 8–6, Sa 10–6, So 10–0 Uhr, Metro: Admiralitejskaja. Das mintfarbene Eckcafé ›Glück‹ im Gebäude des Hotels Angleterre lockt nicht nur mit einem schönen Blick auf die Isaakskathedrale, sondern mit freundlichem Ambiente und Service sowie leckerem Frühstück, kleinen Speisen und ganz viel Kuchen und Pralinen.

Kultig – **Sewer:**  Karte 2, M 12, Newskij pr. 44, Tel. 571 25 89, Metro: Newskij Prospekt/Gostinyj Dwor, Mo–Fr 9–22, Sa 10–22, So 10–21 Uhr. Die Riesenkonditorei Sewer (Norden) ist Kult – zudem kann man hier auch alles gleich probieren. Hier werden die kalorienhaltigen Cremetorten und Kuchen der gleichnamigen Tortenfabrik verkauft. Obendrein gibt es einen kostenlosen WLAN-Anschluss.

Entspannt – **Wolkonskij:**  L 9: Kamennoostrowskij pr. 8, Tel. 640 61 64, www.wolkonsky.ru, tgl. 8–23 Uhr, Metro: Gorkowskaja. Köstliches Schwarzbrot mit Kardamom, knackiges Baguette, Croissants und Fruchttörtchen. In der Kaffeestube kann man das alles auch probieren: Frühstück ab 8 Uhr, ab mittags auch Panini, Pasta und Suppen.

Ob Frühstück oder der vegane Blaubeer-Zitronen-Käsekuchen im Schastje – lecker!

Einkaufen

Vermutlich fährt niemand speziell zum Einkaufen nach St. Petersburg und doch haben die Geschäfte und Märkte der Newa-Metropole einiges zu bieten, an dem ›Shopping victims‹ Gefallen finden können: Neben Pelzmützen, Matrjoschkas und Lackdosen, Samowaren, CDs und Wodka sind vor allem einige junge russische Modelabels interessant (s. Entdeckungstour S. 256).

Auch Bummel durch Galerien, Antiquitätengeschäfte und über die bunten Märkte sind Highlights, die man nicht versäumen sollte, wenngleich hier vermutlich das Schauen und nicht das Kaufen im Vordergrund steht.

Einkaufsmöglichkeiten

Als Shoppingterrain par excellence präsentiert sich natürlich der **Newskij Prospekt.** Seit der Jahrhundertwende ist er wieder das, was er vor der Revolution war: eine abwechslungsreiche Einkaufsstraße. Hier reihen sich Designerläden, Billigshops und Cafés aneinander. Auch die drei sehr schönen **Einkaufspassagen,** Gostinyj Dwor, Passage und Grand Palace liegen am Newskij Prospekt.

Die schönsten **Antiquitätenläden** findet man in und um die uliza Pestelja und die interessantesten **Modeläden** konzentrieren sich auf der Petrograder Seite, vor allem am Bolschoj prospekt.

Öffnungszeiten

Die Öffnungszeiten der Geschäfte sind sehr kundenfreundlich: Die meisten Läden öffnen zwischen 9 und 10 Uhr und schließen erst zwischen 20 und 22 Uhr – und das täglich!

Antiquitäten

Erlesen – **Petersburg:** ■ Karte 2, M 12, Newskij pr. 54, www.salon-petersburg.ru, tgl. 11–21 Uhr, Metro: Newskij Prospekt/Gostinyj Dwor. Eines der bekanntesten Geschäfte in Petersburg. Besonders gutes Angebot an altem Schmuck, Samowaren, Möbeln und schönen Gemälden. Silber und sehr interessante Porzellanfiguren aus verschiedenen Zeiten. In Sowjetzeiten fand so mancher Russe den nicht gerade auf legale Art und Weise ver-

schwundenen Schmuck seiner adligen Großmama hier wieder und kaufte ihn sich zurück.

Vorrevolutionäres – **Serebjannyj Wek:** ■ Karte 2, M 11, Mochowaja ul. 26, Metro: Tschernyschewskaja. Schönes aus vorrevolutionärer Zeit: Empire-, Biedermeier- und Jugendstilmöbel, ausgewählte Leuchter und Lampen sowie Porzellan u. v. m.

Chaotisch – **Tertia:** ■ Karte 2, M 11, Italjanskaja ul. 5, Metro: Newskij Prospekt/ Gostinyj Dwor. Ein kleiner Laden im Keller, chaotisch, aber schön: Silberdöschen, Postkarten, Bilder,

Schmuck, auch Plakate aus der Sowjetzeit.

Bücher und CDs

Alles auf Englisch – **Anglia:** ■ Karte 2, M 12, nab. Fontanka 38, Metro: Newskij Prospekt/Gostinyj Dwor. Englischsprachige Bücher. Gute Auswahl an Reiseführern, Bild- und Kunstbänden sowie Belletristik.

Petersburgisch – **Borej Art Gallery:** ■ Karte 2, M 12, Litejnyj pr. 58, www.borey.ru, tgl. außer So/Mo 12–20 Uhr, Metro: Majakowskaja. Der einzige Buchladen der Stadt, in dem man

Fürs abendliche Shopping ein gutes Ziel: das traditionsreiche Kaufhaus Gostinyj Dwor

Gut zu wissen

Antiquitäten und Kunstwerke dürfen nur mit einer Genehmigung des Kulturministeriums ausgeführt werden. Die Läden und Galerien helfen dabei, sie zu bekommen.

Bücher von Petersburger Poeten und über Künstler der Stadt kaufen kann, außerdem interessante Fotobände, Grafiken und Postkarten.

Schräg – **Fonoteka:** ■ Karte 2, N 12, ul. Marata 28, www.phonoteka.ru, Metro: Majakowskaja. Schräger CD- und DVD-Shop; das Personal spricht Englisch und ist sehr bemüht zu helfen, auch bei den ungewöhnlichsten CD-Wünschen.

Legendär – **Dom knigi** (Haus des Buches): ■ Karte 2, L 11, Newskij pr. 28, www.spbdk.ru, Metro: Newskij Prospekt/Gostinyj Dwor. In das 1904 erbaute Gebäude im Petersburger Jugendstil (s. a. S. 153) lockten russische Futuristen in den 1920er-Jahren ein begeistertes Lesepublikum und machten das Haus zu einem Treffpunkt der Dichter. In der Sowjetzeit wurde es dann zu einer Buchhandlung. Neu hinzugekommen ist das Café im Obergeschoss mit Blick auf den Newskij. Die Bücherauswahl erstreckt sich von europäischen über russische Neuerscheinungen bis hin zu schönen Kinderbüchern. Großes Sortiment an Bildbänden.

Galerien

Trendy – **Anna Nova Art Gallery:** ■ N 11, ul. Schukowskaja 28, Tel. 275 97 62, www.annanova-gallery.ru, Metro: Majakowskaja. Eine der besten Galerien der Stadt. Auf zwei Etagen

wird junge Kunst von Petersburgern präsentiert: Oleg Maslow, Darja Bujun, Dmitrij Stepanow u. a. Anna Barinova, die Galeristin, zeigt sich mit ihrer Galerie auch auf Messen im Westen, so beispielsweise auf der Art Cologne.

Entdeckungsfreudig – **Gisich's Private Art Gallery:** ■ L 13, nab. reki Fontanki 121, Wg. 13, Tel. 314 43 80, www.gisich.com, Metro: Sennaja Ploschadj/Sadowaja. Marina Gisich präsentiert seit dem Jahr 2000 Konzeptkunst, Installationen, Fotografien und Skulpturen russischer Künstler.

Stilmix – **Rosfoto:** ■ Karte 2, L 12, Bolschaja Morskaja 35, 2. Stock, Tel. 314 12 14, www.rosfoto.org, Metro: Newskij Prospekt/Gostinyj Dwor. Das staatliche Zentrum für Fotografie wurde 2002 gegründet und organisiert Ausstellungen internationaler und russischer Fotokünstler. Bekannte und unbekannte Fotografen stellen aus. Die Galerie hilft auch bei der Bestellung von Fotos bekannter Künstler.

Geschenke und Souvenirs

Edel – **Imperial Porcelain:** ■ Karte 2, M 12, Wladimirskij pr. 7, Tel. 713 15 13, und Newskij pr. 60, Tel. 571 32 62, www.ipm.ru, Metro: Majakowskaja/Dostojewskaja. Zarin Elisabeth gründete Mitte des 18. Jh. die Kaiserliche Porzellanmanufaktur, die bis zur Revolution feinstes Porzellan an den Hof lieferte. Die Auswahl heute ist beeindruckend: von traditionellen Mustern über Avantgardedesign der 1920er-Jahre bis zu modernem Dessin; auch Chinabone-Porzellan.

Ungewöhnliches – **Nado sche!:** ■ Karte 2, M 11, Litejnyj pr. 19, www.nadoje.ru, Metro: Tschernyschewskaja. Hier finden Sie fernab der Lackschachteln und Matrjoschka-Puppen interessante und skurrile Souvenirs. Alles ist handgemacht von Petersburger Designern: Spiele, Schmuck, Spielzeug, Accessoires.

Kaufhäuser und Passagen

Luxuriös – **DLT:** ■ Karte 2, L 11, Bolschaja Konjuschennaja ul. 21–23, www.dlt.ru, tgl. 10–22 Uhr, Metro: Newskij Prospekt. Nach jahrelanger Renovierung eröffnete 2012 das Traditionskaufhaus DLT, nun als Filiale des Moskauer Luxuskaufhaus ZUM. Allein schon wegen der Architektur lohnt sich ein Besuch. Fast alle internationalen Luxus-Brands werden hier verkauft. Fernab von Schnäppchenpreisen!

Riesig – **Gostinyj Dwor:** ■ Karte 2, M 12, Newskij pr. 35, www.bgd.ru, Metro: Newskij Prospekt/Gostinyj Dwor. Die Shoppingmeile mit langer Tradition (s. a. S. 160) bietet über zwei Etagen eine große Auswahl unterschiedlichster Läden: Parfümerien, Haushaltswarengeschäfte, Modeboutiquen u. a. Im ersten Stock kann man schönen Bernsteinschmuck finden. Die Preise orientieren sich am westlichen Standard.

Elegant – **Grand Palace:** ■ Karte 2, M 12, Newskij pr. 44, www.grand-palace.ru, Metro: Newskij Prospekt/Gostinyj Dwor. Über vier Stockwerke bietet das Shoppingparadies Besserverdienenden Designermode und großzügig ausgestattete Parfümerien. Nach einem Bummel entlang der Luxuswaren kann man sich in kleinen Cafés der Galerie entspannen.

Für Gourmets – **Jelissejewski:** ■ Karte 2, M 12, Newskij pr. 56, Tel. 456 66 66, www.kupetzeliseevs.ru, tgl. 10–23 Uhr, Metro: Gostinyj Dwor. Petersburgs Traditionsgourmetkaufhaus

wurde nach langem Stillstand 2003 ein wenig ›über‹-renoviert wieder eröffnet. Der alte Charme ist verschwunden. Von italienischer Salami bis zu belgischen Pralinen gibt es hier vieles, was der Gourmet schätzt (s. a. S. 155). Kaffeehaus und Restaurant im Keller.

Alte Pracht – **Passage:** ■ Karte 2, M 11/12, Newskij pr. 48, www.passage.spb.ru, Metro: Newskij Prospekt/Gostinyj Dwor. Von frischen Lebensmitteln über Souvenirs bis hin zu luxuriöser Kleidung lässt sich in diesem Shoppingpalast alles kaufen. An manchen Stellen erkennt man noch die alte Pracht des Jugendstilgebäudes. Um den verglasten Lichthof bieten Boutiquen Waren jeder Art an. Reiselustige können sich hier komplette Ausrüstungen zusammenstellen. Für Nostalgiker ist der Antiquitätenladen in der Passage ein Muss.

Kosmetik

Natur pur – **Kosmetika Siberia:** ■ N 12, Newskij pr. 108, www.naturasiberica.ru, Metro: Ploschtschad Wosstanija. Die erste Naturkosmetiklinie in Russland kommt aus Sibirien. Tolle Produkte: Von pflegenden Cremes fürs Gesicht bis zu Haarshampoo. Auch eine spezielle Pflegeserie für Kinder ist im Programm. Der einzige Kosmetikladen in Petersburg mit moderaten Preisen!

Märkte

Bauernmarkt – **Kusnetschnyj rynok:** ■ Karte 2, M 12, Kusnetschnyj per. 3, Metro: Wladimirskaja, s. Lieblingsort S. 175.

Ältester Markt der Stadt – **Sytnyj rynok:** ■ L 9, Sytninskaja pl. 3/5, Metro: Gorkowskaja, tgl. Mo–Sa 8–19, So

8–16 Uhr. Der älteste Markt der Stadt lädt zum Genießen ein: Eingelegtes Gemüse, Gewürze, Früchte, Blumen, Fisch, Fleisch und die Düfte des Orients sind in einer schönen, großen Halle vereint!

Mode

Zeitlose Eleganz – **Babotschka Boutique:** ■ O 13, Newskij pr. 36, im Gebäude des Grand Hotel, www.babochka.ru, Metro: Ploschadj Alexandra Newskowo. Jean Paul Gaultier, Brioni, Moschino, Chloé, Gianfranco Ferré und andere Designerlabels im edlen Ambiente über drei Etagen.

Trendy – **Bosco di Ciliegi:** ■ Karte 2, L 11, Newskij pr. 11, www.bosco.ru, Metro: Newskij Prospekt/Gostinyj Dwor. Alles, was das Herz begehrt, findet man im großen Sortiment des Bosco di Ciliegi. Trendige Designerlabels: Ob Kenzo, Etro, Max Mara oder andere, hier wird man fündig.

Stöbern lohnt sich – **Banya Concept Store:** ■ M 14, Nab. Obwodnowo kanala 60, tgl. 12–22 Uhr, Metro: Obwodnyj Kanal. Secondhand-Retro-Fashion gibt es hier ebenso wie neue Mode aus Russland, Asien und Skandinavien. Ausgefallene Accessoires und Kleidung.

Avantgarde – **Den i notsch:** ■ L 9, Malaja Posadskaja 6, www.day-night.ru, Metro: Gorkowskaja; einen Outlet Shop gibt es in der Wladimirskij Passage, Wladimirskij pr. 19, Metro: Wladimirskaja. Avantgardemode vor allem britischer und belgischer Modemacher auf zwei Etagen (s. a. Entdeckungstour S. 256).

Secondhand – **Off:** ■ M 14, Nab. Obwodnowo kanala 60, www.offoffoff.

ru, Metro: Obwodnyj Kanal. Der Shop ist etwas weiter stadtauswärts gezogen ins Industriegebiet am Obwodnyj Kanal. Jeans, Sakkos, Hüte, Sonnenbrillen und Handtaschen. Ein Riesenchaos, aber langes Suchen wird belohnt!

Innovativ – **Tatyana Parfionova:** ■ Karte 2, N 12, Newskij pr. 51, www.parfionova.ru, Metro: Majakowskaja/Ploschadj Wosstanija, s. a. Entdeckungstour S. 256.

Schmuck

Exklusive Anfertigungen – **Salon Ananov:** ■ M 10, Mitschurinskaja ul. 7,

Ob traditionell oder modern: Im Shop von Tatyana Parfionova findet man beides

Tel. 235 83 38, www.a-ananov.com, Metro: Gorkowskaja. Andrej Ananovs Kundenkartei liest sich wie das Who's who des europäischen Hochadels: Die englische Königin Elisabeth II., Königin Sophia von Spanien, Albert II., Fürst von Monaco – sie alle lassen bei ihm arbeiten. Ohrringe, Colliers, Uhren, Fotorahmen aus Gold, Emaille, Edelsteinen und die berühmten Ostereier im Stil von Fabergé kann man hier erwerben.

Schuhe

Chic – **Andiamo:** ■ Karte 2, M 12, ul. Lomonossowa 2, Metro: Newskij Prospekt/Gostinyj Dwor. Italienische Schuhe und Accessoires u. a. von Fendi, Gucci, Dolce & Gabbana, aber auch von Calvin Klein und John Richmond.

Sport

Für Fußballfans – **Zenit:** ■ Karte 2, M 12, Newskij pr. 54, Tel. 606 65 16, www.zenit-trade.ru, 10–22 Uhr, Metro: Newskij Prospekt/Gostinyj Dwor. Zenit ist St. Petersburgs heiß geliebtes Fußballteam (s. S. 110). In diesem Laden kommen die Fans auf ihre Kosten: Blau-Weiß in allen Variationen – vom Mannschaftstrikot bis zum Souvenir.

43

Ausgehen, Abends und Nachts

Das Petersburger Nachtleben ist nicht nur während der Weißen Nächte, sondern das ganze Jahr über berauschend und aufregend. Im Anschluss an den Besuch von Oper, Konzert, Theater oder Ballettaufführung geht es meist in Bars, Klubs oder Discos (s. a. Entdeckungstour S. 142).

Alle Theater- und Opernhäuser in St. Petersburg sind Repertoiretheater: Die Inszenierungen stehen jahrelang auf dem Programm, werden aber höchstens einmal im Monat gespielt. Die Vorstellungen beginnen meist bereits um 19 Uhr!

Bars und Klubs

Hot Spot – **Wine Terrace:** ■ Karte 2, L 11, Wosnessenskij pr. 6, www.who tels.com, So–Do 12–2, Fr, Sa bis 4 Uhr, Metro: Admiralitejskaja. Vom 8. Stock des W Hotels genießt man einen 360-Grad-Blick auf die Sehenswür-

digkeiten der Stadt. Die Kuppel der Isaakskathedrale ist zum Greifen nah. Kleine Separées schützen vor Wind. Auf der Terrasse sorgen wechselnde DJs für den richtigen Beat.

Ungewöhnlich gut – **Datscha:** ■ Karte 2, L 12, Dumskaja ul. 9, Metro: Newskij Prospekt/Gostinyj Dwor, tgl. 18–6 Uhr, s. Entdeckungstour S. 142.

Sehr stylish – **Pif-Paf-Bar:** ■ Karte 2, L 12, nab. Kanala Gribojedowa 31, www.vk.com/pifpafbar, Metro: Newskij Prospekt, tgl. 12 Uhr bis zum letzten Gast. Eine neue Bar am Gribojedow-Kanal mit einem hinteren Friseursalon im hinteren Bereich und Retromöbeln im Stil der 50er-Jahre. Die Cocktailauswahl ist gut, die Burger sind es auch, ob vegetarisch oder mit Foie gras. Coole Musik, stylishe Atmosphäre und nette Petersburger.

Bohème – **Fish Fabrique:** ■ N 12, Ligowskij pr. 53, www.fishfabrique.ru, Metro: Majakowskaja/Ploschadj Wosstanija, tgl. 15–6 Uhr, Konzerte nur Di–Sa ab 23 Uhr. Musikcafé im Kulturzentrum ›Puschkinskaja 10‹. Klein und voll, wenn Bands spielen und getanzt wird; Bohème-Publikum; sehr beliebt: Tischfußball.

Karaoke – **Jelsomino:** ■ N 12, Poltawskaja ul. 5/29, www.jelsominocafe.ru, Metro: Majakowskaja, Mo–Do, So 9–6, Fr, Sa bis 8 Uhr, s. Entdeckungstour und Abb. S. 142.

Jazz veredelt – **Lobbybar** (im Grand Hotel Europe): ■ Karte 2, M 11/12, Michailowskaja ul. 1/7, Metro: Newskij Prospekt/Gostinyj Dwor, tgl. 11–1 Uhr, s. Lieblingsort S. 165.

Tipps und Termine

Einmal im Monat erscheinen das russisch- und englischsprachige Stadtmagazin »Pulse« (www.pulse.ru) mit Veranstaltungshinweisen sowie die deutschsprachige »St. Petersburgische Zeitung« (Onlineportal: »Sankt-Petersburger Herold«, www.spzeitung.ru) mit Tipps.

Auf »Spotted by Locals« (www.spottedbylocals.com/saintpetersburg/) finden Sie viele aktuelle Tipps von Einheimischen für Bars und Musikklubs.

In einigen Hotels bekommt man beim Concierge das Magazin »St. Petersburg – in your pocket« (www.inyourpocket.com/st-petersburg) mit aktuellen Tipps zum Ausgehen.

Gemischtes – **Manhattan:** ■ M 12/13, nab. reki Fontanki 90, www.manhattanclub.ru, Metro: Puschkinskaja, Mo–Sa ab 21 Uhr. Die Musik ist ebenso gemischt wie das Publikum: Trip Hop, Industrial, aber auch klassischer Rock.

Chillout – **Mod:** ■ Karte 2, L 11, nab. Kanala Gribojedowa 7 (im Hof), www.modclub.info, Metro: Newskij Prospekt/Gostinyj Dwor, tgl. 18–6 Uhr. Entspannt unter der Woche, voll am Wochenende. Von den Chillout-Ecken oder der Bar kann man Newcomerbands zuschauen oder zu DJ-Musik tanzen.

Schräg – **Purga:** ■ Karte 2, M 11, nab. reki Fontanki 11, www.purga-club.ru, Metro: Majakowskaja, tgl. 16–6 Uhr. Im Purga (›Schneesturm‹) geht es stürmisch zu, denn jeden Abend wird ins neue Jahr gefeiert – mit Countdown und Fernsehneujahrsgrußworten sowjetischer oder russischer Präsidenten.

Bier und Bücher – **Pirogi:** ■ M 12: nab. reki Fontanki 40, www.piterogi.ru, Metro: Newskij Prospekt/Gostinyj Dwor, tgl. 24 Std. In dem Gewölbekeller an der Ecke zum Newskij ist ein Teil Buchladen und ein Teil Café/Kneipe. Studenten und der Boheme-Underground treffen sich hier zum Bier (und natürlich zu Piroggen), zum Teetrinken, Cocktails schlürfen und Musik hören.

Discos

Cool – **Radiobaby:** ■ Karte 2, L 12, Kasanskaja ul. 7 (Eingang im Hof), Metro: Newskij Prospekt/Gostinyj Dwor, tgl. 18–6 Uhr. Mit seinen hohen Decken und dem modernen Interieur bietet Radiobaby zugleich Tanzfläche, Bar und Chill-out. Lokale DJs legen alles bis auf House und Techno auf.

Angesagte Location – **Gribojedow:** ■ N 13, Woroneschskaja ul. 2 a, www.griboedovclub.ru, Metro: Ligowskij Prospekt, tgl. 21–6 Uhr. Der In-Klub im Bunker liegt in der Nähe des Moskauer Bahnhofs. Treff von St. Petersburgs Schicki-Micki-Szene und Ausländern. Bis zum Morgen wird hier abgetanzt zu Reggae, Retro oder House.

Riesig – **Metro:** ■ M 14, Ligowskij pr. 174, www.metroclub.ru, Metro: Ligowskij Prospekt, tgl. 22–6 Uhr. Tanzen unterm Himmelszelt zu Russenpop, Eurodance, Techno, House und R 'n' B. Eine der Tanzflächen liegt unter einer Glaskuppel – perfekt in den ›Weißen Nächten‹ im Sommer. Der größte Klub in Petersburg, hier treffen sich alle Generationen und Schichten.

Intellektuell – **Bar 8:** L 9, ul. Lenina 8, Tel. 904 76 60, www.facebook.com/bar8timeforwine, tgl. 18–2 Uhr, Metro: Gorkowskaja. Szene ›Bar 8‹ ist der neue Treff der Kreativen und der jungen intellektuellen Elite, die sich zum Tagesausklang zum Digestif und cooler Musik trifft.

Jazz und Blues

Alles Jazz – **Jazz Philharmonic Hall:** ■ M 13, Sagorodnyj pr. 27, www.jazzhall.ru, Metro: Dostojewskaja/Wladimirskaja, tgl. Di–So 19–23 Uhr. St. Petersburgs Jazz-Institution, verbunden mit dem Star der Szene David Golotschokin. Man sitzt gemütlich an 2er- bis 6er-Tischen (insgesamt 200 Plätze) und hört die Konzerte, die meist um 20 Uhr beginnen. Viel Dixieland-Jazz- und Oldie-Publikum.

Jazz innovativ – **JFC Jazz Club:** ■ N 10, Schpalernaja ul. 33, www.jfc-club.spb.ru, Metro: Tschernyschewskaja, tgl.

19–23 Uhr. Der progressivste und innovativste Jazz-Klub in Petersburg, in dem alle Stilrichtungen vertreten sind, junges Publikum. Bei begehrten Konzerten sollte man vorab Karten bestellen, da der Raum klein ist!

Schwul und Lesbisch

Allgemeine Infos unter: www.gay.ru

Hübsche Kerle – **Central station:** ■ Karte 2, M 12, ul. Lomonossowa 1/28, Metro: Newskij Prospekt/Gostinyj Dwor, tgl. 18–6 Uhr. Acht verschiedene Bars und ein Restaurant, zwei Bühnen, eine Tanzfläche, an den roten Wänden Männerfotos – und es ist immer was los!

Konzerte, Ballett und Oper

Imperial – **Eremitage-Theater:** ■ Karte 2, L 11, Dworzowaja nab. 34, Tel. 966 37 76, www.balet-spb.ru, Metro: Newskij Prospekt/Gostinyj Dwor. Ein wunderschönes Theater, in dem verschiedene Musiktheater und Ballettensembles gastieren; auch Konzerte (s. a. S. 123).

Exzellent – **Konservatorium:** ■ Karte 2, K 12, Teatralnaja pl. 3, Tel. 571 05 06, www.conservatory.ru, Bus: 22, Tram: 5. Das Opernstudio der staatlichen Musikhochschule zeigt Ballett und Oper; exzellente Akustik.

Spitze – **Mariinskij-Theater:** ■ Karte 2, K 12, Teatralnaja pl. 1, Tel. 326 41 41, www.mariinsky.ru; Bus 5, 22. Ein St.-Petersburg-Aufenthalt ohne Besuch des Mariinskij-Theaters ist nicht vorstellbar. Allein schon die Geschichte des Hauses, an dem alle großen russischen Ballettstars tanzten und noch heute die traditionellen Choreografien der Ballets Russes gezeigt werden, beeindruckt. Doch auch die Oper hat aufgeholt, seit Star-Dirigent Valerij Gergijew das Haus leitet. Nach achtjähriger Bauzeit eröffnete im Frühsommer 2014 neben dem traditionsreichen Mariinskij ein zweites großes Theatergebäude (s. S. 100 und S. 196).

Mein Tipp

Tanztheater auf höchstem Niveau
Auch wenn Boris Eifman mit seinem Ensemble öfter im Ausland gastiert als in Petersburg, sollte man doch nicht versäumen, seine Choreografien zu sehen, wenn er bei einem Festival oder anderer Gelegenheit in Petersburg auftritt. Ob »Mein Jerusalem«, »Die rote Giselle« oder »Die Brüder Karamasow«, seine Inszenierungen reißen die Zuschauer mit. Leider hat das Ensemble noch kein eigenes Haus in Petersburg, sondern tritt auf verschiedenen Bühnen auf. Plakate weisen auf die Aufführungen hin (Eifman-Ballett, Tel. 230 78 45, www. eifmanballet.ru). Walerij Michajlowskij, ein ehemaliger Solostar aus der Truppe von Eifman, hat sein eigenes Ensemble gegründet, das ›Männerballett‹. Geboten werden Fragmente aus klassischen Ballettaufführungen sowie Parodien. Auch die sehr unterhaltsamen Aufführungen dieser Truppe finden in verschiedenen Theatern statt (Tel. 320 06 27, www.maleballet.spb.ru).

Frischer Wind – **Michailowskij-Theater:** ■ Karte 2, M 11, pl. Iskusstw 1, Tel. 595 43 05, www.mikhailovsky. ru, Metro: Newskij Prospekt/Gostinyj Dwor. Klassisches, aber auch modernes Ballett im Repertoire, s. a. S. 133.

Ohrenschmaus – **St. Petersburg Opera:** ■ K 12, Galernaja ul. 33, Tel. 312 39 82, www.spbopera.ru, Bus 5, 22. Lange trat das Ensemble auf verschiedenen Bühnen der Stadt auf. Nun steht ihm ein eigenes Haus, ein Adelspalast aus dem 18. Jh., zur Verfügung. Für Opernliebhaber ist der Besuch einer Vorstellung sehr lohnend, denn das junge Ensemble hat Opern von Tschaikowskij bis Schostakowitsch im Programm und verfügt über ausgezeichnete Sänger!

Theater

Klassisch – **Alexandrinskij-Theater:** ■ Karte 2, M 12, pl. Ostrowskowo 2, Tel. 312 15 45, www.alexandrinsky. ru, Metro: Newskij Prospekt/Gostinyj Dwor. Im ersten Sprechtheater der Stadt werden russische, aber auch ausländische Klassiker gespielt, hin und wieder moderne Stücke; auf der Kleinen Bühne experimentelles Theater.

Für Groß und Klein – **Großes Puppentheater:** ■ Karte 2, N 11, ul. Nekrassowa 10, Tel. 273 66 72, www.puppets. ru, Metro: Majakowskaja. Auch Erwachsene haben viel Spaß an diesem Puppentheater, das neben klassischen Kindergeschichten sogar Shakespeare im Programm hat.

Gegenwartsbezogen – **MDT** (Malyj-Theater): ■ Karte 2, M 12, ul. Rubinsteina 18, Tel. 713 20 78, www. mdt-dodin.ru, Metro: Majakowskaja. Seit 1983 leitet Lew Dodin das Malyj-Theater, das in der postsowje-

Spielpläne und Tickets
Die Spielpläne der Theater- und Opernhäuser kann man unter www.ballet andopera.com einsehen. Über diese Website kann man auch Tickets bestellen. Außerdem erhält man Theater-, Ballett- und Opernkarten bei Visit, Italjanskaja ul. 10, Filiale im Alexandrinskij-Theater, pl. Ostrowskowo 2, und bei Artis, Newskij pr. 18, www.artis.spb.ru, Tel. 327 20 67 (tgl. 9–21 Uhr).

tischen Zeit große Erfolge mit Stücken wie »Claustrophobia« und der »Möwe« feiern konnte. Dodin liebt das totale Theater: Tanz und Musik, Pantomime und Akrobatik, psychologische Genauigkeit und groteske Überspitzung. Viele Stücke sind auch für Zuschauer ohne Russischkenntnisse verständlich.

Noch mehr Puppen – **Marionetten- und Puppentheater:** ■ Karte 2, M 12, Newskij pr. 52, Tel. 571 21 56, www.dem meni.org, Metro: Newskij Prospekt/ Gostinyj Dwor. Ein Theater für Kinder und jung gebliebene Erwachsene, allein schon die Marionetten lohnen den Besuch!

Engagiert – **Russisches Enterprise Theater:** ■ L 9, Bolschoj pr. 75/35, Tel. 346 16 70/79, Metro: Petrogradskaja. Sehr junges, engagiertes Theater, das immer wieder hoch gelobt wird. Wunderbare Inszenierungen nach Tolstojs »Kreutzersonate« und Gontscharows »Oblomow«, aber auch »Les Misérables« von Victor Hugo ist sehenswert!

Musical/Revue

Revue – **Music Hall:** ■ L 10, Alexanderpark 4, Tel. 232 92 01, www.mu sichallspb.ru, Metro: Gorkowskaja.

Reiseinfos

Das größte Revuetheater der Stadt. Einzigartig für Russland und seit den 60er-Jahren über die Grenzen Russlands hinaus bekannt. Mit verschiedenen Shows, Musicals und jeder Menge aufregender Akrobatik.

Operetten – **Musik-Komödien-Theater:** ■ Karte 2, M 11, Italjanskaja ul. 13, Tel. 313 43 16, www.myzcomedy.nar od.ru, Metro: Newskij Prospekt/Gostinyj Dwor. Hauptsächlich im Programm Operetten wie »Die Czárdásfürstin« und »Die lustige Witwe«, doch es gibt auch modernere Inszenierungen wie eine Revue über die Sowjetzeit.

Konzerte

Romantisch – **Glinka-Kapelle:** ■ Karte 2, L 11, nab. Reki Mojki 20, Tel. (ab 12 Uhr) 314 10 58, www.glinka-capella. ru, Metro: Newskij Prospekt/Gostinyj Dwor, Mitte Juli–Mitte Aug. geschl. Domizil des berühmten Glinka-Chors ist die Kapelle am Schlossplatz. Wunderschöne Kammerchor- und Orgelkonzerte, russische Lieder, Folklore und Romanzen.

Gigantisch – **Große Konzerthalle** (Oktjabrskij-Konzerthalle): ■ N 11/12, Ligowskij pr. 6, Tel. 275 12 73/75, www. bkz.ru, Metro: Majakowskaja. Zum 50. Jahrestag der Oktoberrevolution eröffnete dieser Konzertsaal mit 4000 Plätzen: Ob Rock-Festivals oder Gastspiele großer auswärtiger Orchester – alles findet hier statt!

Hochgenuss – **Schostakowitsch-Philharmonie** (Großer Saal): ■ Karte 2, M 11, ul. Michajlowskaja 2, Tel. 710 40 85, www.philharmonia.spb.ru, Metro: Newskij Prospekt/Gostinyj Dwor, 7. Juli–Sept. geschl. Die Philharmonie steht für sagenumwobenen, musikalischen Hochgenuss. Der Namensgeber des Konzertsaals, Dmitri Schostakowitsch, gab während der Blockade 1942 seine umjubelte Siebte Sinfonie zum Besten (s. S. 84). In den 1960ern kehrte Igor Strawinsky in seine Heimatstadt zurück und brillierte mit seinen Aufführungen im Großen Saal. Auch andere berühmte Dirigenten, Solisten und Orchester hatten hier ihre Auftritte.

Schlicht – **Philharmonie** (Kleiner Saal): ■ Karte 2, L/M 11, Newskij pr. 30, Tel. 571 83 33, www.philharmo nia.spb.ru, Metro: Newskij Prospekt/ Gostinyj Dwor. Ein schlichter Saal, der zur Schostakowitsch-Philharmonie gehört. Hier finden Kammermusikkonzerte und Klavierabende statt.

Eine entspannte Kneipenatmosphäre lockt die Boheme an den Tresen der Datscha Bar

Kino

Weststandard – **Aurora:** ◼ Karte 2, M 12, Newskij pr. 60, www.avrora.spb. ru, Metro: Newskij Prospekt/Gostinyj Dwor. Renovierter Kinosaal im Weststandard. Premierenkino, in dem die meisten Filme im Original mit Untertiteln laufen.

Hochmodern – **Crystal Palace:** ◼ Karte 2, M 12, Newskij pr. 72, www.cinema treasures.org, Metro: Majakowskaja. Hier wurden 1929 die ersten Tonfilme gezeigt. Nun ist alles hochmodern. Drei Säle. Teurer als die anderen Kinos.

Jenseits des Mainstreams – **Dom Kino:** ◼ Karte 2, M 11, Karawannaja ul. 12, Tel. 314 06 38, www.domkino. spb.ru, Metro: Newskij Prospekt/Gostinyj Dwor. Das ›Haus des Kinos‹ war in der Sowjetzeit ein elitärer Ort, zu dem nur die Filmschaffenden Zutritt hatten. Heute ist es mit seinen zwei Sälen ein beliebtes Kino für westliche Retrospektiven und nichtkommerzielle Filme.

Zirkus

Andere Welten – **Zirkus:** ◼ Karte 2, M 11, nab. reki Fontanki 3, Tel. 570 53 90, 570 54 11, www.circus.spb.ru, Metro: Newskij Prospekt/Gostinyj Dwor, tgl. 2 bis 3 Vorstellungen, angeschlossen ist ein kleines Zirkusmuseum, s. a. S. 219.

Feste und Festivals

Musikfestivals

St. Petersburg ist die Stadt der Musik: Von Klassik über Jazz bis Rock wird Musikfans hier vielerlei geboten. Das beginnt Mitte März mit dem **Internationalen Ballett-Festival** im Mariinskij-Theater (www.mariinsky.ru). Ende Mai/Anfang Juni folgt dann das **Musical Olympus Festival** (www. musicalolympus.ru) mit täglich bis zu fünf Konzerten junger Nachwuchsmusiker.

Für Freunde gepflegter Jazzmusik ist das alljährliche **Sommer-Jazzfestival** (www.jazz-hall.ru) interessant und während des **Kulturfestivals ›Weiße Nächte‹** Mitte Mai bis Mitte Juli beeindrucken Theater-, Ballett- und Opernvorstellungen. Im September erfreut sich das **Internationale Musikfestival für alte Musik** (www. earlymusic.ru) besonderer Beliebtheit.

Das Osterfest

Das russisch-orthodoxe Osterfest ist ein besonderes Ereignis, es bildet den Höhepunkt der russisch-orthodoxen Feiertage. Es wird besonders festlich begangen und läutet das Ende der Fastenzeit ein. Meist fällt es nicht mit dem westlichen Osterfest zusammen, da sich die russisch-orthodoxe Kirche hier an den alten Julianischen Kalender hält (2017: 16. April, 2018: 8. April).

Traditionell beginnen die Osterfeierlichkeiten schon am ›Sauberen Donnerstag‹: Kirchen und Häuser werden einem Osterputz unterzogen und von den Spuren des Winters befreit. An diesem Tag färbt man Eier, meist mit Schalen Roter Rüben rot oder mit Zwiebelschalen braun. Diese Eier werden dann im Ostersonntagsgottesdienst zusammen mit dem traditionellen *Kulitsch,* einer Art Osterbrot, und dem *Pascha,* einem Quarkkuchen, in der Kirche gesegnet.

Am **Karsamstag** um Mitternacht sind die festlich geschmückten Kirchen hell erleuchtet. Der Sprechgesang der Priester, sonst dunkel und traurig, ist nun fröhlich, denn sie verkünden die frohe Botschaft der Auferstehung Christi. Der Pope tritt mit einer großen Kerze vor die versammelten Gläubigen und gibt das Licht weiter, bis die ganze Kirche im Lichterglanz erstrahlt.

Dann beginnt eine Prozession mit Ikonen, Kerzen und Hymnensängern gegen den Uhrzeigersinn rund um die Kirche. Vor den Toren der Kirche stimmen die Priester einen Chorgesang an. Die Kirchentore öffnen sich und die Prozession betritt den Kirchenraum, der Gottesdienst wird fortgesetzt. Dabei ist die ganze Zeit Bewegung im Raum, denn Sitzplätze gibt es nicht, man steht, zündet Kerzen an und geht von Ikone zu Ikone. Das kann man in St. Petersburg besonders schön in der Dreifaltigkeitskathedrale des Alexander-Newskij-Klosters erleben oder in der Nikolaus-Marine-Kathedrale. Am **Ostersonntag** wird im Kreis der Familie gefeiert.

Feiertagsregelung

Bei der Handhabung der Feiertage hat sich aus Sowjetzeiten eine Regelung erhalten, die ihresgleichen sucht: Fällt ein Feiertag auf das Wochenende, so wird er am darauffolgenden Montag nachgeholt (s. a. S. 59).

Feste im Jahresablauf

Januar

Neujahr und Weihnachten: Vom Neujahrstag (1. Jan.) über die Orthodoxen Weihnachtstage (6./7. Jan.) bis zum orthodoxen Neujahr am 13. Januar ist die ganze Stadt in Feierlaune. Am 6. Januar um Mitternacht werden in den Kirchen Messen gehalten.

Februar/März

Masleniza: Mit der ›Butterwoche‹ wird der Winter verabschiedet. Eine Woche lang werden in den Restaurants und zu Hause vor allem Blinys serviert; außerdem Karnevalsumzüge und Troikafahrten. Danach beginnt die Fastenzeit.

Weltfrauentag: Der 8. März wird in Russland nicht nur als Weltfrauentag, sondern als **Muttertag** gefeiert.

Ostern: s. S. 50.

Mai

Die Tage zwischen 1. Mai **(Tag des Frühlings und der Arbeit)** und 10. Mai gelten als Ferientage, denn am 9. Mai wird der **Tag des Sieges** gefeiert. Auf dem Schlossplatz finden militärische Umzüge statt und an der Peter-Paul-Festung gibt es ein riesiges Feuerwerk.

Gurkenfisch-Festival: Am zweiten Maiwochenende dreht sich an der Peter-Paul-Festung alles um den Meeresfisch Stint, der hier gebraten wird.

›Weiße Nächte‹: Mitte Mai bis Mitte Juli stattfindendes Kulturfestival des Mariinskij-Theaters mit Ballett- und Theateraufführungen sowie Konzerten (www.mariinsky.ru).

Stadtgeburtstag von St. Petersburg: Am letzten Maiwochenende wird der Stadtgeburtstag (27. Mai) mit Schiffsparaden auf der Newa sowie Straßenfesten, Karnevalumzügen und Konzerten gefeiert.

Juni

›Russisches Davos‹: am ersten Juniwochenende stattfindendes internationales Wirtschaftsforum.

Tag Russlands: Nationalfeiertag mit Feuerwerk (12. Juni)!

Festival of Festivals: Ende des Monats vom Ministerium für Kultur gemeinsam mit den Lenfilm-Studios organisiertes Filmfest (www.filmfest.ru).

Jazzfestival: s. S. 50 (www.jazz-hall.ru).

September/Oktober

Internationales Festival für alte Musik: Sept., www.earlymusic.ru.

Internationales Theaterfestival ›Baltic House‹: Okt., www.baltic-house.ru.

Dezember/Januar

›Russischer Winter‹: Etwa vom 25. Dezember bis zum 5. Januar Folkloreveranstaltungen, Troika-Schlittenfahrten, Eisskulpturenparks und Musikevents.

Silvester: Zum Silvesterabend werden die Wohnungen mit Tannenbäumen geschmückt. Um Mitternacht strömen alle auf den Newskij Prospekt und den Schlossplatz, um dort auf das neue Jahr anzustoßen – und natürlich gibt es ein Feuerwerk!

Aktiv sein, Sport, Wellness

Eislaufen

Ledowij Mir (›Eiswelt‹): ▶ L 8, Aptekarskij pr. 16, Tel. 234 65 42, Metro: Petrogradskaja, tgl. 11–23 Uhr. Stadion mit zwei Eislaufbahnen, Flutlichtanlage, Musik und Spezialprogramm für Kinder; Café, Schlittschuhverleih.

Fitness

Planet Fitness: ▶ Karte 2, L 12, Kasanskaja ul. 37, www.fitness.ru, Metro: Newskij Prospekt/Gostinyj Dwor, Mo–Fr 7.30–23, Sa, So 9–21 Uhr. Auf 1000 m² kann man sich hier an neuesten Geräten fit halten.

Joggen

Zum Joggen bieten sich vor allem die Parks außerhalb der Stadt an, z. B. auf den Inseln im Norden. Wer jedoch im Zentrum joggen will, kann am Platz der Künste zu einer 3 km langen Joggingroute starten (s. S. 136).

Radfahren

Petersburg ist nicht die optimale Fahrradstadt, aber eine Radtour kann trotzdem reizvoll sein. **Radverleih:** Rentbike, ▶ Karte 2, L 12, Efimova 4 a, Tel. 981 01 55, www.rentbike.org, 24 Std. 8 €, Metro: Sennaja Ploschadj/Sadowaja. **Geführte Radtouren** s. S. 179.

Tennis

Informationen: www.spb-tennis.ru
Gloria: ▶ Karte 5, D 2, Kusnetzowskaja ul. 25, im Park Pobedy, Metro: Park Pobedy, tgl. 8–22 Uhr. Tennisklub, in dem auch Nichtmitglieder spielen können; 7 offene Plätze und 3 Hallenplätze.

Wellness

Banja – die russische Sauna

Seit Jahrhunderten gehört für die Russen ein Besuch der Banja zur Kultur. Der Dampf, der durch gut dosiertes Aufgießen von Wasser auf die glühenden Kohlen des Banjaofens gespritzt wird, wirkt wohltuend auf die Lungen und trocknet nicht so aus wie die finnische Sauna. Das Wasser ist meist mit Kräuteressenzen versetzt. Mit einer Rute aus Birken-, Eichen- oder Wacholderzweigen

wird der Körper leicht geschlagen. Traditionell befanden sich Badehäuser an einem Fluss oder See. In der Stadt muss man sich heute mit einem Wasserbecken zufriedengeben.

Seit dem 17. Jh. wurden die Preise für Badehäuser durch Zarenerlass festgesetzt und möglichst niedrig gehalten. Die Petersburger Stadtverwaltung hält sich an diese Tradition, auch weil es in Petersburg noch immer zahlreiche Wohnungen ohne eigenes Bad gibt.

Die Banja ist mehr als nur ein Badehaus. Vor allem den Männern ersetzt sie Café und Klub, Frauen gehen von ihnen getrennt in die Banja.

Jamskije Banji: ▶ M 13, ul. Dostojewskowo 9, Metro: Dostojewskaja/Wladimirskaja, tgl. 8–21 Uhr. Traditionelle Banja, die angeblich schon Lenin besuchte.

Kasatschi Banji: ▶ L 13, Kasatschij per. 11, www.kazbani.ru, Metro: Puschkinskaja, 24 Std. geöffnet. Dampfraum und kalter Pool.

Spa

Holiday Club St. Petersburg: ▶ K 10, im Sokos-Hotel, Birschewoj per. 2–4, www.holidayclubhotels.ru, Metro: Wassileostrowskaja. Größter Wellnessklub in Petersburg; großer Pool, mehrere Saunen, Massage- und Beauty-Treatments.

Da ist Bewegung im Spiel: Auf Sport muss man in der Newa-Metropole nicht verzichten

Museen

Katharina die Große war eine besessene Kunstsammlerin. Davon zeugen die weltberühmten Sammlungen der Eremitage. Doch auch das Russische Museum, das Alexander III. ins Leben rief, ist mit seiner Ausstellung russischer Kunst des 18.–20. Jh. einen Besuch wert. Daneben finden sich in der Literatur- und Musikstadt zahlreiche kleine Museen für Dichter und Komponisten.

Die meisten Petersburger Museen bieten auf Anfrage auch **Führungen** auf Deutsch an. **Fotografieren und Filmen** ist gegen Bezahlung in einigen Museen erlaubt. **Kassenschluss** ist in allen Museen eine Stunde vor Schließung. Einige Museen haben einen sogenannten *sanitarnyj den,* einen Tag im Monat, an dem geschlossen ist.

Dichterleben – **Alexander-Blok-Apartment-Museum:** ▶ J 12/13, ul. Dekabristow 57, Tel. 713 86 31, www.russianmuseums.info/M138, Bus: 3, 22, 27, Mi–Mo 11–18, Di bis 17 Uhr, s. S. 200.

Der Dichterin gewidmet – **Anna-Achmatowa-Museum:** ▶ Karte 2, M 12, nab. reki Fontanki 34, Eingang: Litejnyj pr. 53, 2. Hof, Tel. 272 22 11, www.akhmatova.spb.ru, Metro: Majakowskaja, Di–So 10.30–18.30, Mi 12–20 Uhr, s. S. 218.

Polarluft – **Arktis-Antarktis-Museum:** ▶ N 12, ul. Marata 24 A, Tel. 571 25 49, www.polarmuseum.ru, Metro: Wladi-

Petersburger Museen im Internet
Infos zu den größten Petersburger Museen findet man im Internet unter www.russianmuseums.info/piter.asp.

mirskaja, Mi–So 10–18 Uhr, letzter Fr im Monat geschl., s. S. 176.

Brot – **Brotmuseum** (Musej chleba): ▶ N 12/13, Ligowskij pr. 73, Tel. 764 11 10, www.russianmuseums.info/M165, Metro: Ligowskij Prospekt, auf Anfrage geöffnet, s. S. 177.

Biografisch – **Dostojewskij-Museum:** ▶ Karte 2, N 12, Kusnetschnyj per. 5/2, Tel. 571 40 31, www.md.spb.ru, Metro: Wladimirskaja, Di–So 11–18, Mi 13–20 Uhr, s. S. 176.

Privates Museum – **Erarta:** ▶ H 12, 29. Linija 2, Tel. 324 08 09, www.erarta.com, Metro: Wassileostrowskaja, Bus 6, Mi–Mo 10–22 Uhr. Auf fünf Stockwerken kann man vor allem russische Kunst der letzten 60 Jahre bewundern: Gemälde, Fotografien, Skulpturen, Installationen und Videos. In einer Galerie werden auch Werke junger russischer Künstler zum Verkauf angeboten.

Sensationell – **Eremitage:** ▶ Karte 2, L 11, Dworzowaja nab. 32–36 (Eingang Dworzowaja ploschadj), Tel. 571 84 46, www.hermitagemuseum.org, Metro: Admiralitejskaja, Di, Do, Sa, So 10.30–18, Mi, Fr bis 21 Uhr, s. S. 118.

Völkerkunde – **Ethnografisches Museum:** ▶ Karte 2, M 11, Inschenernaja ul. 4/1, Tel. 570 57 09, www.ethnomuseum.ru, Metro: Newskij Prospekt/Gostinyj Dwor, Di–So 10–18 Uhr, letzter Fr im Monat geschl. Im Nachbargebäude des Russischen Museums kann man sich über die Völker der ehemaligen Sowjetunion informieren.

Merkwürdig – **Freud-Traum-Museum:** ▶ K 10, Bolschoj pr. 18 a, Tel. 456 22

90, www.freud.ru, Metro: Sportiwnaja, Di, So 12–17 Uhr, s. S. 264.

Historisch – **Haus Peters des Großen:** ▶ Karte 2, M 10, Petrowskaja nab. 6, Metro: Gorkowskaja, Mo 10–17, Mi–So 10–18 Uhr, letzter Mo im Monat geschl., s. S. 258.

Malerleben – **Isaak-Brodskij-Museum:** ▶ Karte 2, M 11, pl. Iskusstw 3, Tel. 314 36 58, eng.nimrah.ru/musbrod/, Metro: Newskij Prospekt/Gostinyj Dwor, Mi–So 11–18 Uhr, s. S. 136.

Raritäten – **Kunstkammer** (Anthropologisches Museum): ▶ Karte 2, K 11, Uniwersitetskaja nab. 3, Tel. 328 14 12, www.kunstkamera.ru, Bus: 1, 7, 10, Di–So 11–18 Uhr, letzter Di im Monat geschl., s. S. 237.

Literaturgeschichte – **Literaturmuseum** (Puschkinhaus): ▶ Karte 2, K 11, nab. Makarowa 4, Bus: 1, 7, 10, Mo–Fr 11–17 Uhr, s. S. 236.

Kunstvoll – **Museum der Akademie der Künste:** ▶ K 11, Uniwersitetskaja nab. 17, Tel. 323 64 96, www.nimrah.ru, Bus: 1, 7, 10, Mi–So 11–17 Uhr, s. S. 244.

Bahnbrechend – **Museum der Avantgarde:** ▶ L 8, ul. Professora Popowa 10, www.spbmuseum.ru/matyushin, Metro: Petrogradskaja, Do–Di 11–18 Uhr, s. S. 263.

Stadtgeschichte – **Museum der Geschichte St. Petersburgs:** www.spbmuseum.ru, Di 11–17, Do–Mo 11–18 Uhr. **Peter-Paul-Festung** (Stadtgeschichte bis zur Revolution): ▶ Karte 2, L 10, Metro: Gorkowskaja, s. S. 250.

Rumjanzew-Palais (Revolution, Blockade, Nachkriegszeit): ▶ J/K 12, Anglijskaja nab. 44, Bus: 22, 27, s. S. 201.

Eintrittspreise

In den meisten Museen gibt es zwei Preisgruppen, eine für westliche Touristen, eine für Russen. Die Erklärung: Das Einkommensniveau der Russen liegt weit unter dem ausländischer Besucher (s. S. 76), zugleich sind enorme Summen nötig, um die Museen instand zu halten. Hierzu leisten ausländische Besucher mit ihren Eintrittsgeldern einen wichtigen Beitrag. Die **Petersburg Card** kann von Vorteil sein (s. S. 61).

Geschichte – **Museum der Kultur der Petrinischen Zeit** (Menschikow-Palais): ▶ K 11, Uniwersitetskaja nab. 15, www.hermitagemuseum.org, Bus: 1, 7, 10, Di–So 10.30–16.30 Uhr, s. S. 241.

Petersburger Legende – **Mitki-Museum:** ▶ N 12, ul. Marata 36/38, kw. 120, www.kulichki.com/mitki, Metro: Wladimirskaja, Sa 16–18 Uhr, s. S. 92.

Politik – **Museum der politischen Geschichte Russlands:** ▶ L 10, ul. Kujbyschewa 4, Tel. 233 70 52, www.polithistory.ru/en/, Metro: Gorkowskaja, Fr–Mi 10–17 Uhr, letzter Mo im Monat geschl., s. S. 259.

Theatergeschichte – **Museum für Theater und Musik:** ▶ Karte 2, M 12, pl. Ostrowskowo 6, www.theatremuseum.ru, Mi 13–19, Do–Mo 11–18 Uhr, Metro: Newskij Prospekt/Gostinyj Dwor. Die Stimmen längst verstorbener Schauspieler und Sänger werden hier lebendig und mit Kostümen, Manuskripten etc. 250 Jahre Theatergeschichte anschaulich gemacht, s. a. S. 218.

Schriftstellerkindheit – **Nabokov-Museum:** ▶ Karte 2, K 12, Bolschaja Mor-

Museum der Superlative: In der Eremitage verteilen sich 65 000 Werke auf rund 1000 Säle

skaja ul. 47, Tel. 315 47 13, www.nabo kov.museums.spbu.ru, Bus: 22, 27, Di–Fr 11–18, Sa, So 12–17 Uhr, s. S. 208.

Revolutionär – **Panzerkreuzer Aurora:** ▶ M 10, Petrogradskaja nab. 4, www. aurora.org.ru, Metro: Gorkowskaja, Di–Do, Sa, So 10.30–16 Uhr, s. S. 258.

Romantisch – **Puschkin-Museum:** ▶ L 11, nab. Reki Mojki 12, www.museumpus hkin.ru, Metro: Newskij Prospekt/Gosti nyj Dwor, Mo, Mi, Fr 10.30–18, Do 12–20 Uhr, s. S. 137.

Kunstzentrum – **Puschkinskaja 10:** ▶ N 12, Puschkinskaja 10, Eingang Ligowskij pr. 53, www.p-10.ru/en/, Metro: Ploschadj Wosstanija, Mi–Fr 16–20, Sa/So 12–20 Uhr, s. S. 176.

Komponistenleben – **Rimskij-Korsa-kow-Haus:** ▶ M 12/13, Sagorodnyj pr. 28, Whg. Nr. 39, Metro: Puschkinskaja, Mi–So 11–18 Uhr, letzter Fr im Monat

geschl. Hier verbrachte der Komponist (1844–1908) die letzten 15 Jahre sei-nes Lebens und komponierte die meis-ten seiner Opern. Veranstaltungen im kleinen Konzertsaal.

Ikone bis Avantgarde – **Russisches Museum:** ▶ Karte 2, M 11, Inschener-naja ul. 2–4, Tel. 117 23 16, www.rus museum.ru, Metro: Newskij Prospekt/ Gostinyj Dwor, alle Filialen: Mo 10–20, Di geschl., Mi, Fr, Sa, So 10–18, Do 13–21 Uhr, s. S. 132. **Filialen des Rus-sischen Museums:**

Michaelsschloss (Ingenieursschloss): ▶ Karte 2, M 11, Sadowaja ul. 12, Tel. 595 42 48, Metro: Newskij Prospekt/ Gostinyj Dwor, s. S. 219.

Marmorpalast: ▶ Karte 2, L 11, ul. Millionaja 5/11, Tel. 312 90 54, Me-tro: Newskij Prospekt/Gostinyj Dwor, s. S. 128.

Sängerleben – **Schaljapin-Haus:** ▶ K 8, ul. Graftio 2 B, Metro: Petrogradskaja, Bus: 6, 34, Mi–So 12–18 Uhr, letzter Fr im Monat geschl. Der große Opernsänger Fjodor Schaljapin (1873–1938) lebte in dieser Wohnung bis zu seiner Emigration 1922. Seine Bühnenkostüme, Noten, Dokumente und persönliche Gegenstände können besichtigt werden und auch seine Stimme ertönt von alten Schallplatten. Das Museum zeigt zudem eine Ausstellung zur Geschichte der Russischen Oper.

Wasser, Wasser – **Wassermuseum** (Mir Wody Sankt-Peterburga): ▶ O 10, Schpalernaja ul. 56, Tel. 326 53 45, www.vodokanal-museum.ru, Bus: 46, 136, Mi–So 10–19 Uhr, s. S. 227.

Wodka, Wodka – **Wodka-Museum:** ▶ Karte 2, K 13 (im Restaurant Russkaja Rjumotschnaja No. 1), Konnogwardejskij bl. 4, Bus: 22, 27, www.vodkamuseum.su, tgl. 11–22 Uhr, s. S. 203.

Nicht nur Mammuts – **Zoologisches Museum:** ▶ Karte 2, K 11, Uniwersitetskaja nab. 1, Tel. 328 01 12, www.zin.ru, Busse: 1, 7, 10, Mi–Mo 11–18 Uhr, s. S. 236.

Galerien

Siehe S. 40

Sonstige Sehenswürdigkeiten

Blaue Kuppeln – **Ismajlowskij-Kathedrale** (auch Troitskij-Kathedrale genannt): ▶ K 13, Ismajlowskij pr. /, Metro: Technologitscheskij Institut. 1835 erbaute der Architekt Stassow die Kathedrale im klassizistischen Stil mit fünf leuchtend blauen Kuppeln. Zuvor hatte an dieser Stelle eine Holzkirche gestanden, in der Peter der Große und seine Frau Katharina getraut worden waren und 1867

auch der Schriftsteller Fjodor Dostojewskij heiratete.

Gedenkfriedhof – **Piskarowskoje-Friedhof:** ▶ Q 6, pr. Nepokorjonnych 74, www.pmemorial.ru, Metro: Ploschadj Muschestwa, Bus: 123, 138, tgl. 10–18 Uhr. Gedenkfriedhof der Opfer der Blockade auf der Wyborger Seite. Am Eingang sind in zwei Pavillons die Ereignisse der 900-Tage-Blockade in Text und mit Fotos dokumentiert. Dahinter brennt auf einem Platz die ewige Flamme und Schostakowitschs Siebte Sinfonie ist zu hören. Der Friedhof wird begrenzt durch eine Granittafel, auf der Verse der Dichterin Olga Bergholz zu lesen sind, s. a. S. 83.

Rot-weiß – **Tschesme-Kirche:** ▶ südlich L 14, ul. Gastello 17, Metro: Moskowskaja. Die kleine rot-weiße Kirche ist sehr ungewöhnlich: Jurij Veldten erbaute sie 1777–80 im pseudogotischen Stil. Katharina die Große hatte ihn mit dem Bau beauftragt, um an den Sieg der russischen Flotte unter Führung von Fürst Orlow über die Türken in der Bucht von Tschesme im Jahr 1770 zu erinnern. Die Kirche und der gegenüberliegende Palast lagen damals weit außerhalb der Stadt auf dem Weg nach Zarskoje Selo. Der Hofstaat machte hier auf seiner Fahrt dorthin Halt, um Gebetspausen einzulegen.

Reinster Jugendstil – **Witebsker Bahnhof:** ▶ L/M 13, Sagorodnyj pr. 52, Metro: Puschkinskaja. Reinster Jugendstil ist der 1904 erbaute Bahnhof und damit der schönste Bahnhof der Stadt. Der Wartesaal, die Treppenhalle und das Restaurant sind mit ihren wunderschönen Jugendstildekorationen sehenswert. Neben den Gleisen ist die erste Eisenbahn zu besichtigen, die 1837 von St. Petersburg nach Zarskoje Selo fuhr.

Reiseinfos von A bis Z

Apotheken

Wer spezielle Medikamente benötigt, sollte sie von zu Hause mitbringen. Für ›leichtere Fälle‹ kann man auch die Petersburger Apotheken aufsuchen, man kann aber nicht davon ausgehen, dass das Personal englisch spricht! Apotheken gibt es überall in der Stadt. Folgende Apotheke ist rund um die Uhr geöffnet:

Petroform
Newskij pr. 22/24, Tel. 314 54 01
Metro: Newskij Prospekt/Gostinyj Dwor

Ärztliche Versorgung

Das staatliche Gesundheitssystem entspricht nicht dem westeuropäischen Standard. Im Notfall sollte man sich an eine der unten genannten privaten Praxen wenden. Hier spricht das Personal auch englisch und ist rund um die Uhr erreichbar. Eine Auslandskrankenversicherung ist inzwischen Pflicht, will man ein Visum bekommen. Dringend zu empfehlen ist dabei eine Versicherung, die auch einen eventuell notwendigen Rücktransport einschließt.

American Medical Clinic
nab. Reki Mojki 78
Tel. 740 20 90
www.amclinic.ru
Metro: Sadowaja
Tgl. 24 Std. ambulante medizinische Versorgung.

Medem International Clinic
ul. Marata 6
Tel. 336 33 33
www.medem.ru
Metro: Majakowskaja
Tgl. 24 Std. ambulante Versorgung, 30 Betten, Labor und auch Zahnärzte.

Diplomatische Vertretungen

… in Deutschland

Botschaft der Russischen Föderation
Unter den Linden 63–65
10117 Berlin
Tel. 030 229 11 10,
229 11 29
Fax 030 229 93 97
www.russische-botschaft.de

Konsularabteilung der Botschaft
Behrenstr. 66
10117 Berlin
Tel. 030 229 12 07
Fax 030 229 00 35
infokonsulat@russische-botschaft.de

Generalkonsulate
Waldstr. 42
53177 Bonn
Tel. 0228 386 79 30
Fax 0228 31 21 64
www.ruskonsulatbonn.de
Ödenweg 16/18
60318 Frankfurt
Tel. 069 596 745 03
Fax 069 596 745 05
www.ruskonsulatfrankfurt.de
Am Feenteich 20
22085 Hamburg
Tel. 040 229 52 01, 040 229 53 01
Fax 040 229 77 27
www.generalkonsulat-rus-hamburg.de
Turmgutstr. 1
04155 Leipzig
Tel. 0341 590 29 23
Fax 0341 564 95 89
www.ruskonsulatleipzig.de
Maria-Theresia-Str. 17
81675 München
Tel. 089 59 25 03, 089 59 25 28
Fax 089 550 38 28
www.ruskonsmchn.mid.ru

... in Österreich
Botschaft der Russischen Föderation
Reisnerstr. 45–47
1030 Wien
Tel. 01 712 12 29,
01 713 86 22
Fax 01 712 33 88
www.rusemb.at

... in der Schweiz
Botschaft der Russischen Föderation
Visa- und Konsularabteilung
Brunnadernrain 53
3006 Bern
Tel. 031 352 05 66
www.switzerland.mid.ru

... in St. Petersburg
Deutsches Generalkonsulat
Furschtatskaja ul. 39
Tel. 320 24 00,
In Notfällen: Tel. 964 55 48
www.sankt-petersburg.diplo.de
Metro: Tschernyschewskaja
Schweizerisches Generalkonsulat
ul. Tschernyschewskowo 17
Tel. 327 08 17,
für Visa: Tel. 336 57 77
Fax 327 08 29
www.eda.admin.ch/stpetersburg
Metro: Tschernyschewskaja

Elektrizität

In der Regel beträgt die Netzspannung 220 Volt. Adapter sind nicht erforderlich.

Feiertage

1. Januar: Neujahr
7. Januar: orthodoxes Weihnachtsfest; wichtig für Geschäftsleute: Zwischen dem 31. Dezember und dem 8. Januar wird kaum gearbeitet (s. Kasten).
23. Februar: Jahrelang war er der Tag der Armee, Putin hat ihn zum ›Tag des Mannes‹ erklärt.

Gut zu wissen
Folgen mehrere Feiertage in kurzen Abständen aufeinander wie 1. Mai und 9. Mai oder 1. Januar und 7. Januar, dann wird auch zwischen diesen Tagen nicht gearbeitet. Fällt ein Feiertag auf einen Samstag oder Sonntag, wird er am darauffolgenden Werktag nachgeholt!

8. März: Internationaler Frauentag
1. Mai/2. Mai: Internationaler Tag der Arbeit
9. Mai: Tag des Sieges
12. Juni: Tag der Unabhängigkeit Russlands
4. November: Tag der nationalen Einheit
12. Dezember: Tag der Verfassung

Geld und Geldwechsel

Die russische Währung ist der Rubel (RUB). Ein Rubel sind 100 Kopeken. Wechselkurs:
100 RUB = 1,39 € = 1,51 CHF.
1 € = 72,27 RUB
1 CHF = 66,27 RUB.
(Stand Juni 2016)
Es gibt Münzen zu 1, 2 und 5 Rubel sowie zu 1, 5, 10 und 50 Kopeken.
Überall in der Stadt gibt es Wechselstuben und Geldautomaten, an denen Sie mit Bank- oder Kreditkarten Bargeld bekommen. Fast alle Geschäfte, Restaurants und Hotels akzeptieren Kreditkarten.

Gottesdienste

In den russisch-orthodoxen Kirchen finden Gottesdienste täglich zwischen 17 und 19 Uhr statt, in einigen Kirchen auch morgens um 7 oder 10 Uhr. Die Kirchen legen das jeweils selbst fest.

Internetcafés

Es gibt einige Internetcafés in der Stadt und darüber hinaus zahlreiche Cafés und Restaurants mit WLAN-Zugang (diese sind gekennzeichnet). Auch in den meisten Hotels und sogar in einigen Minihotels hat man WLAN-Zugang. Außerdem gibt es ein Internetcafé in der Eremitage, das aber nur den Besuchern des Museums offensteht. Hier zwei Internetcafés in zentraler Lage:
Cafemax: Newskij pr. 90/92, Metro: Majakowskaja.
Cafemax in der Eremitage: Dworzowaja nab. 38 A, www.cafemax.ru, tgl. 24 Std. geöffnet.

Notruf

Polizei	Tel. 02
Feuerwehr	Tel. 01
Rettungsdienst	Tel. 03

Nachhaltig reisen
Die Umwelt schützen, die lokale Wirtschaft fördern, intensive Begegnungen ermöglichen, voneinander lernen – sozial verantwortlicher und umweltfreundlicher Tourismus übernimmt Verantwortung für Klima, Natur und Gesellschaft. Die folgenden Webseiten geben Tipps, wie man seine Reise nachhaltig gestalten kann.
www.fairunterwegs.org: »Fair reisen« anstatt nur verreisen – dafür wirbt der schweizerische Arbeitskreis für Tourismus und Entwicklung. Außerdem ausführliche Infos zu Reiseländern in der ganzen Welt.
www.forumandersreisen.de: Die 150 Reiseveranstalter des Forum Anders Reisen bieten ungewöhnliche Reisen weltweit, Nachhaltigkeit wird durch einen gemeinsamen Kriterienkatalog gewährleistet.

Sperrnotruf für Bank-/Kreditkarten
Tel. 810 49 116 116,
810 49 30 4050 4050;
Details s. www.sperr-notruf.de

Öffnungszeiten

Lebensmittelgeschäfte und Passagen:
Die Öffnungszeiten für Geschäfte sind nicht vorgeschrieben, aber in der Regel haben Lebensmittelläden Mo–Sa 9–21, So 8–18 Uhr geöffnet, Passagen und Kaufhäuser öffnen erst ab 11 Uhr. Alle übrigen Läden öffnen meist um 10/11 Uhr und schließen um 20–22 Uhr, manche Boutiquen um 19 Uhr.
Märkte: Mo–Sa 7–18, So 8–16 Uhr.
Post: Mo–Sa 8–19 Uhr.
Museen: s. S. 54.

Polizei

Einen Diebstahl muss man (wegen der Versicherung) bei der Polizei melden, da dort jedoch nicht englisch gesprochen wird, kann man das auch über das Generalkonsulat machen. Hinter dem Gostinyj Dwor ist eine Polizeiwache (Milizija), per. Krylowa 3.

Post

Postkarten und Briefmarken sind in den meisten Hotels erhältlich. Auch Faxe kann man dort von den Servicebüros abschicken. Post nach Westeuropa ist mindestens eine Woche unterwegs.
Hauptpost
Potschtamtskaja ul. 9,
Mo–Sa 9–20, So 10–18 Uhr,
Metro: Newskij Prospekt.
Wer schnell etwas befördern will, sollte den Service von DHL in Anspruch nehmen:
DHL
Newskij pr. 10, Tel. 326 64 00,
www.dhl.ru, Mo–Fr 8–21, Sa, So 10–16 Uhr, Metro: Newskij Prospekt.

Rauchen

Auch in Hotels, Restaurants und Parks (!) ist das Rauchen nun verboten.

Reisen mit Handicap

Für Rollstuhlfahrer ist St. Petersburg ein schwieriges Reiseziel. Auf den Gehsteigen finden sich viele Unebenheiten und Schlaglöcher und es gibt keine Absenkungen zur Straße hin. Auch die meisten Hotels verfügen noch nicht über behindertengerechte Einrichtungen.

Sicherheit

Laut Auswärtigem Amt ist in St. Petersburg mit Straßenkriminalität zu rechnen, insbesondere in der Nähe touristischer Attraktionen und in verstärktem Maße auf dem Newskij Prospekt sowie in der Metro. Vorsicht, wenn Ihnen zwei oder drei Schein-Souvenirhändler zu nahe kommen. Folgende Maßnahmen können dazu beitragen, die Sicherheit zu erhöhen: Tragen Sie Geld möglichst am Körper und nehmen Sie keine Taschen mit! Meiden Sie dunkle Gegenden am Stadtrand. Taxis sollte man nicht mit unbekannten Fahrgästen teilen und Wertgegenstände nicht zur Schau stellen!

Stadtrundfahrten und Stadtführungen

Als Individualtourist können Sie über die Servicebüros der Hotels oder den Concierge Ausflüge und Stadtführungen bestellen.
Stadtführung mit dem Bus: Alle 30 Minuten startet vor dem Kaufhaus Gostinyj Dwor (Ecke Newskij Prospekt/ ul. Dumskaja) eine Stadtrundfahrt per Bus, auf der man die wichtigs-

Reisekasse und Spartipps

Essen gehen: Durch die Krise von 2014 sind die Preise erheblich gesunken. Auch in den neuen Restaurants, die sich auf russische Küche spezialisiert haben, bekommt man ein Hauptgericht schon für 6 €. Wer beim Essen sparen möchte, kann sich durch die russischen Fast-Food-Filialen essen, die gute russische Speisen zu einem zivilen Preis anbieten wie Teremok oder Stolle.
Theater und Museum: Tickets für das Mariinskij-Theater kosten ab 40 € und für einen Museumsbesuch zahlt man zwischen 2 und 14 €. Jeden ersten Donnerstag im Monat haben Besucher freien Eintritt in die Eremitage.
Petersburg Card: Mit ihr kann man 40 Petersburger Museen gratis besuchen, bekommt Rabatt für Exkursionen per Bus oder Boot und kann die öffentlichen Verkehrsmittel benutzen (erhältlich für 2, 3, 5 oder 7 Tage, 3200–5500 RUB, www.petersburgcard.com/eng).
Für Studenten lohnt sich die Mitnahme eines Internationalen Studentenausweises (International Student Identity Card, Infos: www.isic.de).

ten Sehenswürdigkeiten kennenlernt (Dauer 1,5 Std.).
Balt Express: ul. Wosstanija 6, Tel. 327 08 81, www.baltexpress.ru. Balt Express organisiert Führungen und Exkursionen für Individualtouristen.
Ost-West-Kontaktservice: Ligowskij pr. 10, Tel. 327 34 16, www.ostwest. com. Das Servicebüro veranstaltet Führungen und organisiert Exkursionen, hilft aber auch bei der Visabeschaffung und Unterkunftssuche.
Peter's Walking Tours: Tel. 943 12 29, www.peterswalks.com. Die themenorientierten Touren bewegen sich ab-

Wasserläufe mit einer Gesamtlänge von 165 km – da ist die Bootsfahrt quasi ein Muss

seits ausgetretener Pfade. Beispiele: Auf den Spuren des Geheimdienstes, Roter Oktober, Jugendstil, auch Radtouren sind im Programm (s. S. 179).
Petersburg hautnah: mobil 007 911 967 24 83, www.petersburg-hautnah. com. Sergej Martschukow an, ein junger Russe, der in Deutschland studiert hat, und sein Team bieten Führungen durch die Stadt an, zu Fuß, per Auto oder per Bus (Dauer: 7–8 Std., ab 99 €).
Bootstouren: An allen Brücken am Newskij legen Boote ab, die Fahrten durch die Kanäle und über die Newa anbieten (Dauer ca. 1 Std.).

Bei den Bus- und den Bootstouren erfolgt die Führung auf Russisch.

Telefonieren

Von öffentlichen Telefonzellen kann man nur mit Telefonkarten telefonieren (erhältlich an den Kassen der Metro oder in Zeitungskiosken). Von den Telefonzellen sind auch Gespräche ins Ausland möglich; diese sind von den Hotels sehr teuer. Telefonieren innerhalb Petersburgs ist umsonst und wird nur in Luxushotels berechnet.

der Restaurants und Theater arbeiten meistens Rentner, die sich ebenfalls über ein kleines Trinkgeld freuen.

Umgangsformen

Wer das Glück hat, zu Petersburgern nach Hause eingeladen zu werden, sollte erstens ein Gastgeschenk (Blumen, Pralinen oder Wein) mitbringen und zweitens die Straßenschuhe im Flur ausziehen und die angebotenen Hausschuhe annehmen. Beim Essen werden leere Teller als Aufforderung verstanden, nachzugeben. Wer also zeigen möchte, dass er satt ist, lässt etwas auf dem Teller zurück.

In Restaurants setzt man sich nicht einfach hin, sondern wartet, bis ein Platz zugewiesen wird. Mäntel und Jacken werden an der Garderobe abgegeben und nicht mit an den Tisch genommen.

Falls Sie einen Gottesdienst besuchen möchten: Die Gottesdienste finden im Stehen statt. Achten Sie auf angemessene Kleidung. Männer sollten Hut oder Mütze absetzen, Frauen hingegen sollten den Kopf bedeckt haben.

Wasser

Trinken Sie kein Wasser direkt aus dem Wasserhahn. Es besteht Gesundheitsgefahr. Das Wasser muss unbedingt abgekocht werden.

Mobil telefonieren: Das Handy muss auf Roaming freigeschaltet sein; Roaming-Gespräche sind allerdings sehr teuer.
Telefonauskunft: 09 oder 070
Internationale Vorwahlen: Petersburg 007 812; von Petersburg nach Deutschland 810 49, nach Österreich 810 43, in die Schweiz 810 41. Bei Gesprächen von Petersburg ins Ausland wartet man nach der 8 das Freizeichen ab.

Trinkgeld

In Restaurants ist ein Trinkgeld von 10 bis 15 % üblich. An den Garderoben

Zeitungen

Deutschsprachige Zeitungen bekommt man nicht mehr. In den Hotels und einigen Restaurants liegt gratis die »St. Petersburger Times« aus, die wochentags täglich über die wichtigsten Ereignisse informiert. Die Freitagsausgabe informiert zusätzlich über kulturelle Events.

Panorama – Daten, Essays, Hintergründe

Besichtigungsziel und Fotomotiv: die Peter-Paul-Kathedrale auf der Haseninsel

Daten und Fakten
Name: St. Petersburg
Fläche: 606 km²
Lage: 60° N, 30° O
Einwohner: ca. 5 Mio.
Währung: russischer Rubel,
1 Rubel = 100 Kopeken
Zeitzone: St. Petersburg befindet sich
in der Moskauer Zeitzone (= Mittel-
europäische Zeit + 2 Std. im Sommer
bzw. 3 Std. im Winter)
Landesvorwahl: 007
Stadtvorwahl: 812

Ortsname: Zunächst hieß die Stadt
nach holländischer Art Sankt-Pieter-
Burgh, erst später wurde sie auf deutsche Art St. Petersburg genannt – und
von den Einwohnern liebevoll ›Piter‹.
1914 bis 1924 hieß sie Petrograd, 1924
bis 1991 Leningrad; seither trägt sie wieder ihren alten Namen St. Petersburg.
Landesflagge und Stadtwappen: Nach
dem Zerfall der Sowjetunion kehrte
Russland zur weiß-blau-roten Flagge
aus der Zeit Peters I. zurück. Das Stadtwappen von St. Petersburg existiert
seit 1729. Es zeigt zwei gekreuzte Anker auf rotem Grund und das goldene
Szepter mit dem zweiköpfigen Adler.

Lage und Größe

St. Petersburg liegt im Mündungsdelta der Newa in den Finnischen Meerbusen im Nordwesten Russlands auf
60 ° nördlicher Breite und 30 ° östlicher Länge. Das Stadtgebiet liegt nur
3–10 m über dem Meer und nimmt
rund 600 km² Fläche ein. Davon sind
58 km² Wasser, denn St. Petersburg ist
auf 44 Inseln gebaut; es hat 68 Kanäle
und Flussarme mit einer Gesamtlänge
von 165 km, über die sich mehr als
500 Brücken spannen.

Geschichte

Ein ›Fenster zum Westen‹ wollte Peter
der Große auftun und so ließ er 1703
die Stadt gezielt nach dem Vorbild
Amsterdams planen. Die neue Hauptstadt sollte die Modernisierung des
russischen Reichs nach dem Vorbild des
westlichen Europa repräsentieren. Im
Laufe von 200 Jahren wurde ein Stadt-
ensemble geschaffen, das architektonisch den europäischen Vorstellungen
von einer glanzvollen kaiserlichen Residenz entsprach und das politische,
gesellschaftliche und geistige Zentrum
des Riesenreichs bildete. Erst nach der
Revolution wurde 1918 die Hauptstadt
wieder nach Moskau verlegt.

Während der Sowjetzeit stagnierte
die Entwicklung der Stadt an der Newa.
Erst durch Michail Gorbatschows Perestroika setzten Veränderungen ein.
In den 1990er-Jahren kriselte es in der
Stadt. Durch die Wahl des Petersburgers
Wladimir Putin (2000) zum Präsidenten
stabilisierte sich das Land wirtschaftlich,
wovon auch Petersburg profitierte. Das
Russland, das Putin nach der Wieder-
wahl 2012 vorfand, war ein anderes als
12 Jahre zuvor. Die Proteste im Land er-
innerten ihn an die nötigen Reformen.

Stadtverwaltung und Politik

Die Stadt gliedert sich in 20 Bezirke.
Ehemalige Vororte wie Peterhof, Lo-

monossow, Pawlowsk und Zarskoje Selo gehören mittlerweile zu St. Petersburg. Jeder Bezirk wird von einer *Administrazija* verwaltet, deren Leiter vom Bürgermeister ernannt wird.

An der Spitze der Exekutive steht der für jeweils vier Jahre direkt gewählte Gouverneur, zurzeit Georgi Poltawtschenko. Die Legislative, die gesetzgebende Versammlung, wird ebenfalls alle vier Jahre gewählt und besteht aus 50 hauptamtlichen Mitgliedern.

Wirtschaft und Tourismus
Schiffsbau, Maschinenbau, Elektroindustrie, Bekleidungs-, Nahrungsmittel- und Baustoffindustrie sowie der große See- und Flusshafen machen St. Petersburg nach Moskau zum zweitwichtigsten Wirtschaftsstandort.

St. Petersburg verschrieb sich nach der Wende schnell der Marktwirtschaft: Staatsbetriebe wurden in Aktiengesellschaften umgewandelt, Immobilien verkauft, Grund und Boden verpachtet, Banken gegründet. In der Sowjetzeit gab es nur sechs staatliche Banken, heute existieren rund 200 privatwirtschaftliche Banken. 2002 wurde Russland offiziell von der EU als Land anerkannt, in dem die Marktwirtschaft eingeführt ist. Dennoch leben die meisten Petersburger noch heute in wirtschaftlich schwierigen Verhältnissen. Zwar besitzen viele Familien ein Auto, einen Fernseher und einen DVD Player, doch immer noch sind die Löhne zu niedrig, die Lebensmittelkosten durch Importwaren aber sehr hoch. Die meisten kommen nur dank eines Zweitjobs zurecht. Seit 2014 schrumpft Russlands Wirtschaft durch den Ölpreisverfall, die Ukraine-Krise und die damit einhergehenden Sanktionen. Die russische Zentralbank erwartet einen Rückgang des BIPs um 3,5 bis 4 %. Der Rubel gerät zunehmend unter Druck. Mit der Geldentwertung werden viele Güter des täglichen Bedarfs teurer, was dazu führt, dass die Armutsquote zunimmt. Die Lebensmittelpreise stiegen um 19 Prozent. An den zentralen Einkaufsstraßen stehen viele Läden leer, ebenso viele Büros.

Verkehr
Der Hafen liegt im Mündungsdelta der Newa im Westen der Stadt. St. Petersburg hat fünf Kopfbahnhöfe und drei Flughäfen. Innerhalb der Stadt ist die Metro, die erst seit 1955 in Betrieb ist, das schnellste Verkehrsmittel. Das Metronetz zählt inzwischen fünf Linien mit fast 70 Stationen und erstreckt sich über mehr als 110 km. Doch auch Bus, Trolleybus und Straßenbahn sind beliebte Verkehrsmittel – Letztere verkehrt allerdings leider kaum noch.

Bevölkerung und Religion
Mit ca. 5 Mio. Einwohnern ist St. Petersburg die zweitgrößte Stadt Russlands. Mehr als ein Fünftel der Einwohner ist bereits im Rentenalter. Außer den 90 % Russen leben 3 % Ukrainer, 2 % Belorussen und 1 % Tataren in der Stadt. Die restlichen 2 % entfallen auf verschiedene Nationalitäten.

Nach dem Zusammenbruch des Kommunismus erlebte die Kirche in Russland eine Renaissance. 1990 wurde vom Metropoliten der russisch-orthodoxen Kirche erstmals wieder ein Gottesdienst in der Isaakskathedrale gefeiert. Danach gab es eine Art Religiositätsboom. Heute gehört es vor allem für Politiker zum guten Ton, sich taufen zu lassen und Gottesdienste zu besuchen.

Vor der Stadtgründung

9.–12. Jh. In der Zeit der Kiewer Rus gehört das Gebiet zum Fürstentum Nowgorod. Auf der Newa beginnt der Handelsweg der Waräger zu den Griechen über den Dnjepr bis zum Schwarzen Meer.

1240 Die Schweden greifen Nowgorod an. Fürst Alexander schlägt sie in der Schlacht an der Newa und erhält den Beinamen ›Newskij‹.

1617 Schweden erobert die Newa-Ufer. An der Mündung der Ochta entsteht die Festung Nyenschanz.

1696 Der 24-jährige Peter wird zum Alleinherrscher gekrönt.

1700 Nach langjährigen Kriegen Russlands gegen die Türkei schließt Peter Frieden. Nun konzentriert er seine Kraft auf den Norden.

1700–21 Nordischer Krieg. Bei Narwa wird das russische Heer zunächst von den Schweden geschlagen, aber schon 1703 verdrängt Peter den Schwedenkönig Karl XII. und seine Truppen aus der Region zwischen Finnischem Meerbusen und Ladoga-See. Dieses Gebiet aus Sümpfen, Schlick, Sand, Wasser und Wäldern nannte man damals Ingermanland.

1703 Am 16. (27.) Mai erfolgt der erste Spatenstich für den Bau der Peter-Paul-Festung auf der Haseninsel. Die Festung soll vor den nördlichen Nachbarn schützen.

St. Petersburg im Zarenreich

1709 Schlacht bei Poltawa, endgültiger Sieg der Russen über die Schweden.

1710 Gründung des Alexander-Newskij-Klosters zum Gedenken an die Schlacht Alexanders im Jahr 1240.

1712 St. Petersburg wird Hauptstadt des Russischen Reichs.

1713 Peter verpflichtet den Adel, nach St. Petersburg umzusiedeln und dort Häuser zu bauen.

1717 Der französische Architekt Jean-Baptiste Leblond entwirft einen ›Idealplan‹ zur Bebauung der Stadt nach dem Vorbild von Amsterdam.

1721 Friede von Nystad, Ende des Nordischen Krieges. Russland erhält den Zugang zur Ostsee. Peter nimmt den Kaisertitel an, ›Zar aller Reußen‹, und wird vom Senat als ›Peter der Große‹ gefeiert.

Ob das 1991 enthüllte Denkmal in der Peter-Paul-Festung Peter dem Großen gefallen hätte? Geschaffen hat es Michail Schemjakin

1724	Gemeinsam mit dem Deutschen Gottfried Wilhelm von Leibniz veranlasst Peter die Gründung der Akademie der Wissenschaften.
1725	Peter stirbt am 28. Januar. Die Nachfolge tritt seine letzte Frau als Katharina I. an. St. Petersburg hat 70 000 Einwohner.
1727	Peter II. verlegt den Hof wieder nach Moskau.
1732	Zarin Anna erklärt erneut St. Petersburg zur Hauptstadt.
1741–62	Elisabeth, die Tochter von Peter dem Großen, wird Zarin und setzt die Politik ihres Vaters fort; neue Bautätigkeiten in der Stadt.
1750–57	95 000 Menschen leben in der Stadt. Rastrelli beginnt 1754 mit dem Bau des Winterpalastes. 1757 wird die Akademie der Künste gegründet.
1762–96	Die deutsche Prinzessin Sophie Friederike Auguste von Anhalt-Zerbst herrscht als Katharina II., Katharina die Große genannt.
1764	Gründung des Smolnyj, der ersten Lehranstalt für Adelstöchter in Russland. Katharina kauft erste Gemälde, Grundstock für die Eremitage.
1782	Das Denkmal Peters des Großen von Falconet wird enthüllt.

1796	Tod Katharinas. Unter ihrer Herrschaft ist St. Petersburg zur prunkvollen Hauptstadt avanciert. Katharinas Sohn Paul übernimmt den Thron.
1801	Paul, der immer Angst hatte, ermordet zu werden, und sich deshalb das festungsähnliche Ingenieursschloss bauen ließ, fällt einem Anschlag zum Opfer.
1801–25	Pauls Sohn – Katharinas Lieblingsenkel – Alexander I. besteigt den Thron und erklärt, das Land »nach den Gesetzen und dem Geiste« Katharinas weiter zu regieren. Unter seiner Herrschaft vollzieht sich die letzte große Epoche öffentlichen Bauens.
1802	Gründung der Petersburger Philharmonischen Gesellschaft.
1812	Russlandfeldzug Napoleons. Mit dem Sieg im ›Vaterländischen Krieg‹ wächst das Ansehen Russlands in Europa. ›Heilige Allianz‹ der drei Großmächte Russland, Preußen und Österreich.
1816	Der ›Bund zur Rettung Russlands‹ wird gegründet, eine illegale Vereinigung junger Offiziere, die die Ideen der Französischen Revolution in Russland verbreiten wollen und von der Errichtung einer konstitutionellen Monarchie träumen.
1824	Eine Flutkatastrophe (Newa 4 m über normal) fordert zahlreiche Menschenleben.
1825	7. (19.) November: Tod des Zaren; sein Bruder Nikolaj I. übernimmt die Herrschaft. 14. (26.) Dezember Dekabristenaufstand (Dezember, russ. *dekabr*): Junge Offiziere verweigern dem neuen Zar den Treueeid. Sie fordern die Abschaffung der Leibeigenschaft und Aufhebung der Autokratie. Der Aufstand wird blutig niedergeschlagen, die Anführer hingerichtet und viele der Offiziere zur Zwangsarbeit nach Sibirien geschickt.
1837	Eröffnung der ersten Eisenbahnstrecke Russlands zwischen St. Petersburg und Zarskoje Selo. Der Dichter Alexander Puschkin fällt im Duell.
1850–52	Die Stadt zählt 500 000 Einwohner, davon 40 000 Deutsche, die zumeist Handel treiben oder im Staatsdienst tätig sind. Erste Steinbrücke (Nikolaj-Brücke) über die Newa von der Großen Seite zur Wassiljewskij-Insel. Erstmals wird 1852 die Sammlung der Eremitage öffentlich gezeigt.
1855	Tod von Nikolaj I. Seine Herrschaft, die so blutig begann, gilt als das ›eherne Zeitalter‹.

1855–81	Nikolajs Sohn Alexander II. tritt die Nachfolge an. Er ist in die Geschichte als ›Schöpfer epochaler Reformen‹ eingegangen.
1858	Nach 40-jähriger Bauzeit wird die Isaakskathedrale eingeweiht.
1861	Die Leibeigenschaft wird aufgehoben.

Das Ende der Zarenherrschaft

1879	Gründung der Organisation ›Narodnaja Wolja‹ (Volkswille), deren Anhänger sich zur Revolution bekennen.
1881	Alexander II. fällt am Gribojedow-Kanal einem Anschlag der Gruppe ›Volkswille‹ zum Opfer.
1881–94	Sein Sohn Alexander III. herrscht mit repressiven Maßnahmen.
1894–1918	Der letzte Zar, Nikolaj II. (Sohn Alexanders III.), übernimmt den Thron.
1895	Gründung des Petersburger Kampfbundes zur Befreiung der Arbeiterklasse unter Leitung von Lenin.
1904/1905	Russisch-japanischer Krieg. Russland erleidet eine Niederlage.
1905	Am 9. (22.) Januar ziehen über 100 000 Petersburger Arbeiter in einer friedlichen Demonstration zum Winterpalast, um dem Zaren eine Petition zu überbringen. Der Zar lässt in die Menge schießen. Über 4000 Menschen werden verwundet oder erschossen. Dieser ›Blutsonntag‹ löst eine Welle von Protesten und Streiks aus und führt zur ersten bürgerlich-demokratischen Revolution.
1906–17	Ära des Scheinkonstitutionalismus (1906 1. Duma).
1914	19. Juli (1. August): Ausbruch des Ersten Weltkrieges, Petersburg wird in Petrograd umbenannt.
1916	Im Dezember wird Rasputin, der Wunderheiler am Zarenhof, von dem Fürsten Jussupow ermordet.
1917	Massenaufstände in St. Petersburg führen zur bürgerlich-demokratischen Februarrevolution. Zar Nikolaj II. tritt zurück. Es bildet sich eine Doppelherrschaft aus bürgerlicher Provisorischer Regierung und den Arbeiter- und Soldatenräten. Im April kehrt Lenin aus dem Exil zurück. 24.–26. Oktober (6.–8. November): bewaffneter Aufstand gegen die Provisorische Regierung (›Sturm auf den Winterpalast‹).

Ewige Flamme zum Gedenken an die Opfer der Februarrevolution 1917

Petrograd wird Leningrad

1918 Nach dem Frieden von Brest wird Moskau wieder Hauptstadt.

1924 Tod Lenins. Petrograd wird in Leningrad umbenannt.

1934 Kirow, der Parteisekretär von Leningrad, wird ermordet. Ein politischer Mord wird vermutet, doch nach neueren Erkenntnissen soll es sich um eine Eifersuchtstat gehandelt haben. Kirows Tod löst eine ›Säuberungswelle‹ im ganzen Land aus.

1939 Die Stadt hat über 3 Mio. Einwohner.

1941 22. Juni: Einfall deutscher Truppen in die Sowjetunion.

1941–44 900 Tage Blockade Leningrads.

1942 9. Aug.: Uraufführung der 7. Leningrader Sinfonie von Schostakowitsch.

1945 9. Mai: Sieg im ›Großen Vaterländischen Krieg‹.

1955 Die erste Metrolinie der Stadt wird eröffnet.

1960 Einweihung des Piskarowskoje-Friedhofs, auf dem in Massengräbern 470 000 Opfer der Blockade beigesetzt sind.

1965 Leningrad erhält den Titel ›Heldenstadt der Sowjetunion‹.

1985 Michail Gorbatschow wird Generalsekretär der Kommunistischen Partei.

1986	Auf dem XXVII. Parteitag der KPdSU wird die Perestroika offiziell zum Reformprogramm erklärt.
1987	Bei seinem Besuch in Prag am 10. April spricht Gorbatschow erstmals vom »gemeinsamen europäischen Haus«.

Von der Auflösung der Sowjetunion bis heute

1991	12. Juni: Boris Jelzin wird Präsident der Russischen Föderation. 19.–21. Aug.: Putsch in Moskau von Teilen der Armee und Partei. Gorbatschow wird im Urlaub auf der Krim unter Arrest gestellt, danach demontiert. In Leningrad führt Anatolij Sobtschak den Widerstand gegen den Putsch an. 22. Aug.: Der Putsch wird niedergeschlagen, Jelzin zum ›Mann der Stunde‹. 24. Aug.: Gorbatschow tritt als Generalsekretär der KPdSU zurück. 6. Sept.: Leningrad wird wieder in St. Petersburg umbenannt. 8. Dez.: Auflösung der Sowjetunion und Gründung der GUS. 25. Dez.: Gorbatschow tritt als Präsident der UdSSR zurück.
1993	3. Okt.: Oktoberputsch gegen Jelzin. 12. Dez.: Die ersten freien Wahlen finden statt.
1998	17. Juli: 80 Jahre nach ihrer Ermordung durch die Bolschewiken werden die Gebeine der Zarenfamilie Romanow in der Familiengrablege der Peter-Paul-Kathedrale feierlich beigesetzt.
1999	Am 31. Dezember tritt Jelzin zurück.
März 2000	Der Petersburger Wladimir Putin wird zum Präsidenten gewählt.
2003	300. Stadtgeburtstag von St. Petersburg; Valentina Matwijenko wird Gouverneurin von St. Petersburg und ist damit die einzige Frau unter 83 Gouverneuren in Russland.
2008	Der Petersburger Dmitri Medwedjew wird Präsident, Wladimir Putin Ministerpräsident.
2009	Im Juli besucht der amerikanische Präsident Barack Obama erstmals nach seinem Amtsantritt Russland.
2012	Wladimir Putin wird zum dritten Mal als Präsident gewählt. Es folgt eine Protestwelle im Land.
2014	Im Februar finden die Olympischen Winterspiele in Russland statt.
2018	Die Fussball-WM findet in Russland statt.

St. Petersburg – eine Stadt im Wandel

Die politischen Wechselbäder des 20. Jh. hat St. Petersburg zwar brüchig, aber weitgehend erhalten überstanden. Heute ist es eine Stadt im Aufbruch, die sich architektonisch auf ihr Erbe besinnt.

Petersburg ist eine Stadt auf Inseln. Das Wasser bestimmt die Struktur der Stadt und trennt die Stadtteile auf natürliche Weise. Historisch war die Teilung der Stadt einfach: links der Newa die Große Seite, heute Zentralbezirk oder einfach Zentrum genannt. Rechts der Newa die Wyborger und die Petrograder Seite sowie die Wassiljewskij-Insel. Heute werden die ›Seiten‹ Rayon genannt, ebenso wie

Schnell erblühte im 18. Jh. die auf Sumpfland gebaute neue Stadt St. Petersburg

74

die Stadtteile, die außerhalb des Zentrums liegen. Darüber hinaus zieht sich ein Ring von kleinen Städten um St. Petersburg.

Der Zentralbezirk wird bestimmt von den drei langen Straßen, die strahlenförmig diesen Teil der Stadt durchziehen: dem Newskij prospekt, der Gorochowaja uliza und dem Wosnessenskij prospekt. Sie werden gekreuzt von drei Kanälen: Mojka, Gribojedow und Fontanka. Bis zum Ende des 18. Jh. bildete die Fontanka, die sich fast 7 km durch Petersburg zieht, die Stadtgrenze. Ihre Ufer waren mit Stadtvillen bebaut. Heute erstreckt sich das Zentrum zwischen Newa und Obwodnyj-Kanal.

Die Stadt und die Deutschen

Stadtgründer Peter der Große versuchte den Aufbau ›seiner‹ Stadt durch Neuansiedlungen zu fördern. Zu den ersten Einwanderern, die seinem Ruf an die Newa folgten, gehörten vor allem Deutsche, Holländer und Engländer. Die Deutschen, die nach St. Petersburg kamen, dienten dem Zar als Berater, Architekten, Generäle, Ärzte und Kaufleute. Peter garantierte in seinem Reich jedermann die freie Religionsausübung, sodass schon 1730 am Newskij Prospekt die lutherische Petrikirche erbaut wurde, die zum Zentrum

des Gemeindelebens der Deutschen wurde. 1710 wurde in der dahinter liegenden Peterschule der Unterricht aufgenommen und 1764 stattete Katharina die Schule mit Privilegien aus. Nicht nur war die berühmteste russische Zarin, Katharina die Große, eine Deutsche, auch holten sich alle russischen Zaren nach Peter dem Großen mit Ausnahme von Alexander III. ihre Gemahlinnen aus Deutschland.

150 Jahre nach Gründung der Stadt zählte man 40 000 Deutsche, die vor allem auf der Wassiljewskij-Insel lebten, unter ihnen Heinrich Schliemann (s. S. 245). 1859 kam Otto von Bismarck als preußischer Gesandter für drei Jahre nach St. Petersburg. Er stieg in Demuts Hotel an der Mojka ab. Später formulierte er den Satz »Mit Russland werden wir nie die Notwendigkeit eines Krieges haben«, der es ihm ermöglichte, jene Politik zu betreiben, die zur Gründung des Deutschen Reiches führte – Recht behalten sollte er aber nicht. Im Ersten Weltkrieg verlor St. Petersburg seinen deutschen Namen und wurde zu Petrograd. Im Zweiten Weltkrieg, als die Stadt schon Leningrad hieß, ereignete sich das düsterste Kapitel in der Geschichte der deutsch-russischen Beziehungen, die Blockade (s. S. 83).

Heute wird in St. Petersburg an die vorrevolutionäre Vielfalt deutscher Aktivitäten angeknüpft: Eine deutsche Gesellschaft wurde gegründet und seit 1991 erscheint nach 75-jähriger Zwangspause wieder die »Sankt Petersburgische Zeitung« mit Beiträgen in deutscher Sprache.

In Petersburg leben

Die Einwohnerzahl ist seit der Wende relativ konstant geblieben, da für Petersburg wie für Moskau eine Zuwanderungsbeschränkung gilt. Man kann sich nur registrieren lassen, wenn man einen Arbeitsplatz in der Stadt hat.

In den letzten Jahren hat sich eine Mittelschicht gebildet. Sie besteht vor allem aus gut ausgebildeten jungen Menschen, die englisch sprechen und deren Monatseinkommen weit über dem Durchschnitt von etwa 300 € liegen. Doch ca. 25 % der Petersburger leben nach offizieller Statistik unter dem Existenzminimum von ca. 150 € im Monat. Viele Petersburger üben deshalb einen Zweit- oder Drittjob aus. Die Anpassung an westliche Lebensverhältnisse wird sicher noch einige Zeit in Anspruch nehmen – die Preise in den Lebensmittelgeschäften haben dagegen bereits Westniveau erreicht.

Neue Projekte

Wegen der Wirtschaftskrise ab 2008/2009 wurden in Petersburg geplante Bauvorhaben verschoben. Das umstrittene Ochta-Zentrum mit dem Gazprom-Turm, der mit einer Höhe von 400 m in den Petersburger Himmel ragen sollte, wurde durch den Widerstand der Denkmalschützer gekippt. Der Energieriese baut seinen Turm nun am nordwestlichen Stadtrand – allerdings noch höher ...

Der in Berlin lebende russische Architekt Sergej Tschoban hat 2016 mit seinem Team das Newskij-Rathaus fertiggestellt. Es ist Teil eines neuen Verwaltungs- und Geschäftskomplexes im historischen Zentrum im Osten von St. Petersburg, nicht weit vom Smolnyj. Das Gebäude der Stadtverwaltung wird von einer linsenförmigen Glaskuppel gekrönt, die der Öffentlichkeit zugänglich ist und eine fantastische Aussicht bietet.

Perle der Weltarchitektur

Viele verschiedene Baumeister, vor allem ausländische, haben dazu beigetragen, St. Petersburg zu einer ›Perle der Weltarchitektur‹ zu machen. Die entscheidende Prägung gaben der Stadt jedoch die Architekten Rastrelli, Quarenghi und Rossi.

Der 1700 in Paris geborene Bartolomeo Francesco Rastrelli kam 1716 mit seinem Vater, einem Bildhauer, nach St. Petersburg, studierte Architektur in Westeuropa und kehrte zurück, um die Stadt mit seinen Bauten des russischen Barock zu schmücken: Das Smolnyj-Kloster mit Kathedrale, der Katharinenpalast von Zarskoje Selo, der Winterpalast, der Peterhof und der Stroganow-Palast sind seine Werke.

Welten lagen zwischen Peters Architekturgeschmack und dem opulenteren seiner Tochter Elisabeth (reg. 1741–62), deren Hausarchitekt Rastrelli wurde. Bei Katharina der Großen dagegen fiel er in Ungnade, obwohl deren Leib-und-Magen-Architekt Giacomo Quarenghi jedesmal ehrfurchtsvoll den Hut lüftete, wenn er Jahre später, als er den Bau des Smolnyj-Instituts betreute, die Kirche des Smolnyj-Klosters passierte.

Architektur in Perfektion: die von Rastrelli erbaute Kirche des Smolnyj-Klosters

Katharinas Bauwut

Katharina die Große holte viele verschiedene Architekten an den Hof, doch Quarenghis klassizistische Baukunst sagte ihr am meisten zu. Zu seinen Meisterwerken gehören der Alexander-Palast in Zarskoje Selo und das Eremitage-Theater. Von prunkvollen Bauten – die sie gern auch einmal einem Liebhaber zum Geschenk machte (s. S. 81) – konnte die Zarin nicht genug bekommen. Dabei stand sie ihrer eigenen ›Bauwut‹ durchaus kritisch gegenüber. In einem Brief an ihren Kunstberater und Freund Baron Friedrich Melchior von Grimm schrieb sie: »Das Bauen ist eine teuflische Sache; es verschlingt Geld, und je mehr man baut, desto mehr könnte man bauen. Es ist eine Krankheit wie die Trunksucht und auch eine Art Gewohnheit.«

Der Lieblingsarchitekt von Alexander I.

Carlo Rossi, der 1775 in Neapel geboren wurde, kam als Kind mit seiner Mutter, einer italienischen Primaballerina, nach St. Petersburg und studierte später in Italien klassische Architektur. Er prägte die Stadt mit seinen gelbweißen klassizistischen Gebäuden. John Russell bemerkte treffend über seine Architektur: »Andere Architekten hatten die Stadt mit prachtvollen Einzelgebäuden ausgestattet; Rossi war der Mann, der später kam und das Ganze zusammenfasste.« In Rossis Bauwerken kam die imperiale Macht besonders stark zur Geltung: Der Schlossplatz zählt noch heute zu den schönsten Plätzen der Welt. Weitere Belege seines Talents sind das Alexandrinskij-Theater und die Rossi-Straße. Rossi war nicht nur Architekt, sondern auch Stadtplaner.

Stil modern – Petersburger Jugendstil

Ab 1870 wuchs die Petersburger Bevölkerung explosionsartig: Die Aufhebung der Leibeigenschaft ließ die Menschen auf der Suche nach Arbeit in die Städte strömen. Schon bald reichte der Wohnraum nicht mehr für alle. Und so setzte um 1900 ein wahrer Bauboom ein: Es entstanden etwa 1000 Gebäude im ›Stil modern‹, der russischen Variante des Jugendstils. Seine auch im übrigen Europa verbreiteten Motive lassen sich in Petersburg am besten an den frühen Bauten erkennen, z. B. dem Haus der Firma Singer (heute Dom knigi – Haus des Buches, Newskij pr. 28), dem Handelshaus der Familie Jelissejew (Newskij pr. 56) sowie dem Haus des Hofjuweliers Fabergé (Bolschaja Morskaja 24), dessen Buntglasfenster und geschmiedete Umzäunungen zu den bemerkenswertesten Werken des Jugendstils in Petersburg zählen. Die meisten Jugendstilbauten finden sich auf der Petrograder Seite, z. B. die Villa der Primaballerina Kschessinskaja (Kronwerskij pr. 1/2). Der Witebsker Bahnhof ist ebenfalls ein schönes Beispiel für den Stil modern.

Der bedeutendste Vertreter des Stil modern war Fjodor Lidwal, der zahlreiche Spuren in der Stadt hinterließ. So baute er u. a. das Hotel Astoria am Isaaksplatz und auch ein Teil des Interieurs im Grand Hotel Europe am Newskij Prospekt stammt von ihm.

Gefährdetes Erbe

Der Bauboom endete jäh mit der Mobilmachung 1914. Weder die Revolution wenige Jahre später noch die Sowjetzeit vermochten der Stadt ihre Aura zu nehmen. Heute in Zeiten des

Kunstvoll bis ins kleinste Detail: Schmuckelement im Stil modern am Haus des Buches

Turbokapitalismus könnte sich dies ändern, doch die Innenstadt gehört schon lange zum UNESCO-Welterbe. Außerdem liegt endlich ein Denkmalschutzgesetz vor, mit dem die strenge, gleichmäßige ›Skyline‹ bewahrt werden soll, die bisher durch nichts Modernes oder extrem in den Himmel Ragendes beeinträchtigt wurde. Dank diverser Krisen mangelt es den Petersburgern ohnehin an Geld für große Bauvorhaben (s. S. 76). Einzig der russische Konzern Gazprom möchte hoch hinaus: Am nordwestlichen Stadtrand wird ein riesiger Wolkenkratzer gebaut.

Katharina die Große und ihre Liebhaber

So zielbewusst und energisch wie als Regentin zeigte sich Katharina die Große auch als Liebhaberin. Kulisse für ihre Amouren, die bis heute Stoff für wissenschaftliche Abhandlungen und Romane bieten, war die aufblühende Stadt St. Petersburg.

»Worüber sich die Klatschbasen der damaligen (und späteren) Zeit wirklich das Maul zerrissen, war Katharinas Privatleben. Nach den Maßstäben des 20. Jh. gab es bis zu ihrem Bruch mit Grigorij Orlow 1772 daran nichts auszusetzen – er war zwölf Jahre lang ihr Geliebter gewesen und Vater ihres Sohnes A. Bobrinskij«, schreibt Katharinas Biografin Isabel de Madriaga. Wie viele Geliebte Katharina II. in ihrem Leben hatte, ist nicht bekannt. Schon vor Orlow soll es – trotz strenger Bewachung – der eine oder andere gewesen sein.

Mordkomplott

Gerade einmal 15 Jahre alt, kam die in Stettin geborene Sophie Frederike Auguste von Zerbst-Dornburg 1744 mit ihrer ehrgeizigen Mutter an den Petersburger Hof, wurde ein Jahr später dem Neffen der Zarin Elisabeth zur Frau gegeben und russisch-orthodox auf Katharina getauft. Erst 1754 gebar sie – zum Entzücken der Zarin – den Großfürsten Paul. Ob ihr Gatte,

Mächtig und leidenschaftlich: Katharina II.

der ihn als Sohn anerkannte, tatsächlich der Vater war, wurde nie geklärt.

In den 17 Jahren bis zu Elisabeths Tod gelang es Katharina, sich vor allem bei der Garde und prominenten Würdenträgern beliebt zu machen, ein großer Vorteil, als sich 1762 das Rad der Geschichte drehte – nicht ohne Katharinas Zutun: Grigorij Orlow zettelte zusammen mit seinen Brüdern eine Palastrevolution an, die zur Absetzung und Ermordung von Katharinas Mann führte. Nur sechs Monate lang hatte Peter III. regiert. Dank ihrer starken Position am Hofe konnte sich Katharina ohne Schwierigkeiten im Sommer 1762 zur Zarin ausrufen lassen.

Orlows Hoffnung, Katharinas Gemahl zu werden, erfüllte sich nicht, doch ihre Beziehung währte noch fast ein Jahrzehnt. Als sich Katharina 1772 von Orlow wegen dessen Untreue trennte, machte er es ihr nicht leicht, sie musste sich freikaufen: Er erhielt den Fürstentitel, 100 000 Rubel und ein großzügiges Jahresgehalt.

Die große Liebe

Vorübergehend wählte sich Katharina einen neuen Liebhaber, bis sie – kaum ein Jahr nach der Trennung von Orlow, mittlerweile 44-jährig – ihre große Liebe fand: Grigorij Potjomkin, einen Mann, dem sie ganz und gar vertraute. Er war Generalleutnant im Heer, hatte es im Krieg gegen die Türken zu Ruhm

Die Paläste der Liebhaber
Katharina hatte die Gewohnheit, ihre Geliebten reich zu beschenken: Für Grigorij Orlow ließ Katharina den Marmorpalast bauen und das Schloss Gatschina. Als er 1783 starb, ging beides an Katharinas Sohn Paul. Für den anderen Grigorij – Potjomkin –, den Fürsten von Taurien, musste es eine Nummer größer sein: Er erhielt den pompösen Taurischen Palast.

gebracht, war gebildet – und zehn Jahre jünger als sie. Er verstand es zum einen, sie blendend zu unterhalten, und zum anderen, sie zu bewundern. Obwohl ihr ›Roman‹ – wie die Russen eine Affäre nennen – nur drei Jahre dauerte, behielt Potjomkin auch nach der Trennung alle seine Ämter und blieb weiterhin Katharinas Berater. Die üblichen Gunstbezeigungen der Zarin für ihre Verflossenen genügten ihm allerdings nicht. Er hatte großen Ehrgeiz und wollte Macht und so beförderte Katharina ihn zum Kriegsminister.

Die Zeit der jungen Männer

Nach Potjomkin folgten kurze Affären mit immer jüngeren Männern. »Das sind keine Potjomkins, den seine Fantasie in eine wirkliche Leidenschaft gestürzt hat, das ist eine Generation von männlichen Kurtisanen ...«, so charakterisiert Katharinas Biografin Gina Kaus die Liebhaber jener Lebensphase. Bevor die jungen Männer zu Katharina durften, wurden sie einer erotischen Prüfung durch die ›Eprouveuse‹ Gräfin Bruce unterzogen, eine Vertraute Katharinas. Manche der Liebhaber wurden auch von Potjomkin verjagt, der Katharina bis zu seinem Tod treu zur Seite stand.

Zu Katharinas Liebhabern der späten Jahre gehörte der junge Hauptmann Rimskij-Korsakow, ein Vorfahre des Komponisten. Vor einigen Jahren wurden die sorgfältig von ihm aufbewahrten Briefe der Zarin an ihn versteigert. Nach Rimskij-Korsakow avancierten Alexander Lanskoj (1780–84) und Dmitrijew Mamonow (1786–89) zu Katharinas Günstlingen, bis die Zarin schließlich auf den vierzig Jahre jüngeren Platon Subow traf, den Geliebten ihrer letzten Lebensjahre. Es heißt, sie sei 1796 in seinen Armen gestorben – in einem Lachanfall. Laut anderer Quellen erlag sie jedoch einem Schlaganfall.

Katharina im Spiegel der Geschichte

Die Prinzessin aus Deutschland war nicht nur eine leidenschaftliche, sondern auch eine sehr gebildete Frau, die neben ihren Memoiren ein imposantes literarisches Werk hinterließ und eine Kunstsammlung begründete, die Petersburg an die Seite anderer Städte in Europa rückte. Vor allem aber betrieb sie eine kühne Politik – Grund für ihren Beinamen ›die Große‹: Sie setzte Peters Politik einer Öffnung Russlands nach Westen fort, festigte den russischen Zentralstaat und verstärkte die Fundamente einer Großmacht. Katharina herrschte in einem Reich, das sich vom Pazifik bis Polen erstreckte, über 15 Mio. Untertanen, von denen 95 % leibeigene Bauern waren. Das war nicht möglich ohne erheblichen Druck. Heer und Polizei griffen gnadenlos durch, um die Ruhe im Land zu sichern. Dennoch wurde Katharina von ihren Untertanen ›Mütterchen Zarin‹ genannt.

900 Tage Belagerung

Im Zweiten Weltkrieg wurde Leningrad, wie Petersburg damals hieß, 900 Tage lang von deutschen Truppen belagert. Die Stadt sollte ausgehungert werden, doch der Widerstand der Bevölkerung war groß. Die Dichterin Anna Achmatowa rief die Bewohner im September 1941 über den Rundfunk auf, »die Stadt Peters, Lenins, Puschkins, Dostojewskijs und Bloks« auf keinen Fall den deutschen Faschisten in die Hände fallen zu lassen.

Am 8. September 1941 schloss sich der Blockadering um Leningrad. Die deutsche Wehrmacht hatte die Stadt eingekesselt. Nur 15 km vom Stadtzentrum entfernt hatten sich die Deutschen eingegraben. Hitler wollte mit der Ver-nichtung Leningrads, das er als ›Wiege des Bolschewismus‹ ansah, die »Gefahr des Bolschewismus ein für allemal aus der Welt schaffen«. Zudem symbolisierte die ehemalige Hauptstadt des Zarenreichs für ihn den Großmachtsanspruch im Ostseeraum. Für den Herbst 1941 war eine Siegesfeier im Hotel Astoria avisiert. Hitler hatte aber den Widerstand der Bevölkerung unterschätzt: 900 Tage hielt sie die Deutschen von der Stadt fern, bis es der Roten Armee gelang, die Belagerung zu beenden.

Unsagbares Leid

Diese 900 Tage brachten unsagbares Leid über die Einwohner der Stadt. Die

St. Petersburgs Trauma: die Belagerung durch die Deutschen im Zweiten Weltkrieg

Deutschen waren systematisch vorge-
gangen und hatten zuerst die Lebens-
mittellager vernichtet. Die Stadt füllte
sich mit Menschen, Flüchtlingen aus
den Vorstädten. Schon Ende 1941, als
die Deutschen überzeugt waren, die
Stadt jeden Moment einnehmen zu
können, beschlossen die Führer der
Leningrader Verteidigung, auf dem
zugefrorenen Ladoga-See einen Eva-
kuierungs- und Lebensmittelweg – die
›Straße des Lebens‹ – anzulegen. Dieser wurde durch die Bombardements
der Deutschen aber auch zu einer
›Straße des Todes‹.

Im ersten Blockadewinter 1941/42 –
die Stadt war ohne Strom und Wasser
– starben mehr als 600 000 Menschen
an Hunger oder erfroren. Die Menschen ernährten sich von Kleister und
Ölkuchen, fast jeder litt unter schweren Mangelstörungen, Kannibalismus
machte sich breit. Andererseits gab es,
wie man heute weiß, Privilegienwirt-
schaft in der Parteispitze, die im Smolnyj gut versorgt wurde.

Tagebuchaufzeichnungen vermitteln ein beklemmendes Bild. Die Leningrader waren bei Temperaturen
von bis zu −40 °C einem der härtesten
Winter seit Menschengedenken aus-
gesetzt. Der Literaturwissenschaftler
Dmitrij Lichatschow schrieb in sei-

nen Erinnerungen »Wie wir am Leben blieben«: »Das menschliche Hirn
starb zuletzt. Wenn Arme und Beine
schon längst den Dienst versagt hatten, wenn die Finger den Mantel nicht
mehr zuknöpfen konnten, wenn der
Mensch keine Kraft mehr hatte, um
den Mund zu schließen ...«

Überlebenswichtig

Trotz der katastrophalen Lage findet
am 9. August 1942 in Leningrad ein
Konzert statt: Im Großen Saal der Philharmonie spielt das Sinfonieorchester
unter Leitung von Karl Eliasberg die
7. Sinfonie von Schostakowitsch. Die
in Petersburg geborene Schriftstellerin
Olga Bergholz (1910–75) beschreibt
das Konzerterlebnis in »Tagessterne«:
»... wenn schon die lindernden Tränen
erstickt sind, hat der Kummer dennoch
nicht das Leben in uns erlöscht. Und die
Siebte Symphonie erzählt davon ... sie
handelt von uns, den Menschen, die
von neuem gelernt haben, das Leben
zu lieben und zu preisen.« Wie Anna
Achmatowa sprach Olga Bergholz
den Leningradern während der Blockade über das Radio Mut zu. Auch ihre
Gedichte gaben den Menschen Kraft –
sie waren mehr als Durchhalteparolen.

In den harten Wintern verheizten
die Menschen ihre Holzhäuser und
Zäune, ihre Möbel und Bücher, doch
sie taten alles, um die Sehenswürdigkeiten der Stadt zu bewahren.
Sorgfältig tarnten sie die Denkmäler
ebenso wie die goldenen Turmspitzen
und Kuppeln der Kirchen; die Reiter-
standbilder der Anitschkow-Brücke
vergruben sie. Das Bewusstsein der
Menschen, etwas Bedeutendes zu verteidigen, hat ihren Hunger zwar nicht
lindern können, ihr Durchhaltevermö-
gen aber sicher gestärkt.

Neuer Boom der Religiosität – Kirche in Russland

Nach dem Zusammenbruch des Kommunismus erfuhr die Kirche in Russland eine Renaissance. 1990 wurde erstmals vom Metropoliten der russisch-orthodoxen Kirche wieder ein Gottesdienst in der Isaakskathedrale gefeiert. Früher für einen sowjetischen Staatsmann undenkbar, lassen sich Politiker heute bei jeder Gelegenheit den Segen des Patriarchen, des Oberhaupts der russischorthodoxen Kirche, geben.

»In Leningrad sind jetzt so wenig Griechen, dass eine griechisch-orthodoxe Kirche man abriss, um an ihre Stelle einen Konzertsaal hinzusetzen. Solch ein Bau hat heute etwas Hoffnungsloses ...« So beschrieb Joseph Brodsky 1966 eine Entwicklung, die schon in den 1920er-Jahren begonnen hatte: Kirchen wurden abgerissen oder zweckentfremdet, z. B. als Warenlager oder Autowerkstatt. Die großen Gotteshäuser deklarierte man zu ›Museen des Atheismus‹. Der Staat hatte sich vorgenommen, die christliche Religion zu beseitigen. Doch das »Opium fürs Volk« (Karl Marx) blieb in den Seelen der Menschen stark verwurzelt.

Unterdrückung der Religiosität

»Das Volk ist gläubig in unserer Weise«, schrieb Dostojewskij in den »Brüdern Karamasow«, »und eine atheistische Kraft, mag sie auch noch so aufrichtigen Herzens, noch so genialen Geistes sein, wird bei uns in Russland nie etwas ausrichten. Das behaltet im Gedächtnis. Das Volk wird dem Atheisten begegnen und wird ihn überwältigen und wird das einige orthodoxe Russland bleiben.« Prophetischer hätte Dostojewskij nicht ausdrücken können, was mit Russlands Kirche im 20. Jh. geschah. Tatsächlich ist der Drang zur Kirche heute wieder ungebrochen da.

Vor der Revolution gab es in Petersburg ca. 300 Kirchen. Zwar wurden viele geschlossen und zweckentfremdet, doch schreckten Lenin und Stalin vor der völligen Zerschlagung und Auslöschung der Kirche zurück. Sie versuchten vielmehr, sie durch Diskreditierung zu untergraben. Den alten Menschen ließ man ihren Gang zur Kirche, junge Menschen aber, die sich taufen lassen wollten oder gar regelmäßig eine Kirche besuchten, hatten mit erheblichen Nachteilen zu rechnen.

Postsowjetische Zeiten

Nach den 1000-Jahr-Feiern der russisch-orthodoxen Kirche 1988 wurden immer mehr Kirchen wieder ihrer eigentlichen Bestimmung zugeführt. Es fand eine ›Epidemie der Taufen‹ statt. Die Kirchen gingen von staatlichen wieder in kirchlichen Besitz über und es begann ein Restaurierungsboom der Kirchen.

›Fenster in die Ewigkeit‹ – Ikonen und Ikonostasen

Kein anderes Volk hat die Ikonenkunst so vervollkommnet wie das russische. Die auf Holztafeln gemalten Bilder von Christus, Maria oder den Heiligen werden als ebenbildliche Urbilder begriffen. Die Ikone gilt als ›Fenster in die Ewigkeit‹ und zugleich als Vermittlerin zwischen Himmel und Erde, Gott und den Menschen. Dem Betenden gewährt sie geistliche Hilfe.

»Ich betrachte das wundersame Bild unserer lieben Frau … Mit glühendem Vertrauen betrachte ich die heiligen Züge der Ikone und beginne das Geheimnis dieser wundersamen Kraft zu begreifen. Ja, es ist nicht einfach ein Brett mit einem Bild darauf … Es ist ein Berührungspunkt zwischen dem Schöpfer und dem Menschen.« Ergriffen schildert der Philosoph Iwan Kirejewskij seine Begegnung mit der Ikone der Gottesmutter von Iberien. Aus dem byzantinischen Kulturkreis – dort hatte es Ikonen (griech. *eikon* = Bild, Ebenbild) schon seit dem 4. Jh. gegeben – kam die Ikone im 10. Jh. mit dem Christentum nach Russland. Doch das goldene Zeitalter der Ikonenmalerei wurde erst Jahrhunderte später durch Andrej Rubljow (1370–1430) begründet.

Ikonenmalerei als Gottesdienst

Die Ikonenverehrung reicht von abergläubischer Anbetung, bei der einer Ikone Wunderkräfte zugeschrieben werden, bis zur Mystik. Die ersten Ikonenmaler waren Mönche, die die Ikonenmalerei als Gottesdienst und Gebet empfanden. Gearbeitet wurde in Werkgemeinschaften nach einem strikten Kanon. Man nahm nur die besten Bretter aus harzfreien Bäumen. Nachdem die Malfläche aufgeraut und geleimt war, wurde oft noch eine Leinwand aufgezogen. Dann wurde der *Lewkas* (griech. *leukos* = weiß) aufgetragen, eine Grundierung mit Alabasterkreide, auf die anschließend die Vorzeichnung kam.

Die Farben für die Ikonenmalerei wurden aus Pflanzen, Steinen oder farbigem Ton hergestellt. Ölfirnis schützte das fertige Bild. Im 18. und

Ikonen in St. Petersburg
Das **Russische Museum** (s. S. 132) zeigt eine umfassende Sammlung russischer Ikonen der Nowgoroder und Pskower Schule, u. a. Werke des berühmten Ikonenmalers Andrej Rubljow. Eine sehr schöne Ikonostase ist in der **Isaakskathedrale** (s. S. 204) zu sehen. Auf den Souvenirmärkten der Stadt werden immer wieder Ikonen zum Verkauf angeboten. Vorsicht: Auch wenn die Verkäufer beteuern, eine echte Antiquität in der Hand zu halten, es sind Repliken!

Das künstlerische Schaffen ist zugleich ein religiöser Akt – Ikonenmaler bei der Arbeit

19. Jh. begann man Silber- und Goldrahmen für die Ikonen zu fertigen.

Eine Wand mit Bildern – die Ikonostase

Einen besonderen Platz in der russisch-orthodoxen Kirche nimmt die Ikonostase ein, eine Bilderwand, die den Gemeinderaum vom Altarraum – dieser ist nur der Geistlichkeit vorbehalten – trennt. Meist befinden sich mehrere Ikonenreihen übereinander. Die Anordnung ist vorgeschrieben und ändert sich kaum: In der obersten

Reihe sind die Ikonen des Alten Testaments dargestellt, die meistens eine Dreifaltigkeitsikone einrahmen. Darunter ist die Gottesmutter abgebildet, umgeben von Propheten, eine Reihe tiefer sind Festtagsikonen zu sehen mit Szenen aus dem Leben Christi und der Gottesmutter. Hinter der Ikonenwand befindet sich der Altar, zu dem die mittlere der drei Türen in der Wand, die sogenannte Königstür, führt.

Neben den Kirchenikonen gibt es kleine Ikonen für das Haus und die Reise. Zu Hause hängt man sie in die ›stille Ecke‹, in die man sich zum Gebet zurückziehen kann.

Weltwunder aus Bernstein

Als Friedrich Wilhelm I., Preußens Soldatenkönig, 1716 Zar Peter das Bernsteinzimmer – damals 30 000 Reichstaler wert – im Austausch für 55 ›lange Kerls‹ aus der Zarengarde gab, ahnte er nicht, für wie viel Konfliktstoff zwischen Deutschland und Russland gerade dieser Schatz sorgen würde.

Der Anblick muss überwältigend gewesen sein: 1711 war das Bernstein-zimmer endlich vollendet. Zehn Jahre hatten dänische und ostpreußische Bernsteinschnitzer im Auftrag von Friedrich Wilhelm I. daran gearbeitet und ausgesuchte Bernsteine zu einem Meisterwerk zusammengefügt.

Peter der Große soll das Bernstein-zimmer bei einem Besuch in Preußen im Berliner Stadtschloss gesehen haben und so beeindruckt gewesen sein, dass er es gerne selbst besitzen wollte. Tatsächlich überließ Friedrich Wil-

Man wird des Schauens nicht müde: das nachgebaute Bernsteinzimmer in Zarskoje Selo

helm I. es ihm 1716, woraufhin es der Zar in seiner Sommerresidenz im Sommergarten aufbauen ließ. Nach Peters Tod brachte man das Bernsteinzimmer zunächst im Winterpalast unter. Im Jahr 1755 installierte Rastrelli es jedoch auf Wunsch der Zarin Elisabeth im Katharinenpalast in Zarskoje Selo, wobei er das Zimmer von 50 auf 100 m² erweiterte, indem er Spiegel und Intarsienlandschaften aus Halbedelsteinen in die Wände einfügte.

Geraubt, verpackt, verschollen

Fast 200 Jahre war das Bernsteinzimmer in Zarskoje Selo eine Augenweide. Diese Zeit endete 1941, als die Deutschen Leningrad belagerten und das südlich der Stadt gelegene Katharinenschloss bei Angriffen stark zerstörten. Im Oktober montierten Kunsträuber der deutschen Wehrmacht das Bernsteindekor ab und schafften es nach Königsberg. Es war nicht der einzige Kunstraub: Insgesamt wurden von den Deutschen nach russischen Schätzungen rund 300 000 Kunstgegenstände aus Museen, Palästen, Kirchen und Klöstern abtransportiert – das Bernsteinzimmer ist das spektakulärste.

Zuletzt wurde das Bernsteinzimmer in Kisten verpackt im zerstörten Königsberger Schloss gesehen, und zwar 1944, als die Rote Armee vor Königsberg stand. Seither wird der ›Schatz der Schätze‹, dessen Wert auf 126 Mio. Euro beziffert wird, gesucht.

Zum weiteren Schicksal des kostbaren Wandschmucks existieren die un-

terschiedlichsten Spekulationen: Die Kisten mit dem Bernsteinschatz seien verbrannt oder über die Ostsee abtransportiert worden, lauten zwei Annahmen. Mit dem Wiederauftauchen eines der ›Florentiner Mosaiken‹ in Bremen und einer Kommode in Berlin im Jahr 1997 wurden die Hoffnungen auf eine Wiederentdeckung des Zimmers neu entfacht, doch erfüllt haben sie sich bis heute nicht.

Eine Legende wird rekonstruiert

Während das Kunstwerk verschwunden blieb, wurde der Traum von einem neuen Bernsteinzimmer geträumt: Bereits seit 1979 hatten in Russland Spezialisten an einer Kopie des Bernsteinzimmers gearbeitet. Doch durch die Krise der Sowjetunion und anschließend des Russischen Staates fehlte das Geld für die Finanzierung des Projekts. Im Sommer 1999 beschloss die stark im Russlandgeschäft engagierte Essener Ruhrgas AG, die Rekonstruktion mit 3,5 Mio. US-$ zu unterstützen. Die Bedeutung des Projekts unterstrich der stellvertretende russische Kulturminister Pawel Choroschilow: »Die Rekonstruktion des Bernsteinzimmers ist ein wichtiges Symbol für die Beziehung zwischen Deutschland und Russland. Sie trägt dazu bei, dass wir den Zweiten Weltkrieg hinter uns lassen können.«

Jahrelang verwandelte sich in den Werkstätten hinter dem Katharinenpalast unter den Händen von über 50 Handwerkern Bernstein zu Blattornamenten, Blumengirlanden, Blätterranken und Porträtköpfchen. Mit Bohrern, Sägen und Poliergeräten – und mit Einfühlungsvermögen und unendlicher Geduld – wurde das ›Ostseegold‹ bearbeitet. Boris Igdalow, der

Leiter der Werkstätten, der hier mehr als zwanzig Jahre arbeitete, zeigte sich froh über die Unterstützung von deutscher Seite: »Die Initiative von Ruhrgas hat den Wiederaufbau des Bernsteinzimmers erheblich beschleunigt, denn wir hatten lange Zeit massive Schwierigkeiten: Es gab kein Material, kein Geld, Russland durchlebte schwierige Phasen nach der Perestroika. Viel Zeit haben wir gebraucht, uns die alten Techniken des 18. Jh. anzueignen.«

Pünktlich zum 300. Stadtgeburtstag von St. Petersburg, im Frühjahr 2003, war die Rekonstruktion des ›Achten Weltwunders‹ vollendet. Der russische Präsident Wladimir Putin und Bundeskanzler Gerhard Schröder übergaben das neue Bernsteinzimmer am 31. Mai 2003 zum Abschluss des G-8-Gipfels in Petersburg der Öffentlichkeit. Die Welt erhielt ein Prachtstück zurück. Eine Legende wurde wieder Realität, der Mythos jedoch wird bleiben.

Von Honiggelb bis Kirschrot

Zu den Werkstätten haben die etwa 500 000 Touristen, die jährlich das Katharinenschloss besuchen, keinen Zutritt. Doch sie können das Ergebnis der Arbeit, das exakt den alten Vorlagen entspricht, im Bernsteinzimmer bewundern. Hier lebt die alte Barockpracht wieder auf. Wie viel Zeitaufwand für die Rekonstruktion eines einzigen Wandpaneels nötig ist, erkennt man bereits beim flüchtigen Blick. Honiggelb, Haselnussbraun und Kirschrot – in diesen warmen Tönen erstrahlt der Bernstein. Die kirschrote Farbe erhält der Bernstein, wenn man ihn in Honig kocht – nur eines von vielen überlieferten Geheimnissen der Meister des 18. Jh.

Zeitgenössische Kunst in der Newa-Metropole

In St. Petersburg wird man in puncto Kunst auf Schritt und Tritt mit der Tradition konfrontiert und doch gibt es in der russischen Metropole nicht nur groß angelegte staatliche Sammlungen, nicht nur museale Starre, sondern auch bemerkenswerte Initiativen und Ausstellungen zur modernen Kunst.

Die Moderne zog in St. Petersburg ein, als der deutsche Fabrikant und Sammler Peter Ludwig dem Russischen Museum 1995 einen Grundstock von 33 Bildern schenkte: Werke von Picasso bis Beuys. Diese Abteilung des Russischen Museums residiert im Marmorpalast. Ihr Hüter Alexander Borowskij gilt als einflussreichster Kunstmanager für zeitgenössische Kunst in der Stadt. Er hat hier schon Damien Hirst gezeigt, aber auch eine Retrospektive der populären Moskauer Gruppe AES+F.

Michail Pjotrowskij, Direktor der Eremitage, will dem in nichts nachstehen. Er will jungen Künstlern Räume im Ostflügel des Generalstabsgebäudes zur Verfügung stellen. Dazu hat er das Projekt 20/21 initiiert: Die Sammlung westlicher Kunst des 20. und 21. Jh. soll erweitert und in Wechselausstellungen präsentiert werden.

Der Künstler Alexej Tschistjakow in seinem Atelier im Kunstzentrum Puschkinskaja 10

Künstlergruppe Mitki

Wer mehr über die Künstlergruppe Mitki erfahren möchte, sollte das **Mitki-Museum** (s. S. 55) besuchen. Interessant ist Wladimir Schinkarjows Buch »Maxim und Fjodor« (s. S. 19). Schinkarjow ist Maler und Gründungsmitglied der Mitki. Seine Geschichten sind ein Phänomen; fast jeder in der Petersburger Intelligenzija und Boheme hat »Maxim und Fjodor« gelesen.

Hotspots der Kunstszene

Die Palette der Stilrichtungen in der zeitgenössischen Petersburger Kunst ist bunt und reicht von der ›klassischen‹ bis zur abstrakten Malerei in einer Vielfalt, die sich kaum von der westlichen unterscheidet. Einmal im Jahr hat man die Möglichkeit, die ganze Petersburger Kunstwelt kennenzulernen: während der Herbstausstellung des Künstlerverbandes, die traditionell in der Manege stattfindet – unter Beteiligung von 500–600 Petersburger Künstlern. Regelmäßig zeigt zudem die Galerie des Künstlerverbandes (Bolschaja Morskaja 38) Arbeiten von Verbandsmitgliedern.

Seit einigen Jahren floriert auch sonst die Galerienszene. Zwar hat Moskau immer noch die Nase vorn, aber Petersburg hat aufgeholt – nicht zuletzt mit dem Loft Project Etagi (s. S. 177), dem Hotspot am Ligowski prospekt: Auf fünf Ebenen haben sich in einer alten Brotfabrik Architekturbüros, Designershops, Redaktionen und ein ›Free Space‹ etabliert – neben der Galerie Anna Nova (s. S. 40) ist es der attraktivste Ort der Petersburger Kunstszene.

Künstlergruppen der 80er- und 90er-Jahre

Anfang der 1980er-Jahre schlossen sich etwa 20 befreundete Maler und Dichter zusammen: die Mitki. Ein *Mitjok* (Plural: *Mitki*) ist ein Freund von Dmitri (Mitja) Schagin, dem Gründungsmitglied der Mitki. Mitki legen keinen Wert auf Luxus, Mode und westlichen Lifestyle. Sie interessieren sich für Alkohol, Kunst und Russland. Inzwischen haben sie Kultstatus, vor allem bei jungen Leuten. Die Bewegung ist apolitisch, anarchisch und nonkonformistisch.

Eine andere Künstlergruppe, die sich in den 1990er-Jahren in St. Petersburg etablierte, ist die ›Neue Akademie‹, ein Zusammenschluss von Malern, Poeten, Musikern, Fotografen und Bildhauern, die dem Vormarsch der amerikanischen Kultur die mächtige Tradition der europäischen Kultur entgegenhalten und eine zweite ›Renaissance‹ fordern. Ihr Hauptvertreter war der 2002 verstorbene Timur Nowikow.

Kunstzentrum Puschkinskaja 10

Das Ende des 19. Jh. errichtete Verlagsgebäude Puschkinskaja 10 beherbergt das größte autonome Kulturzentrum der Stadt. Künstler hatten das baufällige Haus mit seinen vielen Etagen 1989 besetzt. Die Stadtväter drückten ein Auge zu, denn die Puschkinskaja entwickelte sich schnell zu einem Mekka für junge, kreative Kräfte. In dem Komplex mit zwei Innenhöfen, Ateliers, Galerien, einem Café, Tonstudios u. v. m. leben und arbeiten über 200 Maler, Musiker, Schauspieler, Regisseure und Performance-Künstler (s. S. 176).

Das literarische St. Petersburg

Petersburg repräsentierte im 19. Jh. das, was Peter der Große und Katharina die Große sich erträumt hatten: Hier vollzog sich das geistige Erwachen Russlands. So entwickelte sich auch die Literatur in bemerkenswerter Vielfalt – mit Petersburg als bevorzugtem Handlungsort. »Es gibt keinen Ort in Russland, wo die Imagination sich mit solcher Leichtigkeit von der Realität loslöst: Die russische Literatur begann mit dem Entstehen Petersburgs«, stellte Joseph Brodsky einmal fest.

Geliebt und verehrt

Der Dichter Alexander Puschkin (1799–1837) wird in Petersburg fast wie ein Heiliger verehrt: Sein Denkmal steht mitten auf dem Platz der Künste, seine letzte Wohnung an der Mojka Nr. 12 ist ein Wallfahrtsort; der Vorort Zarskoje Selo trug jahrzehntelang seinen Namen, da Puschkin hier das Lyzeum besucht hatte, und sogar in einer Metrostation begegnet uns ein Denkmal von ihm. Puschkin, der in jungen Jahren an den Folgen eines Duells starb, vereinte in sich den Widerspruch, als Lebemann zu gelten und zugleich als intellektueller Einsiedler. In seiner Lyrik klingt das zerstörte individuelle Leben erschütternd nach. »Kein Glück ist auf der Welt, doch Freiheit gibts und Frieden, / ein Los, beneidenswert, war niemals mir beschieden«, so Puschkin in seinem der Ehefrau Natalja gewidmeten Gedicht aus dem Jahr 1836.

Puschkin und seine Frau verkehrten in der illustren Welt des Hochadels, voll Glanz und Pracht, aber auch voll Missgunst, Neid und Langeweile. Oft wird Puschkin auch der ›Mozart der Poesie‹ genannt, beide Genies einte der virtuose Umgang im poetischen und musikalischen Ausdruck, eigentümlich gleicht sich auch ihr Lebensweg.

Welt der ›kleinen Leute‹ und Adelswelt

Nach Puschkin vollzog Nikolaj Gogol (1809–52) die Wende zur kritischen realistischen Literatur, in deren Mittelpunkt die ›kleinen Leute‹ stehen. In seinen »Petersburger Erzählungen« schildert er Schicksale von Menschen, die eine unbedeutende Stellung im gesellschaftlichen Leben einnehmen.

Ab 1839 scharte der bedeutende Literaturkritiker Wissarion Belinskij in Petersburg einen Kreis von Schriftstellern um sich, denen Gogols Erzählungen als literarisches Vorbild dienten und die die unterschiedlichen Milieus der Stadt genau beschrieben. Zu diesem Kreis – er fand ›Natürliche Schule‹ Eingang in die Literaturgeschichte – gehörten u. a. Alexander Herzen (1812–70), der als kritischer Denker die russische Geistesgeschichte jener Jahre entscheidend prägte, sowie Nikolaj Nekrassow, der mit seiner Erzählung »Petersburger Winkel« die dunklen Seiten der glanzvollen Hauptstadt beschrieb.

Auch Fjodor Dostojewskij (1821–81; s. S. 190) gehörte zunächst zum Kreis um Belinskij sowie Iwan Gontscharow (1812–91), der in seinem berühmten Roman »Oblomow« die andere Seite der russischen Gesellschaft, die Welt des Adels, schildert: Der melancholische Adlige Oblomow versinkt fern vom ererbten Gut in Petersburg in träumerisches Nichtstun. Diese von Passivität und absoluter Teilnahmslosigkeit geprägte Lebenseinstellung ging als ›Oblomowerei‹ in den russischen Sprachgebrauch ein.

Aufbruchstimmung

Andrej Belyj (1880–1934) vermittelt mit seinem Roman »Petersburg« einen Eindruck von der Stadt am Vorabend der Revolution von 1905. Das Geschehen des Romans kreist um den Sohn eines Senators, der sich, innerlich zerrissen, revolutionären Kreisen anschließt und ein Bombenattentat auf den eigenen Vater verüben soll. Das 1911 bis 1913 entstandene Buch ist wie eine polyfone Wortsinfonie aufgebaut, den ›Bewusstseinsroman‹ eines James Joyce vorwegnehmend.

Gerade in jenen Jahren vor der Oktoberrevolution tat sich sehr viel: Die russischen Futuristen, eine Gruppe junger Dichter und Künstler aus Petersburg, benutzten neue Formen und Worte, mit denen sie ein neues Verständnis von der Welt ausdrücken wollten. In ihrer Dichtung wollten sie Grenzen sprengen, sie negierten jegliche ästhetische Tabus, jegliche künstlerische Beschränkung. Sie trugen gelbe Jacken, bemalten sich das Gesicht und druckten ihre Werke auf Tapete oder Einwickelpapier. Den Höhepunkt dieser Bewegung bildete 1913 die Uraufführung der futuristischen Oper »Sieg über die Sonne« im Petersburger Luna-Theater, eine Zusammenarbeit der damaligen ›Stars‹ der Avantgarde. Die Dichter Wladimir Majakowskij und Welimir Chlebnikow sorgten für das Libretto, ein unverständliches Kauderwelsch, der Maler-Komponist Michail Matjuschin komponierte eine Musik, die »wie verzerrter Verdi« klang, kein Geringerer als der Maler Kasimir Malewitsch entwarf das erste abstrakte Bühnenbild der Theatergeschichte. Zum Zentrum des künstlerischen Austauschs und zum Ort exzentrischer Auftritte wurde das Kellerlokal »Zum streunenden Hund« (s. S. 140). Hier las auch die junge, schöne Dichterin Anna Achmatowa, Muse vieler Dichterkollegen, nächtens ihre Gedichte vor einem ausgesuchten Publikum.

Anna Achmatowa war die gefeierte Dichterin des ersten Dezenniums in St. Petersburg. 1889 wurde sie bei Odessa geboren und verbrachte einen Teil ihrer Kindheit und Jugend in Zarskoje Selo. Früh heiratete sie ihre Jugendliebe, den Dichter Nikolaj Gumiljow, bekam ihren Sohn Lew (1912), doch die Beziehung hielt nicht lange. Gumiljow war eine der originellsten Erscheinungen im Petersburger Kulturleben. Er kam 1918 aus Paris, wo er einige Zeit gelebt hatte, zurück nach Petrograd. Als Gumiljow 1921 wegen angeblicher konterrevolutionärer Umtriebe erschossen wurde, entschied sich die Achmatowa, in Russland zu bleiben, obwohl sie der Revolution auch schon vorher kritisch gegenübergestanden hatte. Resigniert schrieb sie zwei Jahre später in einem Gedicht:

Auch in Zarskoje Selo bei Petersburg wird Alexander Puschkins gedacht

»Bitter bin ich und alt ...« Sie war damals dreißig, doch die schwersten Jahre ihres Lebens lagen noch vor ihr.

Folgen der Revolution und die 1920er-Jahre

Die Oktoberrevolution wurde von den Futuristen begrüßt, zu Beginn der 20er-Jahre noch sahen sie ihre Forderung nach einem kompromisslosen Bruch mit der alten Welt verwirklicht. Doch bald kamen Zweifel an der politischen Entwicklung der jungen Sowjetrepublik auf. Als erste Anzeichen kann man die Selbstmorde der beiden ›Sänger der Revolution‹ – Sergej Jessenin 1925 und fünf Jahre später Wladimir Majakowskij – deuten. Jessenin hatte zunächst die Oktoberrevolution unterstützt, wandte sich aber von ihr ab, nachdem er viel im westlichen Europa herumgereist war und die Ereignisse in Russland aus der Ferne kritischer beurteilen konnte. Er nahm sich 1925 im berühmten Leningrader Hotel Angleterre das Leben. Seinen mit Blut an die Wände des Hotels geschriebenen Abschiedsvers »Nun leb wohl, gräm dich nicht meinetwegen, / spar dir Händedruck und Rederei, – / sterben ist nicht neu in diesem Leben, / doch auch leben ist nicht grade neu« nahm Majakowskij 1930 in seinem Abschiedsvers auf.

Auch Alexander Blok (1880–1921), der vor der Revolution dem Symbolismus nahestehende Gedichte schrieb, besingt in seinem Hauptwerk, der Verserzählung »Die Zwölf«, die Revolution: Zwölf Rotarmisten marschieren durch St. Petersburg; zum Schluss des Poems steht allerdings kein Rotarmist an der Spitze des revolutionären Zugs, sondern Christus mit roter Fahne und weißen Rosen. Nach diesem apokalyptisch anmutenden Poem verstummte Blok.

Vladimir Nabokov (1899–1977) verließ bald nach der Revolution Petersburg für immer. Nur in seinen Büchern, die er Jahre später in Berlin schrieb, lebte die fantastische Vergangenheit wieder auf: die Sommerfrische im Süden von St. Petersburg mit den Wäldern, dem Fluss und dem Glücksgefühl über die ersten Schmetterlinge, die ersten Gedichte und die erste große Liebe. Zeitlebens prägte ihn die ruhelose Suche nach den Motiven der heimatlichen Landschaft.

Auch Andrej Belyj und Maxim Gorkij verließen vorübergehend die Sowjetunion. Mit dem Dichter Wladislaw Chodassewitsch, dessen Wohnung vor der Revolution Treffpunkt der Literaten gewesen war, zog auch die Schriftstellerin Nina Berberowa nach Paris. In ihrer Autobiografie »Ich komme aus St. Petersburg« schrieb sie, dass im August 1921 eine Epoche in der russischen Literatur zu Ende gegangen sei, die 1739 mit Lomonossow begonnen habe.

Jahre des Terrors

Unter der Diktatur Stalins verkümmerte das literarische Leben in Petersburg, die Doktrin des ›sozialistischen Realismus‹ herrschte auch in der Literatur, Zensur war an der Tagesordnung. Ossip Mandelstam, dessen Lyrik oft ›petersburgisch‹ genannt wurde, starb 1938 in einem stalinistischen Lager. Daniil Charms, der in den 20er-Jahren die literarische Gruppe der ›Oberiuten‹ gegründet hatte, die Alternativen zum dogmatischen sozialistischen Realismus suchte, verhungerte während der Blockade in einem Gefängnis, andere Mitglieder wurden in Lager gebracht. Anna Achmatowa harrte in der Stadt aus. Der Staat löschte ihren Freundeskreis aus, verhaftete ihren Sohn und ih-

Die Erinnerungen an die Petersburger Jugend prägten seine Werke: Vladimir Nabokov

ren dritten Mann und bis zu ihrem Tod 1966 wurde sie kaum veröffentlicht.

Der größte russische Dichter

Nachdem man ihn 1972 in die Emigration gedrängt hatte, betrat Joseph Brodsky, Russlands größter Dichter, Petersburg bis zu seinem Tod 1996 nie wieder. In den Ruinen der Stadt, in der er 1940 geboren wurde, war er der alten Welt begegnet: Griechenland, Rom und Ägypten. Kirchen und Monumente waren für ihn Zeichen, die ihm die kulturelle Tradition erschlossen. Im amerikanischen Exil, wo er 1987 von der Auszeichnung durch den Literaturnobelpreis erfuhr, fand er seine neue Heimat und begann in Englisch zu schreiben, zunächst nur Essays, am Ende seines Lebens auch Gedichte. Seine Sehnsucht nach dem Land, der Stadt und den Menschen, die er für immer verlassen hatte, wurde zur Hommage »Erinnerungen an St. Petersburg« (s. S. 19).

Literaturszene heute

Im heutigen Petersburg versammelt sich in Klubs, Buchhandlungen und Kulturzentren, häufig auch in kleineren Museen wie etwa dem Freud-Museum, eine vitale junge Literatenszene. Futuristische Traditionen leben auf, Slam-Poetry und Lyrik-Wettbewerbe stehen hoch im Kurs. Internationale Anerkennung hat der Petersburger Autor Andrej Bitow mit seinem preisgekrönten Roman »Puschkinhaus« gefunden, der noch in den 80er-Jahren nur außerhalb der Sowjetunion erscheinen konnte. Die Liebesnöte des Helden Ljowa, eines ›Mannes ohne Eigenschaften‹ des vergangenen Jahrhunderts, sind zu einem Bestseller im heutigen Russland geworden.

Lebendige Ballett- und Musikstadt

St. Petersburg kann sich rühmen, die Geburtsstadt der russischen klassischen Musik und des Balletts zu sein. In den 1970er- und 1980er-Jahren galt es auch als Hauptstadt des russischen Rock und Jazz, während es heute für eine spektakuläre Klubszene steht. Weltruf genießt die Oper der Stadt.

Schon seit der Verlegung des Hofs von Moskau nach St. Petersburg 1703 war die Residenzstadt das Zentrum des russischen Musiklebens. Peter der Große, Anna und Katharina die Große liebten die italienische Musik. Erst in der ersten Hälfte des 19. Jh. gewann die originär russische Musik an Bedeutung: Berühmte Volksliedsammlungen erschienen und 1836 wurde im neu eröffneten Bolschoij-Theater die erste russische Oper aufgeführt: »Das Leben für den Zaren« von Michail Glinka.

Verschiedene Ereignisse brachten in der zweiten Hälfte des 19. Jh. Bewegung ins Petersburger Musikleben: 1859 rief der Pianist und Komponist Anton Rubinstein zur Förderung der Musikerziehung im Land die Russische Musikgesellschaft ins Leben; drei Jahre später gründete er das Konservatorium. 1863 gab ein Gastspiel Richard Wagners den russischen Komponisten neue Impulse und im gleichen Jahr fand Pjotr Iljitsch Tschaikowskij (1840–93) seine wahre Berufung: Der studierte Jurist gab seinen Posten im Justizministerium auf, um sich ganz der Musik zu widmen. Schon seit frühes-

ter Kindheit hatte er mit Leidenschaft Klavier gespielt. Er war der erste Komponist, der den Ruhm der russischen Musik über die Grenzen Russlands hinaustrug.

Etwa zur selben Zeit gründeten Modest Mussorgskij (1839–81), Nikolaij Rimskij-Korsakow (1844–1908) und Alexander Borodin (1833–87) mit anderen Komponisten in Petersburg die Gruppe »Das mächtige Häuflein«, die wegweisend für die russische Musik wurde. Anders als viele Musiker jener Zeit suchten die Mitglieder der Gruppe nicht die musikalische Hinwendung zu Westeuropa, sondern strebten nach einer russischen Musik.

Fünfzig Jahre später machten zwei junge Komponisten auf sich aufmerksam, Sergej Prokofjew und Igor Strawinsky; Letzterer vor allem, weil er eng verbunden war mit dem Impresario der russischen Moderne, Sergej Diaghilew, für den er den »Feuervogel« komponierte, ein Ballett in zwei Akten; es verhalf Strawinsky zum Durchbruch.

Kunstförderer Diaghilew

Sergej Diaghilew (1872–1929) war ein Liebhaber und Förderer der Kunst mit einem ausgeprägten Instinkt für Ta-

In Petersburg wurde Ballettgeschichte geschrieben – »Schwanensee«-Aufführung

lente. Er schuf ein neues Ballettkonzept, das Musik, Tanz und Bühnenbild zu einem Gesamtkunstwerk verband. Dabei engagierte er so unterschiedliche Künstler wie Strawinsky, Debussy, Ravel, Picasso, Matisse und Coco Chanel. Mit ihnen gemeinsam prägte er den modernen Balletttanz.

1909 brachte Diaghilew in Petersburg die besten Tänzer der Zeit zusammen und gründete die Ballets Russes, ein Ballettensemble, das auf der ganzen Welt Triumphe feierte; bis zu Diaghilews Tod 1929 brachte es 60 Werke zur Aufführung. Noch heute werden im Mariinskij-Theater die Ballette der Ballets-Russes-Choreografen getanzt und die Originalkulissen nachgebaut.

Opernchef Gergijew

Von den großen Zeiten der Ballets Russes Anfang des 20. Jh., als Vaclav Nijinskij und die Pawlowa tanzten und Petersburg noch eine internationale Metropole war, schwärmt Stardirigent Valerij Gergijew. 1988 übernahm er die Leitung des Mariinskij-Theaters – der Petersburger Oper – mit dem Ziel, der traditionellen russischen Opernkunst zu neuem Glanz zu verhelfen. Mit einem Prokofjew- und einem Rimskij-Korsakow-Festival verzeichnete er internationale Erfolge und mit Wagners ›Ring‹ und einem Verdi-Zyklus spielten sich Ensemble und Orchester in die Top Ten der weltbesten Opernhäuser.

Valerij Gergijew, 1953 in Moskau geboren, wuchs in den kaukasischen Bergen in Ossetien auf und gewann als 23-Jähriger in Berlin den Herbert-von-Karajan-Wettbewerb. Als er 34-jährig zum Chef der Oper gewählt wurde, nicht von der Partei platziert, wie es zuvor üblich war, erregte das großes Aufsehen. Gergijew setzt auf Risiko

und Erneuerung. Kein anderes Orchester- und Opernensemble ist weltweit so aktiv wie das Mariinskij. Obwohl er überall auf der Welt dirigiert, engagiert sich Gergijew bis an die Grenze der Belastbarkeit für sein Haus und sieht seinen Platz in St. Petersburg: »Die Stadt hat eine gewaltige Musiktradition. Ich glaube, dass Petersburg ein guter Platz zum Arbeiten und für die Kultur dieser Welt wichtig ist.«

Rock, Jazz, Speed Metal

In ›Leningrad‹ hatte die Rockkultur schon Anfang der 1970er-Jahre Wurzeln geschlagen. Der russische Underground-Rock war eine Auflehnung gegen das sowjetische System, obwohl die Bands nicht offen politisch waren. Mit Glasnost wurden viele der Guppen sehr erfolgreich, u. a. Aquarium, DDT, Alisa und Nautilus-Pompilius. Musikalisch präsent sind nach wie vor Boris Grebenschikow, dessen Lied »Der Rock 'n' Roll ist tot, aber ich lebe noch« zur Hymne der 70er-/80er-Generation wurde, und Jurij Schewtschuk. Der dauerhafte Erfolg seiner Gruppe DDT erklärt sich wohl daraus, dass es ihr gelang, der westlichen Musikrichtung Rock russische Züge zu verleihen. Die russische Rockszene lebt, doch Geld und Medien sind in Moskau. Heute muss eine Petersburger Band, die es zu etwas bringen will, dorthin umziehen.

Jazzfreunde kommen in der Jazz Philharmonic Hall zusammen, u. a. um die russische Legende David Golotschokin zu hören. Der ›klassischen‹ Musikkultur steht die junge Szene gegenüber, die sich als Klubkultur manifestiert. Zurzeit gibt es in Petersburg mehr als hundert Klubs, sodass von Pop über Funkrock bis zu Speed Metal jeder etwas für seinen Geschmack finden kann.

Alexander Sokurow – Petersburger Regiestar

In der Sowjetzeit durften seine Filme jahrelang nicht gezeigt werden, doch heute wird er auf internationalen Filmfestivals gefeiert: Alexander Sokurow, Petersburgs bekanntester Avantgardefilmer. Sein Mammutwerk »Die russische Arche«, in dem er 200 Jahre russische Historie Revue passieren lässt, gilt als ein Meilenstein der Filmgeschichte.

Alexander Sokurow steht in der Tradition der großen philosophischen Filmregisseure, zu deren Vorreitern Andrej Tarkowskij (1932–86; u. a.

1972 »Solaris«) gehörte. Mit einem Empfehlungsschreiben von Tarkowskij bewarb sich Sokurow 1980 erfolgreich bei den Lenfilm-Studios (s. S. 102).

Von Sibirien nach St. Petersburg

Mehr als 30 Spiel- und Dokumentarfilme hat Sokurow, der 1951 in Sibirien geboren wurde und nach Abschluss eines Geschichtsstudiums in Moskau Film studierte, bis heute gedreht. Bis gegen Ende der Sowjetzeit geriet er

Er beweist, dass Erfolg nicht an Kommerz gekoppelt sein muss: Alexander Sokurow

dabei immer wieder mit der Zensur in Konflikt. Sokurow geht es nicht um kommerziellen Erfolg. Seine Filme sind komplexe Kunstwerke, die für den westeuropäischen Betrachter zum Teil wegen ihrer meditativen Langsamkeit schwer zugänglich sind. 1995 wurde Sokurow von der Europäischen Filmakademie zu einem der hundert besten Filmregisseure aller Zeiten gewählt; 2006 erhielt er auf dem Filmfestival von Locarno einen Ehrenleoparden für sein Lebenswerk. Derzeit verfilmt er in Tschechien und Island »Faust« mit deutschsprachigen Schauspielern.

Die russische Arche

Am stärksten mit Petersburg verbunden ist Sokurows Film »Die russische Arche« (2002). Sokurow lässt darin Russlands Vergangenheit lebendig werden, erzählt sie in Episoden und Begegnungen. Zum Raum wird hier die Zeit: Zwei Männer laufen durch die Eremitage in St. Petersburg, neunzig Minuten lang. In dieser Zeit durchqueren sie zwei Jahrhunderte russischer Geschichte, von der Entstehung der Stadt nach 1710 bis zum Winter 1913. Sie treffen Peter den Großen und die Zarin Katharina, erleben eine Audienz bei Nikolaj I. und ein Essen bei Nikolaj II.

Sokurow drehte den Film in 35 Sälen der Eremitage mit 850 Schauspielern und Statisten, 13 000 Kostüme waren erforderlich. Drei Orchester sind zu sehen und das Ballett des Mariinskij-Theaters tanzt. Noch ungewöhnlicher ist jedoch die Tatsache, dass der Film in einer einzigen Kameraeinstellung ohne Schnitt gedreht wurde. Ein enormer logistischer und technischer Aufwand war hierfür nötig. Wie für ein Theaterstück wurde zwei Monate lang geprobt, jede Geste, jede Bewegung musste stimmen – eine Theateraufführung für einen einzigen Zuschauer: die Kamera. Der deutsche Kameramann Tilman Büttner (»Lola rennt«) drehte mit einer SteadyCam. »In unserem Film gibt es nicht eine Sekunde Stillstand, die Kamera bewegt sich 90 Minuten ununterbrochen, schaut umher, in etwas hinein, steht niemals an einem Platz. Der Film ist in einem Atemzug gemacht. Das ist wie in der Poesie, wenn man drei, vier Verse geschrieben hat und nichts anderes da hätte stehen können«, kommentierte Sokurow seine Arbeit. »Die Russische Arche«, eine deutsch-russische Koproduktion im Auftrag von WDR/ARTE, ist ein maßloser Film, ein nur in Russland vorstellbarer, größenwahnsinniger Versuch, die Geschichte dieses Riesenreichs in einer einzigen Kamerafahrt zu erzählen – ein ungewöhnliches Filmprojekt, das neue Perspektiven des filmischen Erzählens eröffnet (www.sokurov.spb.ru).

Lenfilm in St. Petersburg

1918 eröffnet, machte Lenfilm Petersburg zur Stadt mit der längsten Filmtradition in Russland. In den 1920er-Jahren drehte Eisenstein in den Lenfilm-Studios seine revolutionären Filme. Neben Mosfilm war Lenfilm während der Sowjetzeit das größte Filmstudio; zahlreiche populäre Streifen wurden hier produziert, z. B. mehrere Sherlock-Holmes-Verfilmungen, die selbst in Großbritannien hoch gelobt wurden. Die Krise, die nach der Wende fast zur Schließung der russischen Filmfabrik führte, ist inzwischen überwunden. 2008 konnte Lenfilm sein 90-jähriges Bestehen feiern. Infos: www.lenfilm.ru (russisch/englisch).

Nobel bis unters Dach –
Petersburger Grandhotels

Zwei Petersburger Grandhotels haben die Wirren der Revolution und die Sowjetzeit überstanden: das Grand Hotel Europe und das Astoria. Sie schrieben Geschichte und strahlen das auch aus. Dem Glamour vergangener Tage kann man auch bei einer Tasse Tee näher kommen.

Künstlerherberge: Grand Hotel Europe

Kein anderes Hotel der Stadt besaß je die Grandezza des Grand Hotel Europe, das sich entlang der vom Newskij Prospekt abzweigenden Michailowskaja uliza bis zum Platz der Künste erstreckt. Gegenüber liegt die Philharmonie, und so wundert es nicht, dass Johann Strauß hier ebenso abstieg wie Tschaikowskij, Prokofjew, Schos-takowitsch und Strawinsky. Dieser kam nach langjähriger Emigration 1962 noch einmal in die Stadt zurück und konnte von seiner Suite aus beobachten, wie die Menschen nach Karten für sein Konzert anstanden. Auch der Maestro der Ballets Russes, Sergej Diaghilew, residierte Anfang des 20. Jh. stets im Grand Hotel, wenn er in die Stadt kam, um neue Tänzer für seine Truppe zu suchen.

Der erste Gebäudetrakt, der bereits 1824 am Newskij Prospekt entstand, wurde ein paar Jahre später von dem Architekten Rossi mit zwei anderen Gebäuden in der Michailowskaja uliza zu einem prachtvollen Barockensemble verbunden und dient seit 1872 als Grandhotel. Vor der Revolution polierte es Fjodor Lidwal im Jugendstil auf. An den Architekten des Petersburger ›Stil modern‹ (s. S. 78) erinnern heute die Lidwal-Suite im ersten Stock und der angrenzende Lidwal-Raum. Lidwal fügte ein Stockwerk hinzu und direkt unter dem fantastischen Petersburger Himmel entstand das Restaurant Kryscha mit Glasdach, großen Fenstern und Palmen. Seit der letzten Renovierung gibt es dort allerdings nur noch einen Bankettsaal.

Während des Ersten Weltkriegs und im Bürgerkrieg wurde das Haus als Waisenhaus genutzt, danach war es kurze Zeit wieder ein Hotel. In dieser Periode wohnte der Dichter Majakowskij hier und auch Gorkij, als er Ende der 20er-Jahre aus dem Exil in Italien zurückkehrte.

Heute wird das Haus von der Belmond-Gruppe geführt, sie ließ das Gebäude aufwendig im klassischen Stil renovieren. Im Prunkstück des Hauses, dem Restaurant L'Europe, dinieren heute die erfolgreichen Russen Seite an Seite mit den internationalen Stars aus Politik, Kunst und Showbusiness.

Schillernde Gäste im Grandhotel Astoria

Das Jugendstilgebäude, 1912 von dem Architekten Fjodor Lidwal erbaut, entwickelte sich schnell zu einer der ersten Adressen Petersburgs und stand für Glanz und Glamour. Doch die prächtigen Räumlichkeiten wurden bald zweckentfremdet: Im Ersten Weltkrieg zogen zaristische Offiziere in das Hotel ein und ab 1916 beherbergte es ein Militärhospital. Während der Revolution agierte Trotzkij im Astoria, und in den frühen 20er-Jahren trafen sich hier zuerst die Profiteure der kurzen Phase des neuen Kapitalismus, »Neue ökonomische Politik« genannt, in der die Wirtschaft wieder flott gemacht werden sollte – Feinschme-

ckerlokale und Spielsalons öffneten. Das Restaurant Wintergarten galt als Lasterhöhle. Doch diese Zeiten waren mit dem Beginn von Stalins Herrschaft vorbei. Nun zogen die höchsten Parteifunktionäre mit ihren Familien in das Hotel ein. Für die Kinder gab es direkt im Haus einen Kindergarten. Auch die Bürgerrechtlerin Jelena Bonner verbrachte einen Teil ihrer Kindheit hier und beschreibt diese Zeit in ihren Erinnerungen »Mütter und Töchter«.

Die Gästeliste des Astoria war immer ein ›Who is who‹ der Zeitgeschichte: Fjodor Schaljapin, H. G. Wells, Truman Capote, Luciano Pavarotti, Bill Clinton, Jack Nicholson und Alain Delon, um nur einige zu nennen. Der Schriftsteller Truman Capote begleitete 1955 das Porgy-and-Bess-Ensemble auf seiner Sowjetuniontournee und lobte das Grandhotel: »Das Astoria erhebt mit Recht Anspruch darauf, das beste Haus in Leningrad zu sein. Manche halten es für das Ritz von ganz Russland.«

Ende der 1990er-Jahre kaufte die Rocco-Forte-Gruppe das Hotel. Sie hat es verstanden, den Charme des Gebäudes mit dem Komfort und Service eines Grandhotels zu verbinden (s. Abb. s. S. 103). In den Zimmern, die mit antiken Möbeln und kostbaren Accessoires ausgestattet sind, fühlt sich der Gast in die feudale Zarenzeit versetzt. Bis ins Detail bemüht man sich, authentisch zu bleiben. So gibt es nur Porzellan der Lomonossow-Porzellanmanufaktur und bestes russisches Leinen an den Fenstern und auf Betten und Tischen – die Möbel allerdings wurden aus England importiert.

Nobel schon der Eingang: das Grand Hotel Europe

Vier Zimmer, vier Familien – eine Petersburger Kommunalka

Nach der Revolution zogen Tausende von Menschen vom Land in die Stadt. Es entstanden sogenannte ›Kommunalkas‹: Ehemalige Sechs- bis Achtzimmerwohnungen wurden nun von mehreren Familien bewohnt. Für jede Familie gab es nur ein Zimmer. Auch heute noch leben fast 25 Prozent der Petersburger in einer Kommunalka.

»Trinken wir auf das, was wir uns alle wünschen, aber nie bekommen werden: eine eigene Wohnung.« Walentina hebt ihr Glas und sieht ihre Schwiegertochter Walja an, die heute Geburtstag feiert. Es ist einer der wenigen Tage im Jahr, an denen fast alle Bewohner der Kommunalka zusammensitzen – vier Frauen zwischen vierzig und fünfundsiebzig, die mit ihren Familien zu sechst auf 100 m^2 leben. Ihre Wohnung liegt nicht weit vom Newa-Ufer entfernt in der Nähe des Zentrums.

Eigentlich sollte das Haus schon lange abgerissen werden – die unsichere Zukunft lässt die vier Frauen manchmal verzweifeln. Doch letztendlich siegt meist die Hoffnung – wie bei Walentina: »Als mein Enkel klein war, Anfang der 90er-Jahre, bekamen wir Bezugscheine für Butter, Zucker und Fleisch. Obwohl man stundenlang in der Schlange gestanden hatte, gab es nichts. Jetzt bekommt man alles zu kaufen. Es ist natürlich nicht so billig, aber das Leben ist jetzt besser.« Die 60-Jährige steht in der Küche und kocht. Weil ihre Pension nicht reicht, arbeitet sie als Köchin für ein Büro im Nachbarhaus: »Ich finde nicht, dass wir ganz arm sind. Eher so Mittelmaß.« Walentina lebt mit ihrem 66-jährigen Mann in einem Zimmer, ein Luxus im Vergleich zu ihren ersten Ehejahren. Neun Jahre lang teilten sie sich ein Zimmer mit den Schwiegereltern, der Schwägerin und deren Tochter.

Privatheit in der Not-WG

Seit 1994 wohnt das Ehepaar in der Kommunalka. Im Nebenzimmer leben ihre Schwiegertochter Walja und der 19-jährige Enkel. Walja arbeitet an der Marine-Hochschule als Sachbearbeiterin. Als sie sich scheiden ließ, hielten die Schwiegereltern zu ihr und so zogen sie gemeinsam in die Kommunalka. Walja ist eine attraktive, lebenslustige Blondine: »Einen Mann würde ich nicht hierher bringen. Allein schon wegen meiner Schwiegereltern. Ich will sie nicht verletzen. Und wie soll das gehen mit meinem Sohn in einem Zimmer?«

Die Älteste in dieser unfreiwilligen Wohngemeinschaft, die 75-jährige Nina Iwanowna, hat sich in ihrem 30 m^2 großen Zimmer fast eine kleine Wohnung eingerichtet: Schlafecke, Fernsehecke und Essecke. Für sie ist das Kommunalkaleben heute nicht das Schlechteste: »Früher wäre es schön gewesen, eine eigene kleine Wohnung zu haben, als mein Mann noch lebte, aber heute ... Ich lebe allein und hier habe ich Gesellschaft. Irgendjemand ist immer in der Küche.«

Ihre Rente beträgt nur 40 € im Monat. Ihr Leben lang hat sie in Kommunalkas verbracht, hat in einem Zimmer zusammen mit ihrem Mann zwei Kinder großgezogen. Gefragt nach der glücklichsten Zeit ihres Lebens, sagt sie: »Alle Zeiten waren glücklich.« Nur nach dem Tod ihres Mannes vor 18 Jahren ging es ihr ein paar Jahre schlecht. In ihre damalige Kommunalka zogen zehn neue Leute ein, die – wie sie dezent sagt – sich »nicht benehmen konnten«. Aus dieser Zeit stammt immer noch ihre persönliche Klobrille aus Holz, die an der Wand der Toilette hängt und die nur sie benutzt.

Zukunftsträume

Toilette und Bad werden gemeinsam genutzt, genauso wie die Küche. Jede der Frauen hat ihren eigenen Kühlschrank, das eigene Geschirr, den festen Arbeitsplatz und jeweils zwei Kochplatten von den zwei Gasherden. Aber sie sind flexibel, wenn eine von ihnen Besuch bekommt, helfen die anderen aus. Und wenn Walentina für das Büro kocht, dann sitzt die 49-jährige Tanja oft in der Küche und raucht am Fenster eine Zigarette – Gelegenheit, die Probleme der letzten Tage zu besprechen. Dieses harmonische Miteinander ist eine Ausnahme in russischen Zwangsgemeinschaften.

Tanja ist Vorarbeiterin in einer großen Fabrik und arbeitet im Schichtdienst. Seit ihr Mann gestorben ist, wohnt sie allein. Jahrelang hat sie mit Mann und Sohn das Zimmer geteilt. »Ich möchte hier unbedingt raus. Aber wir verdienen gerade mal genug zum Überleben.« Für Tanja und die meisten anderen Frauen hat sich manches im neuen Russland zum Schlechten verändert, aber sie leben – und das ist erstaunlich – mit der Hoffnung, dass alles einmal besser wird, irgendwann.

Wohnform Kommunalka: ›Zusammenleben‹ ist hier wortwörtlich zu verstehen

Weiße Nächte – magische Nächte

Dostojewskij nannte Petersburg einmal die »ausgedachteste Stadt der Welt«. Auf keine Zeit trifft dies so sehr zu wie auf die Zeit der ›Weißen Nächte‹, deren Licht der Stadt einen besonderen Zauber verleiht und die Menschen in eine euphorische Stimmung versetzt.

Es ist Juni kurz vor Mitternacht, doch der Himmel leuchtet rotgolden und die Stadt schläft nicht. Das Licht der langsam verschwimmenden Sonne lässt keine Finsternis aufkommen, und St. Petersburg wird von einer magischen Bewegung erfasst. Abendrot und Morgenschimmer vermischen sich. Eine Stunde später zieht ein schattenloses Licht über die goldenen Kuppeln der Stadt. Der französische Schriftsteller Alexandre Dumas beschrieb es als »mattes, doch keineswegs trübes Licht, alles von allen Seiten beleuchtend« und verglich es mit dem »irisierenden Schillern eines Opals«. Es ist ein surreales Licht, eine bleiche nächtliche Helligkeit.

Dieselbe Stadt und doch eine andere

Die Straßenbeleuchtung bleibt während der Weißen Nächte abgeschaltet. Die Palais mit ihren Portiken und Säulen verlieren in diesem Licht ihre Räumlichkeit und wirken wie Fassaden in einem gigantischen Bühnenbild. Alle

Perspektiven der Straßen, Flüsse, Kanäle haben sich aufgelöst, die Raumtiefe hat sich in Nebelschwaden verwandelt. Und wenn dann nachts zwischen halb zwei und drei Uhr die Brücken über der Newa langsam hochklappen und sich die Paläste in ihrem silbrigen Wasser spiegeln, dann hat diese Stadt etwas Geisterhaftes.

Petersburg lebt auf

Die Weißen Nächte sind die Zeit von etwa Anfang Juni bis Mitte Juli; im Mai kündigen sie sich bereits an und erst Anfang August klingen sie aus. Weiße Nächte, das bedeutet über 20 Stunden Licht am Tag, nur für zwei Stunden dämmert es ein wenig.

Nach dem endlosen Winter scheint die Stadt auf einmal aufzuwachen, lebt, tanzt und feiert. Das Volk flaniert. Unentwegt sind die Petersburger in dieser Zeit auf den Beinen. Die Theater locken mit Premieren, in den Jazzklubs erklingt bis in die frühen Morgenstunden der Blues und die Straßencafés haben Hochsaison.

Hochgezogene Newabrücken
Während der Weißen Nächte werden die Newabrücken nachts hochgezogen, damit die Schiffe ungehindert durchfahren können – Pech, wenn man auf der anderen Seite steht. Daher hier für die wichtigsten Brücken der Stadt die Zeiten, in denen man sie nicht passieren kann: Börsenbrücke 2–4.55 Uhr, Troizkij-Brücke 1.35–4.50 Uhr, Blagoweschenskij-Brücke 1.25–2.45 und 3.10–5 Uhr, Schlossbrücke (s. Abb.) 1.25–4.55 Uhr und Litejnyj-Brücke 1.40–4.45 Uhr.

Zwischen Tag und Nacht, zwischen Realität und Traum: Weiße Nächte in Petersburg

Der märchenhafte Aufstieg von Zenit St. Petersburg

Wie so vieles in Russland hieß der Fußballklub Zenit St. Petersburg einmal anders. Sein Name war ›Stalinez‹ – Tatsache! Er hätte natürlich auch ›Leninez‹ heißen können. Aber da die Stadt bereits diesen Namen trug, einigte man sich auf ›Stalinez‹. Gegründet wurde der Fußballklub im Mai 1925 von Arbeitern der Leningrader Stalin-Metallfabrik.

Fast 60 Jahre, also etwa 10 000 Spiele lang, bolzten irgendwelche Leningrader Sidorows und Petrows den Ball durch die Gegend, ohne auch nur einen Blumentopf zu gewinnen – Halt, das stimmt nicht ganz: 1944, während des Zweiten Weltkriegs also, gewann die inzwischen in Zenit Leningrad umbenannte Elf als erste nichtmoskowitische Mannschaft den UdSSR-Pokal.

Der Sieg hatte enorme Bedeutung für die Stadt, die erst wenige Monate zuvor durch die Rote Armee von der Blockade der Wehrmacht befreit worden war. Ein glühender Anhänger der Mannschaft war im Übrigen der Komponist Dmitri Schostakowitsch.

1984 bescherte Zenit den Leningrader Fußballfans den größten Triumph zu Sowjetzeiten. Die frühere Hauptstadt des zaristischen Russlands, besser gesagt ihre Fußballmannschaft, siegte über die übermächtigen Klubs aus Moskau und Kiew: Zenit Leningrad wurde Meister im Fußball der Union der Sowjetrepubliken.

Zenit lehrt das Fürchten

Zeitsprung: Am 1. Mai 2008 kassierte der glorreiche FC Bayern München eine seiner höchsten Niederlagen im europäischen Vergleich. In Petersburg musste Oliver Kahn viermal den Ball aus seinem Kasten holen, um ihn frustriert Richtung Mittelkreis zu dreschen. Kurz zuvor hatte bereits Bayer Leverkusen mit 1:4 gegen Zenit St. Petersburg, wie die Mannschaft seit 1991 heißt, eine schmerzhafte Heimniederlage erlitten. Langsam versuchten sich europäische Zungen an bisher unbekannten Namen: Arschawin, Pogrebnjak, Timoschtschuk. Am 20. Juni 2008 geschah dann in Basel Unglaubliches: Mit 3:1 Toren schlug die russische Nationalmannschaft mit dem holländischen Trainer Guus Hiddink die Mannschaft der Niederlande, einen der Favoriten der Europameisterschaft. In jener Nacht, als Andrej Arschawin von Zenit St. Petersburg in der 116. Minute den Sieg perfekt machte, war das ganze Land aus dem Häuschen. Russland war der gefühlte Europameister und Arschawin ein Held.

Das Märchen geht weiter

Nachdem Zenit St. Petersburg im Mai 2008 in Manchester gegen die Glasgow Rangers mit 2:0 den UEFA-Cup gewonnen hatte, eroberte die Mannschaft in Monaco gegen den Champions-League-Gewinner und haushohen Favoriten Manchester United sensationell auch den Supercup. In der Stadt an der Newa nahm der Absatz von Zenit-Schals, Zenit-Kugelschreibern und Zenit-Pantoffeln ungeahnte Ausmaße an. Der holländische Trainer der Mannschaft, Dick Advocaat, genannt ›der kleine General‹, erreichte in etwa die Popularität von Peter dem Großen.

Danach wurde es etwas ruhiger um die Mannschaft; einige Leistungsträger waren ins Ausland gegangen. Doch 2010 und 2012 – die Stars waren wieder zurückgekehrt – gewann Zenit die Meisterschaft und obendrein 2010 den russischen Pokal. Der Italiener Luciano Spalletti hatte Dick Advocaat als Trainer abgelöst und wurde in Petersburg fortan als ›Signor Spalletti‹ hoch verehrt. Das ›Märchen‹ hatte nur eine Pause eingelegt: Fortan konnte sich Zenit in der russischen Premier-Liga wiederholt gegen die übermächtig scheinenden Moskauer Klubs durchsetzen. International lief es hingegen nicht so gut: Anfang 2014 schied die Mannschaft in der Champions League gegen Borussia Dortmund aus, 2016

Informationen
FC Zenit St. Petersburg Petrowski-Stadion, 21 570 Plätze; Petrowski ostrow 2, Tel. 812 232 16 22, www.fc-zenit.ru, www.petrovsky.spb.ru

gegen Benfica Lissabon, jeweils im Achtelfinale.

Der Petersburger Klub entließ daraufhin Spalletti und engagierte den portugiesischen Fußballlehrer André Villas-Boas. Mit ihm gewann Zenit 2015 die nationale Meisterschaft und im Jahr darauf den russischen Pokal. Ende Mai 2016 wurde der 70-jährige rumänische Trainer-Oldie Mircea Lucescu verpflichtet, der zuvor 12 Jahre lang erfolgreich Schachtar Donezk trainiert hatte. Weitere 10 000 Spiele liegen vor dem Fußballklub der Stadt an der Newa. Die *fanaty* von Zenit hoffen nun darauf, dass sie künftig in der für die Fußball-WM 2018 gebauten Gazprom-Arena wieder ähnliche internationale Erfolge feiern können wie in jenem unvergessenen Jahr 2008. Drücken wir ihnen die Daumen.

Rolf Zeiller

Schal hoch: Treue zum Verein demonstrieren – in guten wie in schlechten Zeiten

Unterwegs in St. Petersburg

Allein schon die Reise nach St. Petersburg wert: die Kunstschätze der Eremitage

Altstadt

Highlights!

Eremitage: Eines der größten Kunstmuseen der Welt; aufgebaut von Katharina der Großen, präsentiert es sich heute traditionell und zugleich modern. **4** S. 118

Schlossplatz: *Der* Platz in St. Petersburg und in seiner Wirkung vielleicht einer der schönsten Plätze der Welt! **5** S. 123

Christi-Auferstehungs-Kathedrale: Mit ihrem russischen Stil passt sie eigentlich nicht ins klassizistische Stadtbild, doch genau das macht sie so interessant! **17** S. 131

Russisches Museum: Eine Schatzkammer der russischen und sowjetischen Kunst – von Ikonen bis hin zu Avantgarde und Sowjetkunst. **18** S. 132

Auf Entdeckungstour

(Post-)Impressionismus in der Eremitage: Auch wenn Sie nur wenige Tage in der Stadt weilen, dürfen Sie auf keinen Fall die Meisterwerke von Monet, Renoir, Picasso, Gauguin, Cézanne, Matisse und anderen Künstlern des Impressionismus und Postimpressionismus im Generalstabsgebäude verpassen. **6** S. 124

Clubbing in St. Petersburg: Eine Tour durchs Nachtleben führt zu schicken Trendklubs, gemütlichen Kneipencafés und schrillen Punkschuppen. **5** – **11** S. 142

Kultur & Sehenswertes

Marmorpalast: In dem Palast, der heute zum Russischen Museum gehört, werden die Sammlung Ludwig und zeitgenössische Wechselausstellungen gezeigt. **12** S. 128

Puschkin-Museum: Nur ein paar Monate lebte der Dichter in seiner letzten Wohnung, die 1937 anhand von Skizzen rekonstruiert wurde. **24** S. 137

Aktiv unterwegs

Spaziergang im Sommergarten: Der Letnyj sad ist nicht nur der älteste, sondern wohl auch der schönste Park der Stadt. **14** **15** **9** S. 129

Sightseeing mit Tempo: Eine interessante Jogging-Route führt vom Platz der Künste an der Christi-Auferstehungs-Kathedrale vorbei in den Michailowskij-Park. **16** S. 136

Genießen & Atmosphäre

Stolle: Die besten Piroschki und Pirogen der Stadt in verschiedenen Variationen. **4** S. 139

Podwal brodjatschej sobaki: Im ›Keller zum streunenden Hund‹, einem Traditionsklub der vorrevolutionären Zeit, kann man heute Kleinkunst bewundern und dazu essen und trinken. **3** S. 140

Abends & Nachts

Michailowskij-Theater: Tolle Solisten und ein interessantes Repertoire geben Oper und Ballett neuen Elan. **2** S. 47, 133

Schostakowitsch-Philharmonie: Russlands berühmtester Konzertsaal. **21** S. 48, 136

Mod: Cooler Chillout mit Bar und Tanzfläche, in dem Newcomer-Bands zu hören sind. **10** S. 45, 143

Das imperiale Petersburg

Das Zentrum von Petersburg – die Altstadt – wird von der Mojka geprägt. An der Fontanka entspringend, schlängelt sie sich von Ost nach West fast 5 km durch die Stadt, bis sie in die Große Newa mündet. In historischen Aufzeichnungen heißt es, der Name gehe auf das russische *mytj* (waschen) zurück und rühre von den öffentlichen Banjas her, die einst an den Ufern des Flüsschens gestanden hätten. Wahrscheinlicher ist jedoch, dass Mojka von Mja kommt, wie der Wasserlauf früher genannt wurde.

In den ersten Jahren nach der Stadtgründung wurde der Sumpf um das heutige Marsfeld herum trocken-

gelegt und die Mojka zu einem Kanal begradigt. Schon bald errichtete man die ersten Holzbrücken. Ihre Namen – Blaue, Grüne, Gelbe und Rote Brücke – verdanken sie ihren leuchtenden Farben. Lediglich die Blaue und die Rote Brücke haben ihren Namen bis heute behalten. Das Mojka-Ufer war zu dieser Zeit von Holzhäusern gesäumt, in denen die Arbeiter der nahen Werft wohnten. Dies blieb bis zum großen Brand 1737 so, als um die Mojka herum von der Fontanka bis zum Newskij an die tausend Häuser abbrannten. Danach wurde das Ufer mit Steinhäusern bebaut, doch ein Ufer aus Granit bekam die Mojka erst zwischen 1798 und 1810. Damals ließ sich auch der Adel entlang des Flüsschens nieder. Ein Blick ins Archiv verrät, wer zu Beginn des 20. Jh. hier residierte: Es gab 27 Ministerien, 25 Gebäude waren von Banken und Aktiengesellschaften belegt und 19 Häuser bewohnte der hohe Adel. Die alte Bausubstanz ist in diesem Bereich der Stadt vollständig erhalten.

Ende des 19. Jh. gab es Pläne, die Mojka zuzuschütten und an ihrer Stelle eine Bahnlinie zu bauen. Zum Glück kam es nicht dazu. So ist ein Spaziergang an der Mojka heute immer noch ein romantisches Erlebnis – und mehr als das: Der Spaziergang führt zu den architektonischen Höhepunkten von St. Petersburg. Vom Senatsplatz über den Schlossplatz und das Marsfeld zum Sommergarten, vorbei an Peterdenkmal, Senat und Synod, Admiralität und Winterpalast mit der großartigen Gemäldesammlung der Eremitage. Neben den bestens renovierten Highlights bekommt man allerdings auch viel vom maroden Charme der Stadt zu Gesicht.

Infobox

Reisekarte: ▶ Karte 2, K–M 10/11

Tourverlauf
Der Spaziergang beginnt am Newa-Ufer beim Denkmal Peters des Großen (Bus 5, 22), führt über die markanten Plätze der Stadt wie den Schlossplatz, das Marsfeld und den Platz der Künste und endet am Newskij (Metro: Newskij Prospekt/Gostinyj Dwor).

Informationen
Auf dem Schlossplatz steht ein Pavillon des **Städtischen Touristenbüros** (Dworzowaja pl. 12, Mo–Sa 10–19 Uhr).

Schöne Orte für Pausen
Entlang der Route liegen die schönsten Parks der Stadt: Alexandrowskij-Garten, Sommergarten und Michailowskij-Park.

Senatsplatz und Umgebung

Zur Sowjetzeit hieß der Senatsplatz Dekabristenplatz, zum Gedenken an den Aufstand der jungen Offiziere 1825. Eingerahmt wird der Platz von Senat und Synod, Manege, Isaakskathedrale und Admiralität. Blickfang in der Mitte des Platzes ist das Denkmal für Peter den Großen.

Senat und Synod 1
Galernaja ul. 1

1827 gab Nikolaj I. den Befehl, den Neubau des Senats in Angriff zu nehmen, Carlo Rossi entwarf den Bau, der sein letzter werden sollte. Senat und Synod sind identische Gebäude, die ein Triumphbogen über die Galernaja uliza zugleich trennt und verbindet. Auf dem Triumphbogen symbolisiert die Skulpturengruppe »Gerechtigkeit und Frömmigkeit« die Einheit von weltlicher und geistlicher Macht. Der **Synod** war eine von Peter geschaffene Institution: Anstelle des Moskauer Patriarchats setzte er den Regierenden Heiligen Synod, das Kollegium der Bischöfe, an dessen Spitze ein weltlicher Oberprokuror stand. Das begründete die Abhängigkeit der russischen Kirche vom Staat. Der **Senat** trat unter Peter an die Stelle der Bojarenduma. Heute beherbergt der Bau das Zentrale historische Archiv.

Denkmal Peters des Großen 2

Zum hundertsten Thronjubiläum Peters im August 1782 ließ Katharina die Große das Denkmal Peters des Großen am Newa-Ufer feierlich enthüllen. Schon 1770 hatte sie einen 1600 Tonnen schweren Granitfindling aus Karelien holen lassen, der in Hohlschienen auf Kupferkugeln über Land und zwischen zwei Schiffen übers Meer

transportiert wurde. Über tausend Tagelöhner schleppten den Monolithen vier Monate lang zur Anlegestelle, wo der Schiffstransport begann.

Auf diesem Findling mit der schlichten Inschrift »Peter dem Ersten von Katharina der Zweiten. Sommer 1782« steht mit erhobenen Vorderhufen auf dem Rücken einer Riesenschlange ein Ross, das den mit imperialer Geste nach Westen weisenden Zaren emporhebt. Die Bronzefigur wurde vom dem Franzosen Etienne Falconet entworfen, Gewinner des Wettbewerbs, den Katharina hatte ausschreiben lassen. Der Bildhauer sagte über sein Werk: »Mein Zar hält kein Zepter in der Hand, sondern breitet seinen schützenden Arm über das Land, durch das er reitet …«

Puschkin dichtete 1833 in seinem legendären Poem »Der Eherne Reiter« über die Statue: »Wie reckt es des Reiters Stirn, / Wie machtvoll seiner Hand Gebärde, / Was für Gedanken wälzt dies Hirn, / Und welche Kraft steckt in dem Pferde!« In Puschkins Gedicht geht es um die Hochwasserkatastrophe von 1824, bei der der Held Jewgenij seine Geliebte verliert und den Gründer der Stadt dafür verantwortlich macht. Die Verzweiflung bringt Jewgenij um den Verstand und das lebendig gewordene Denkmal Peters verfolgt ihn in einer gespenstischen Jagd durch das nächtliche St. Petersburg.

Alexandrowskij-Garten 3

Als es diesen Park noch nicht gab, erstreckte sich vor der Admiralität (s. S. 148) ein breiter Boulevard, den Puschkin in seinem Versepos »Eugen Onegin« beschreibt. Anfang des 19. Jh. fanden hier an Festtagen Volksvergnügen mit Karussells und Buden statt. Zar Alexander II., der den Park zu Peters 200. Geburtstag anlegen ließ, pflanzte 1874 eine Eiche, die noch heute existiert. Denkmäler im Park erinnern

Altstadt

Sehenswert

1. Senat und Synod
2. Denkmal Peters d. Gr.
3. Alexandrowskij-Garten
4. Eremitage
5. Schlossplatz
6. Generalstabsgebäude
7. Gebäude des Gardekorps
8. Alexandersäule
9. Palast des Großfürsten Wladimir
10. Neues Michaelsschloss
11. Villa Ginzburg
12. Marmorpalast
13. Marsfeld
14. Sommergarten
15. Sommerpalast
16. Michailowskij-Park
17. Christi-Auferstehungs-Kathedrale
18. Russisches Museum
19. Platz der Künste
20. Isaak-Brodskij-Museum
21. Schostakowitsch-Philharmonie
22. Adamini-Haus
23. Marstall
24. Puschkin-Museum
25. Haus von Alexej Araktschejew
26. Glinka-Kapelle
27. Volksbrücke
28. Fabergé-Museum

Essen & Trinken

1. Bellevue Brasserie
2. Da Albertone
3. 1001 Nacht
4. Stolle
5. Jerome
6. Jamie's Italian
7. Dwe palotschki
8. Mansarda
9. Botanika

Einkaufen

1. Beluga De Luxe
2. Tertia

Abends & Nachts

1. Eremitage-Theater
2. Michailowskij-Theater
3. Podwal brodjatschej sobaki
4. PMIBar
5. Wine Terrace
6. Datscha
7. Stirka 40°
8. Warszawa Bar
9. Radiobaby
10. Mod
11. Jelsomino

an die Dichter Gogol und Lermontow sowie an den Komponisten Glinka.

Eremitage ! 4

Dworzowaja nab. 32–36 (Eingang Dworzowaja ploschadj), www. hermitagemuseum.org, Di, Do, Sa, So 10.30–18, Mi, Fr bis 21 Uhr, Mo geschl. Die Eremitage ist eines der größten Kunstmuseen der Welt. Man würde 70 Jahre brauchen, um sich jedes Exponat auch nur flüchtig anzusehen, bemerkte einmal der frühere Direktor der Eremitage, Boris Pjotrowskij. Mit ihren 2,7 Mio. Inventarnummern ist die Sammlung fast zehnmal so groß wie die des Louvre. Für Besucher zu sehen sind allerdings ›nur‹ 65 000 Kunstwerke, verteilt auf über 1000 Säle.

Architektonisch ist die Eremitage ein Konglomerat aus mehreren Gebäuden: Winterpalast, Kleine Eremitage (Vallin de la Mothe und Jurij Veldten 1764–75), Alte Eremitage (auch Große Eremitage genannt; Jurij Veldten 1771–87), Neue Eremitage (s. S. 121) und Eremi-

tage-Theater (s. S. 123). Sie präsentiert sich als mittelpunktlose Ansammlung von Gängen, Treppenabsätzen und Sälen in den verschiedensten Stilen.

Das Museum Eremitage besitzt darüber hinaus zwei Außenstellen: Generalstabsgebäude (s. S. 126) und Menschikow-Palast (s. S. 241).

Winterpalast

Als Egon Erwin Kisch 1927 Russland bereiste, schrieb er in seiner Reportage »Zaren, Popen, Bolschewiken« noch: »… da strotzt in altem Rot der Winter-palast, sichernd umschlossen von einem massiven Kreis der Ministerialgebäude.« Doch rot ist der Winterpalast schon lange nicht mehr: Grün-blau und reich geschmückt mit weißen Säulen, Statuen und Stuck zeigt er sich heute. Der Palast, dessen Hauptfronten Newa und Schlosspark zugewandt sind, umschließt einen riesigen Ehrenhof.

Mit dem im späten Barockstil errichteten Winterpalast (*Simnij dworez*) schuf Rastrelli das wohl imposanteste Gebäude von St. Petersburg und den vierten Palast an dieser Stelle. Zarin

Altstadt

Elisabeth, die Tochter Peters, wollte ihrem Vater eine würdige Nachfolgerin sein und gab den Bau als offizielle Zarenresidenz in Auftrag. Gewohnt hat sie selbst nicht mehr in dem Palast, Prägung und Leben gab ihm Katharina die Große.

Bis 1905 war der Winterpalast das höchste Gebäude der Stadt, alle anderen Häuser mussten 2 m niedriger gebaut werden. Die Innenausstattung konnte Rastrelli nicht mehr vollenden, da Katharina ihn entließ. Die Architekten Jean-Baptiste Vallin de la Mothe, Antonio Rinaldi und Jurij Veldten übernahmen diese Aufgabe.

Die Anfänge der Sammlung

»Nur ich und die Mäuse können diese Herrlichkeiten bewundern«, klagte Katharina die Große einst beim Anblick ihrer Sammlung. Ganz anders heute: Ein ununterbrochener Besucherstrom zieht durch die Säle der Eremitage.

Katharina sammelte in 30 Jahren über 3000 Gemälde, u. a. Werke von

Infos für den Eremitage-Besuch
Für den Besuch der Eremitage sollte man mindestens drei Stunden veranschlagen. Der Haupteingang ins Museum befindet sich am Dworzowaja Ploschadj, dem Schlossplatz. Es empfiehlt sich, an einer der etwa zweistündigen Führungen teilzunehmen, die heute von fließend deutsch sprechenden, meist jüngeren Kunsthistorikerinnen durchgeführt werden. Die Eintrittskarten sind den ganzen Tag gültig. Wer zwischendurch eine Pause braucht, kann sich im Hof entspannen. Eintritt 600 Rb. Um langes Anstehen zu vermeiden, können Sie Tickets online kaufen (etwa doppelt so teuer). Jeden 1. Donnerstag im Monat ist der Eintritt für individuelle Besucher frei.

van Dyck, Rubens, Raffael, Tizian, Watteau, Tintoretto und Veronese. Von Sammelwut getrieben, legte sie den Grundstock für das vermutlich größte Museum der Welt. Ihre Berater waren die in Europa bekannten Kunstkenner Denis Diderot, Etienne Falconet und Melchior Grimm. Der russische Diplomat Dmitrij Golyzin kaufte ca. 15 Jahre lang für Katharina bei Versteigerungen Werke westeuropäischer Maler. Schon 1764, im zweiten Jahr ihrer Regentschaft, erwarb sie 225 Gemälde aus der Sammlung des Berliner Kaufmanns Johann Ernst Gotzkowsky, u. a. 13 Werke von Rembrandt und 11 von Rubens.

Von außen ein prächtiges Schloss, innen ein überwältigendes Museum: die Eremitage

Von der Privatsammlung zum öffentlichen Museum

Die Sammlung wuchs immer weiter, sodass sie in den 1830er-Jahren ein neues Haus brauchte. Nachdem Nikolaj I. in München Arbeiten des Münchner Hofbaumeisters Leo von Klenze gesehen hatte, versuchte er diesen nach Petersburg zu locken – mit Erfolg: Im Mai 1839 machte Klenze sich auf die Reise. Er entwarf den für die Kunst reservierten Flügel Neue Eremitage. Mit dessen Fertigstellung begann die Öffnung der Sammlung nach außen: Die Kunstwerke wurden zunächst nur auf Einladung gezeigt, später unter Nikolajs Sohn Alexander wurde der Zugang erleichtert. Fünf Jahre nach der Oktoberrevolution wurde die Sammlung einer breiten Öffentlichkeit zugänglich gemacht. Zuvor waren die Kunstwerke zahlreicher Fürstenfamilien beschlagnahmt worden. Nach dem Zweiten Weltkrieg fanden Werke bedeutender französischer Meister wie Cézanne, Rousseau, Monet, Gauguin, Picasso und Matisse Eingang ins Museum.

Das Museum Eremitage heute

Heute leitet der Sohn des früheren Direktors Boris Pjotrowskij, Michail Pjotrowskij, das Museum. Er hat es

Eremitage

Zweiter Stock

- Byzantinische Kunst
- Islamische Kunst des Nahen Ostens
- Fernöstliche und zentralasiatische Kunst
- Wechselausstellungen

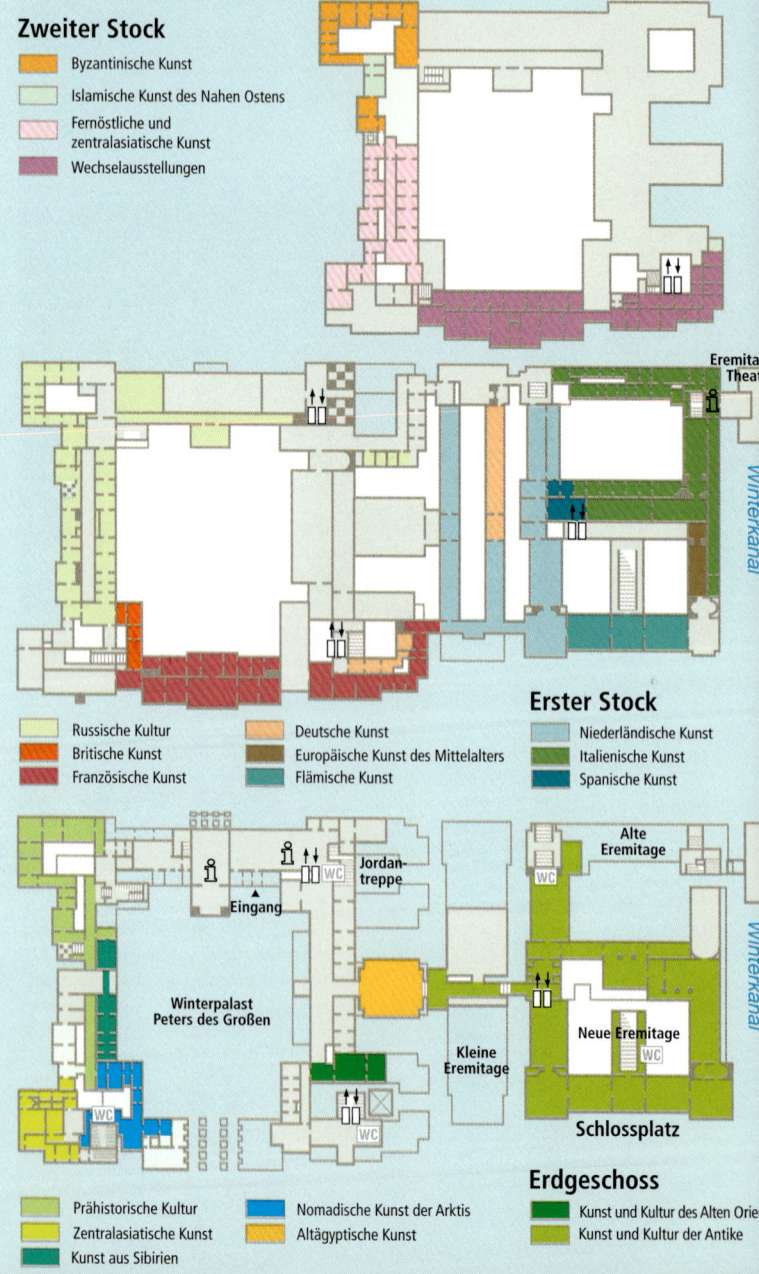

Eremita Thea

Winterkanal

Erster Stock

- Russische Kultur
- Britische Kunst
- Französische Kunst
- Deutsche Kunst
- Europäische Kunst des Mittelalters
- Flämische Kunst
- Niederländische Kunst
- Italienische Kunst
- Spanische Kunst

Jordantreppe

Eingang

Winterpalast Peters des Großen

Alte Eremitage

Neue Eremitage

Kleine Eremitage

Winterkanal

Schlossplatz

Erdgeschoss

- Prähistorische Kultur
- Zentralasiatische Kunst
- Kunst aus Sibirien
- Nomadische Kunst der Arktis
- Altägyptische Kunst
- Kunst und Kultur des Alten Orien
- Kunst und Kultur der Antike

nach marktwirtschaftlichen Prinzipien äußerst modern organisiert. Das fängt schon beim perfekten Internetportal an. Auf den Internetseiten kann man jeden Raum anklicken und jedes Kunstwerk, das man sucht, finden. So kann man sich gezielt auf den Besuch vorbereiten. Viele wollen die Impressionisten und Postimpressionisten sehen, die nun im Gebäude des Generalstabs hängen. Der weltgewandte, umtriebige Direktor hat das »Projekt 20/21« ins Leben gerufen: Die Sammlung westlicher Kunst des 20. und 21. Jh. soll erweitert und interessante Wechselausstellungen sollen gezeigt werden. Dazu arbeitet die Eremitage eng mit führenden westlichen Museen zusammen. Ziel ist es, eine neue Generation ins Museum zu locken.

Die Sammlungen

Was gibt es außer den Impressionisten und Postimpressionisten (s. Entdeckungstour S. 124) zu sehen? In der Abteilung Prähistorische Kultur sind vor allem die Zeugnisse über die Skythen und das ›Gold der Skythen‹ interessant. In den Räumen zur Kultur und Kunst der Antike zieht vor allem die »Taurische Venus« (3. Jh. v. Chr.) die Besucher an. Sie kam 1720 als erste antike Statue nach Petersburg. Im Erdgeschoss kann man auch Kunst der orientalischen Sowjetvölker, Vorderasiens und Ägyptens betrachten, im zweiten Stock die Kunst Chinas, Indonesiens, Indiens und des Mittleren Orients.

Zur Abteilung Russische Kultur im ersten Stock gehören die Repräsentationssäle des ehemaligen Winterpalastes, der Wappensaal, die von Rossi gestaltete Galerie der Helden mit den Porträts der Generäle, die am Napoleonischen Krieg beteiligt waren, der Georgssaal, der Große Thronsaal. Die größte und älteste Abteilung beherbergt die westeuropäische Kunst. Highlights sind hier Leonardo da Vincis »Madonna mit der Blume« und »Madonna Litta« (Saal 214), die Werke von Tizian (Säle 219, 221), Michelangelos »Hockender Knabe« (Saal 230) und die Bilder von Peter Paul Rubens (Saal 247).

Eremitage-Theater [1]
Dworzowaja nab. 34
Über eine Brücke über den Winterkanal gelangt man von der Alten Eremitage in das Eremitage-Theater, das 1787 von Quarenghi nach antiken Vorbildern errichtet wurde. Hier finden heute noch Opern- und Ballettaufführungen sowie Konzerte statt. Es besitzt einen besonders schönen Saal! Die Bühne wird von verschiedenen Ensembles bespielt. Fast alle Stars des Mariinskij-Theaters haben schon auf ihr gestanden, denn Valerij Gergijew (s. S. 100) arbeitet eng mit der Eremitage zusammen.

Schlossplatz ! [5]

Entworfen von dem genialen Architekten Carlo Rossi, zählt der Schlossplatz (Dworzowaja ploschadj) heute zu den schönsten Plätzen der Welt. Er war Schauplatz historischer Ereignisse wie des Blutsonntags 1905 und des Sturms auf das Winterpalais im Oktober 1917, er war der Platz für Paraden und Aufmärsche. Heute ist er zuweilen Bühne für Open-Air-Konzerte.

Nach der Vollendung des Winterpalastes durch Rastrelli 1762 war die Gestaltung des Platzes dahinter lange ein ungelöstes Problem. Rastrelli hatte einen runden Platz vorgesehen, konnte seine Pläne aber nicht mehr umsetzen, da er bei Katharina in Ungnade fiel. Erst 1819 nahm Rossi die Vollendung des Schlossplatzes in Angriff. Er sollte einen Platz schaffen, der für aufwendige Militärparaden geeignet sein würde. Dank Rossis Geniestreich, ▷ S. 126

Auf Entdeckungstour:
(Post-)Impressionismus in der Eremitage

Es gibt eine überwältigende Fülle an Kunstwerken in der Eremitage zu sehen. Wenn Sie nur wenige Tage in der Stadt verweilen, sollten Sie unbedingt die Meisterwerke von Monet, Renoir, Picasso, Gauguin, Cézanne, Matisse und anderen Künstlern des Impressionismus und Postimpressionismus besichtigen.

Dauer: 2 Std.

Planung: Generalstabsgebäude (Eremitage) 6, Dworzowaja Pl. 6/8, Tel. 710 90 79, www.hermitagemuseum.org, Metro: Newskij Prospekt/Gostinyj Dwor, Di, Do, Sa, So 10.30–18, Mi, Fr bis 21 Uhr, Mo geschl.

Hinweis: Die Werke der (Post-)Impressionisten werden jetzt im 4. Stock des Generalstabsgebäudes gezeigt.

Russland wirkte im 19. Jh. wenig anziehend auf französische Künstler, ihre Bilder jedoch fanden ab Anfang der 1860er-Jahre ihren Weg dorthin. »Der Impressionismus«, erinnerte sich Alexander Benois, einer der besten Kenner der Epoche, »war bis zu den 1990er-Jahren eher eine ›illegale‹ Erscheinung, die nur einem engen Kreis bekannt war.« Dieser Kreis schätzte die Kunst der Impressionisten sehr, die Massen hingegen erfuhren nur selten von der Existenz solcher

Künstler wie Manet, Degas, Monet und Renoir.

Zwei Sammler in Moskau

Das neue russische Sammlertum begann 1898. In Moskau gab es zwei Sammler, deren Eifer einzigartig war: Sergej Schukin und Iwan Morosow. Die von Schukin aus Paris nach Moskau geholten Gemälde kannten anfangs fast nur Künstler, die Gäste in seinem Haus waren, erst später zeigte er sie öffentlich. Zuerst entdeckte Schukin den Impressionismus. Um 1903/1904 verschob sich sein Interesse in Richtung Cézanne, van Gogh und Gauguin und ab 1910 sammelte er Matisse, Derain und Picasso. Schukin hatte erkannt, dass der Impressionismus nicht mehr die neueste Erscheinung in der französischen Malerei war. Er sah seine Aufgabe darin, die Öffentlichkeit mit aktuelleren europäischen Strömungen bekannt zu machen.

Eine besondere Beziehung

Schukin lernte Matisse 1906 kennen und wurde bald zu seinem Förderer. Durch das zum Manifest gewordene Bild »Rotes Zimmer« von Matisse, das 1908 unter dem Namen »Dekoratives Wandbild für das Speisezimmer von Herrn Sch …« im Herbstsalon gezeigt wurde, sowie durch »Kugelspiel« und »Satyr und Nymphen« etablierte sich Schukins Galerie als Heimat für die neuesten Werke der europäischen Avantgarde. Zum Höhepunkt der Zusammenarbeit sollten »Der Tanz« und »Die Musik« werden, die der Sammler für das Treppenhaus seiner Stadtvilla bei Matisse in Auftrag gab. Dank Schukin wurde Russland das erste Land, das Werke von Matisse importierte.

Geld und Geduld

Iwan Morosow machte sich viele Gedanken über den Aufbau seiner Samm-

lung und scheute keine Kosten: »Ein Russe, der nicht feilscht«, sagte der Pariser Kunsthändler Vollard. Morosow zog viele Kostbarkeiten an Land wie Monets »Boulevard des Capucines« und Cézannes »Der Berg Sainte-Victoire«. Obwohl der Markt – und vor allem Vollard – viele herrliche Gemälde anbieten konnte, zeigte Morosow keine Eile und war zuweilen jahrelang auf der Suche nach einem gewünschten Werk.

Enteignung und ›Rückkehr‹

Nach der Revolution wurden Schukin und Morosow enteignet. Die Bilder gingen an das Museum für Neue Westliche Kunst. Nach der Schließung 1948 teilte man die Werke, die unter Stalin als »westlich dekadent« galten, zwischen der Eremitage und dem Moskauer Puschkin-Museum auf. Die Eremitage nahm alles, was die vorsichtigen Moskauer nicht wollten. So gelangten 31 Bilder von Picasso und 37 von Matisse, darunter »Der Tanz« und »Die Musik«, in die Eremitage. Ab 1953 begann man vorsichtig, einige dieser Bilder zu zeigen. Heute kann man all diese Meisterwerke – sofern sie nicht ausgeliehen sind – in mehreren Sälen des Generalstabsgebäudes bewundern.

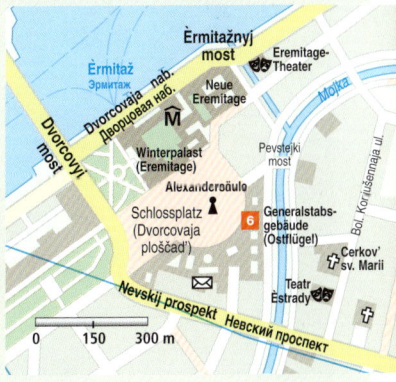

gegenüber dem Winterpalast in einem Halbrund das **Generalstabsgebäude**  6 mit einem riesigen Triumphbogen in der Mitte zu errichten, besitzt der Platz eine magische Tiefe. Zum 250. Geburtstag 2014 wurden die neuen 45 Räume im Ostflügel des Generalstabsgebäudes endgültig fertig gestellt – aus Klassizismus wurde Avantgarde.

Der **Triumphbogen,** der dem Eingang zum Ehrenhof des Winterpalastes gegenüber liegt, trägt eine 10 m hohe Skulpturengruppe: Ein Sechserpferdegespann zieht einen Wagen mit der geflügelten Siegesgöttin.

Nach Nordosten wird der Schlossplatz durch das **Gebäude des Gardekorps** 7 abgeschlossen, das 1840 von Alexander Brüllow erbaut wurde.

Alexandersäule 8

In der Mitte des Schlossplatzes ließ Nikolaj I. zu Ehren Alexanders I., der die napoleonischen Truppen 1812 besiegt hatte, die Alexandersäule errichten. Der Franzose Auguste de Montferrand schuf die fast 50 m hohe Säule aus finnischem Granit und krönte sie mit einem goldenen Engel, der die Gesichtszüge des Zaren tragen soll. 1837 wurde die 600 Tonnen schwere Säule von 2000 Kriegsveteranen mithilfe von Rampen, Flaschenzügen und Kränen in hundert Minuten in die Höhe ge-

Am Abend ist der Schlossplatz, einer der schönsten Plätze der Welt, fast menschenleer

hievt. Der Mörtel wurde angeblich mit Wodka angemischt, damit er bei der Kälte nicht gefror.

Entlang der Millionaja uliza zum Marsfeld

In den 250 Jahren ihrer Existenz hat die heute viel befahrene Millionaja uliza schon etwa zehn verschiedene Namen getragen. Im 19. Jh. lebten hier reiche Ausländer, daher der Name ›Millionaja‹. Während der Sowjetzeit hieß sie uliza Chalturina nach dem revolutionären Arbeiter Stepan Chalturin (1856–82).

Von der Brücke des Winterkanals schaut man auf das der Kleinen Eremitage gegenüberliegende **Haus Nr. 34** im Stil der italienischen Renaissance. Schräg gegenüber fällt der Blick auf den ehemaligen **Palast des Großfürsten Wladimir 9**, Sohn von Alexander II. Der Bau wurde 1864–72 im Stil eines florentinischen Renaissance-Palazzos errichtet. Innen mischen sich gotischer, maurischer und Rokokostil. Die Grundstücke mancher Häuser auf dieser Seite der Millionaja erstreckten sich einst bis zur Mojka. Die Häuser auf der anderen Straßenseite hatten freien Blick auf die Newa. So auch das **Neue Michaelsschloss 10**, das Andrej Sta-

kenschneider 1861 im klassizistischen Stil für Großfürst Michail, den Sohn von Nikolaj I., entwarf. An der Rückfront zur Millionaja uliza fanden die Dienstboten Einlass.

Die **Villa Ginzburg** 11 ließ sich Baron Ginzburg, der im Vorstand verschiedener Banken saß, erst kurz vor dem Ersten Weltkrieg im Neobarockstil umbauen. Zwei Häuser weiter hatte sich 1854 der Architekt Stakenschneider ein Privathaus gebaut. Sein Salon war in der Stadt berühmt: Die Dichter Dostojewskij, Turgenjew und Gontscharow gingen bei dem Hofarchitekten ein und aus.

Marmorpalast 12

ul. Millionaja 5/11, Mo, Mi, Fr, Sa, So 10–18, Do 13–21 Uhr

Fast am Ende der Millionaja uliza erstreckt sich zwischen Mramornyj pe-reulok, Marsfeld und Newa der Marmorpalast (Mramornyj dworez), der im Auftrag Katharinas nach Plänen des Architekten Antonio Rinaldi 1768–85 für Graf Orlow erbaut wurde. Immerhin hatte dieser nicht unerheblich dazu beigetragen, dass Katharina den Thron besteigen konnte. Die Kostbarkeit des Palastes im frühklassizistischen Stil entdeckt man erst auf den zweiten Blick: Mehr als 30 Sorten Marmor und Granit wurden aus sibirischen, finnischen, griechischen und italienischen Steinbrüchen für den Bau herbeigeschafft.

Der Palast gehört zum Russischen Museum und beherbergt die **Abteilung für zeitgenössische Kunst.** Der Aachener Schokoladenfabrikant Peter Ludwig hatte dem Russischen Museum 1995 eine Sammlung moderner Kunst geschenkt. Schon früh hatte er russische Undergroundkünstler gesammelt,

Der Sommergarten ist für einen Spaziergang ideal

die nun nach Russland zurückkamen. Doch auch hochkarätige Westkunst aus der zweiten Hälfte des 20. Jh., u. a. Warhol, Koons, Beuys, sowie exzellente Wechselausstellungen sind zu sehen.

Im Palasthof ist heute wieder das **Reiterstandbild Alexanders III.** zu bestaunen, das einst auf dem Platz vor dem Moskauer Bahnhof stand und dann jahrzehntelang im Russischen Museum aufbewahrt wurde.

Marsfeld

Auf dem Marsfeld (Marsowo pole), einem trockengelegten Sumpf, fanden in der Anfangszeit der Stadt Volksfeste statt. Auch eine Menagerie mit Löwen und Tigern gab es hier. Am 5. Mai 1801 ließ Paul I. dem Heerführer Alexander Suworow auf dem Platz ein Denkmal setzen. Suworow ist im Harnisch des Kriegsgottes Mars dargestellt, daher der Name des Platzes, der zum Exerzierplatz wurde; Volksfeste fanden hier aber auch weiterhin statt.

An der Westseite des Marsfeldes erhielt 1820 das Pawlowsker Garderegiment, das Paul I. ins Leben gerufen hatte, ein repräsentatives Gebäude im klassizistischen Stil. Die Soldaten dieses Regiments waren die ersten, die sich mit den Aufständischen während der Revolution von 1917 verbündeten. In der Mitte des Marsfeldes erinnert heute ein **Ehrenmal** mit der ewigen Flamme an die Opfer der Revolution.

Spaziergang im Sommergarten

Spaziergang im Sommergarten

An der Ostseite wird das Marsfeld vom Schwanenkanal begrenzt, dahinter erstreckt sich der Sommergarten (Letnyj sad), nicht nur der älteste, sondern wohl auch der schönste Park der Stadt. Peter der Große, der ihn anlegen ließ, strebte einen Park an, der den von Ver-

sailles an Schönheit übertreffen würde. Mehr als hundert Jahre später notierte Puschkin, der von 1834 bis 1836 in der Nähe wohnte: »Jeden Morgen gehe ich in Pantoffeln über die Brücke, besonders gern in den Sommergarten.«

Der Sommergarten bedeckt eine von Kanälen umsäumte Insel. Geometrisch angelegt, wurde er dem klassizistischen Zeitgeschmack entsprechend mit vielen antiken Marmorskulpturen aus Italien geschmückt. Das Paradestück – und Peters Lieblingsobjekt – war die Taurische Venus aus dem 3. Jh. v. Chr., die heute in der Eremitage zu bewundern ist. Nach einer umfassenden Restaurierung wurde der Sommergarten 2012 wieder eröffnet. Die Originalskulpturen wurden umfassend restauriert und stehen jetzt im gegenüberliegenden Michaelsschloss. Die **91 italienischen Skulpturen** im Park sind Silikonabgüsse der Originale. Nach historischem Vorbild wurde die Anlage, wie sie zur Zeit Peters des Großen ausgesehen hatte, einschließlich der **acht Springbrunnen,** neu errichtet. Hinter dem kleinen **Kaffeehaus** im Park wurde ein schöner **Kräutergarten** angelegt.

Im Sommergarten, in dem Pavillons und eine Orangerie standen, feierten die Adligen rauschende Feste. Bei der großen Überschwemmung 1777 wurden viele schmückende Objekte und kleine Bauten zerstört. Im 19. Jh. entwarf Rossi ein Kaffeehäuschen und Ludwig Charlemagne einen **Teepavillon** für den Park. Ein beeindruckendes Kunstwerk ist das **schmiedeeiserne Gitter** zur Newa hin, das nach einem Entwurf des Architekten Jurij Veldten 1783 entstand. Ab 1820 stand der Garten, der zuvor dem Hofstaat vorbehalten war, auch den Bürgern offen – zumindest den »anständig gekleideten«.

Am Rande des Sommergartens baute Domenico Trezzini 1710–14 nach den Wünschen Peters des Großen dessen erste Petersburger Residenz, den **Sommerpalast**  (Letnyj dworez; Mi–Mo 11–17 Uhr, 10. Nov.– 1. Mai geschl.). Die Lage am Zusammenfluss von Fontanka und Newa ist zwar spektakulär, doch der Palast selbst wirkt eher wie ein einfaches, großes Haus. Die Fassadenreliefs entwarf der deutsche Architekt Andreas Schlüter. Im unteren Stockwerk wohnte Peter, im oberen seine Frau. Einige Originalmöbel der Innenausstattung im holländischen Stil sind erhalten, ebenso die Wandkachelungen und Delfter Kachelöfen. Das Haus ist liebevoll restauriert und wurde schon 1914 zum Museum. Es kann nicht beheizt werden, weshalb es im Winter und Frühjahr geschlossen ist.

Nahe dem Sommergarten lässt sich das Grün des Parks im Restaurant Botanika **9** weiter genießen – nicht nur in puncto Ambiente: Auch die Karte bietet viel Grünes, denn hier kommt Vegetarisches auf den Tisch (s. S. 229).

Michailowskij-Park und Umgebung

Durch die Mojka getrennt, erstreckt sich südlich des Sommergartens eine

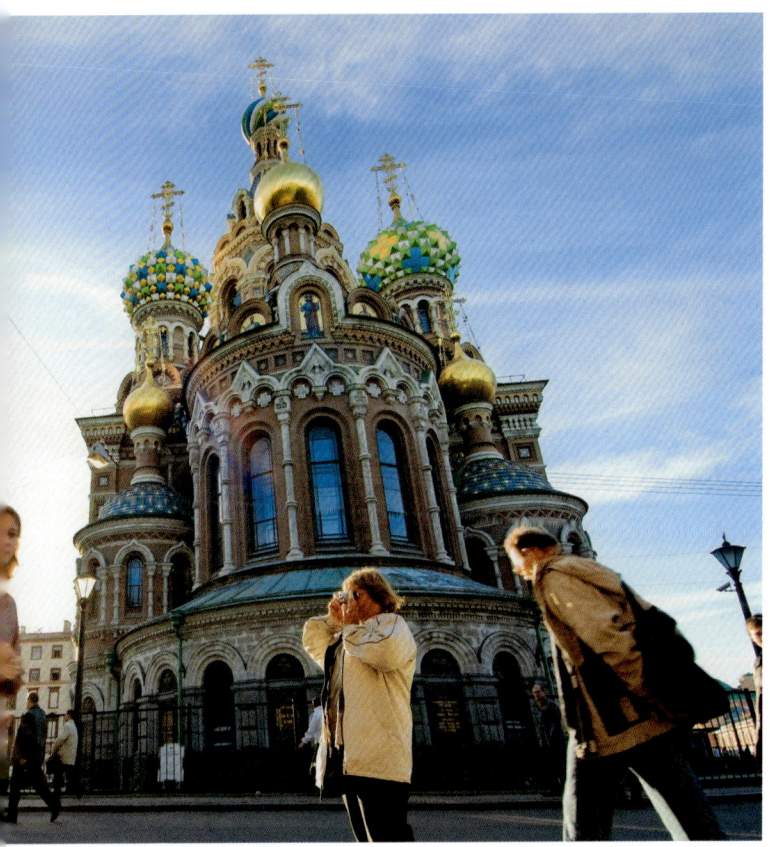

Als hätte keiner Augen für so viel Pracht: die viel besuchte Auferstehungskathedrale

weitere grüne Oase der Stadt: der **Michailowskij-Park** 16 (Michailowskij sad). Er wurde schon 1713 angelegt, jedoch mehrmals umgestaltet, zuletzt unter der Regie von Carlo Rossi, als dieser 1815 den Michailowskij-Palast (s. S. 132) erbaute. Der Park, der hinter dem Palast liegt, ist keine sterile Anlage und sehr beliebt: Auf den Wiesen wird Fußball gespielt und es finden Kunstevents und Konzerte statt.

Christi-Auferstehungs-Kathedrale ! 17

nab. Kanala Gribojedowa,
www.cathedral.ru, Do–Di 11–18 Uhr
Vom Park gelangt man zur Christi-Auferstehungs-Kathedrale, auch Erlöserkirche genannt. Ab 1883 wurde sie an der Stelle erbaut, an der Zar Alexander II. 1881 einem Attentat der revolutionären Organisation ›Volkswille‹ zum Opfer gefallen war. Daher auch der Name ›Erlöserkirche auf dem

Blute‹ (Spas na krowi). Alexanders Sohn Alexander III. ließ die Kirche im altrussischen Stil errichten, um ein Zeichen gegen westliche Einflüsse zu setzen, die er für den Mord an seinem Vater verantwortlich machte. Das Gotteshaus brachte eine fremde Note in das Petersburg der Jahrhundertwende – ein Stilbruch, der heftig kritisiert wurde. Der Hauptbau wird gekrönt von fünf Kuppeln, neben ihm steht ein Glockenturm mit einer Goldkuppel. Auf den Giebeln der Vorbauten sind Mosaikbilder des Märchenmalers Wasnezow zu sehen. Auch die Wände im Innern sind von wunderbaren Mosaiken bedeckt, weshalb die Kirche von den Sowjets zum **Museum des russischen Mosaiks** erklärt wurde.

Russisches Museum ! 18

www.rusmuseum.ru, Mo 10–20, Mi, Fr, Sa, So 10–18, Do 13–21 Uhr, Di geschl., s. a. S. 135
Am Kanal entlang erreicht man den Westflügel des Russischen Museums, **Benois-Flügel** (nab. Kanala Gribojedowa 2) genannt. Sein Name geht auf den Architekten Leontij Benois zurück, der das Gebäude 1912 bis 1916 am Gribojedow-Kanal errichtete. Der Benois-Flügel, in dem interessante Wechselausstellungen gezeigt werden, vorwiegend Kunst des 20. und 21. Jh., besitzt einen eigenen Eingang von der Kanalseite, ist aber auch vom Michailowskij-Palast, dem Hauptgebäude des Russischen Museums, zugänglich.

Der **Michailowskij-Palast** (Inschenernaja ul. 2–4) wurde im Stil eines großen Landschlosses als Residenz für Michail, den Bruder Alexanders I., von Carlo Rossi entworfen. Das Ensemble besteht aus einem Hauptgebäude, dessen Fassade mit einer Reihe korinthischer Säulen geschmückt ist, und zwei schmalen Seitenflügeln um einen Hof, der von einem schönen

schmiedeeisernen Gitter abgeschlossen wird. Der englische Gelehrte Grawell, der zur Krönung Nikolajs I. in der Stadt weilte, meinte begeistert, dass »dieses Palais zweifellos ein Triumph der neuesten Architektur« sei.

Seine Leidenschaft für Kunst und ein Besuch in der Moskauer Tretjakow-Galerie 1882 brachten Alexander III. dazu, in seiner Hauptstadt ein Museum für Russische Kunst zu initiieren. Der Maler Alexander Benois, der Bruder des Architekten (s. links), hatte treffend bemerkt, der Schwerpunkt der russischen Kunst habe sich in den 1880er-Jahren nach Moskau verlagert, und es war Alexanders Wunsch, Petersburg seine einstige kulturelle

Bedeutung zurückzugeben. Er selbst erlebte die Eröffnung des Museums nicht mehr. Sein Sohn Nikolaj II. eröffnete es im Jahr 1898 im ehemaligen Michaelspalast. Künstler wie Ilja Repin, Iwan Ajwasowskij und Viktor Wasnezow stellten dem Museum, das heute 400 000 Exponate besitzt, ihre besten Werke zur Verfügung.

Es gibt einige Ikonen aus dem 14. Jh., doch besonders groß ist der Bestand an Kunstwerken des 18. Jh. (einzigartig sind die riesigen Gobelins aus Wolle und Seide sowie Mosaiken von Michail Lomonossow) und des 19. Jh. Hier sind vor allem die Gemälde von Karl Brüllow und des Marinemalers Ajwasowskij interessant sowie die Bilder der sogenannten ›Wanderer‹, von denen Ilja Repin (s. S. 282) der bekannteste ist. Besonders stolz ist das Museum auf seine Sammlung der russischen Avantgarde: Pawel Filonow, Kasimir Malewitsch, Michail Larionow und Natalja Gontscharowa.

Platz der Künste

Der Michailowskij-Palast fügt sich wunderbar in das Ensemble des **Platzes der Künste** 19 (Ploschadj Iskusstw) ein, den Carlo Rossi 1830 als Gesamtbild schuf. In der Platzmitte ragt ein **Puschkin-Denkmal** auf. Die Hand Puschkins weist zum **Michailowskij-Theater** 2 (pl. Is-

Wer mehr über die russische Kunst erfahren will, ist hier richtig: Russisches Museum

Magisches Licht – Kuindschi-Raum im Russischen Museum

›Künstler des Lichts‹ wird er genannt: Archip Kuindschi (1842–1910). Im **Russischen Museum** 18 kann man sich der Faszination seiner Bilderwelten hingeben. Beim Anblick der magischen Gemälde mit fast unmöglich erscheinenden Farb- und Lichteffekten versteht man die Betrachter des 19. Jh. gut, die bei Kuindschis ersten Ausstellungen die Rückseiten der Bilder untersuchten, weil sie dort eine künstliche Lichtquelle, eine ›Laterna Magica‹, vermuteten, die sie zum Leuchten brachte. Kuindschi schuf diese Effekte aber allein mit Farbe und Pinsel. Der Maler Ilja Repin sagte über ihn: »Die Wiedergabe der Lichtillusion war ihm das A und O, und es gab keinen zweiten Künstler, der ihm bei diesem Wunder der Malerei gleichkam.«

kusstw 1), einem Opernhaus, das im Schatten des Mariinskij stand und steht. Dank toller Solisten und einem interessanten Repertoire hat es in den letzten Jahren aber an Elan gewonnen.

Isaak-Brodskij-Museum 20
pl. Iskusstw 3, eng.nimrah.ru/mus brod, Mi–So 11–18 Uhr

Mein Tipp

Sightseeing mit Tempo – eine kleine Tour nicht nur für Jogger
Wer Bewegung liebt, muss in St. Petersburg nicht auf das tägliche Workout verzichten. Eine gute und zugleich interessante Joggingroute verläuft vom **Platz der Künste** 19 am **Russischen Museum** 18 vorbei zum **Gribojedow-Kanal** und anschließend am Kanalufer entlang Richtung **Christi-Auferstehungs-Kathedrale** 17 . Neben der Kirche führt ein Tor in den **Michailowskij-Park** 16 , in dem man entweder eine große Runde dreht oder von dem man weiter in den **Sommergarten** (s. S. 129) läuft. Die kleine Tour lässt sich natürlich auch gemächlichen Schrittes unternehmen.

In der Wohnung, die heute ein kleines Erinnerungsmuseum beherbergt, verbrachte der Maler Isaak Brodskij (1883–1939) – nicht verwandt mit Joseph Brodsky – die letzten 15 Jahre seines Lebens. Bereits vor der Revolution war er ein bekannter Künstler, der sich dann an die neue Zeit anpasste. Das Interessante am Museum ist seine Gemäldesammlung mit Werken von Benois, Repin, Roerich und Bakst. Auch zwei Chagalls gehörten zum Bestand, die jedoch auf wundersame Weise verschwanden und nach Moskau gelangten.

Schostakowitsch-Philharmonie 21
ul. Michajlowskaja 2, www.philharmonia.spb.ru
Das Gebäude wurde 1834–39 für den Adelsverein gebaut und schon damals für Konzerte genutzt. Erst nach der Revolution erhielt die Philharmonie diese Räumlichkeiten. Igor Strawinsky, der seine Heimatstadt nach der Revolution verlassen hatte, feierte hier in den 1960er-Jahren große Erfolge. Und Schostakowitsch dirigierte hier während der Blockade 1942 seine Siebte Sinfonie. Nach seinem Tod 1975 erhielt die Philharmonie seinen Namen.

An der Mojka

Am Gribojedow-Kanal entlang geht es zurück, an der Auferstehungskathedrale und einem **Souvenirmarkt** vorbei. Auf der **Kleinen Marstall-Brücke** (Malo Konjuschennyj most) überquert man die Mojka und folgt ihr ein Stück.

Adamini-Haus 22
Marsowoje Pole 7
Im Adamini-Haus, das 1827 nach Plänen von Domenico Adamini zwischen Mojka, Marsfeld und Aptekarskij pereulok erbaut wurde, fand 1915 eine Kunstrevolution statt: Kasimir Malewitsch zeig-

Puschkin wird in Russland sehr verehrt, so ist ›sein‹ Museum immer gut besucht

te hier erstmals sein »Schwarzes Quadrat«. Im Keller des eleganten Palais war die Dichterin Anna Achmatowa ein häufiger Gast, denn hier hatte Wsewolod Meyerhold 1916 das literarische Kabarett ›Rast der Komödianten‹ eröffnet, in dem sich die besten Schriftsteller der damaligen Zeit, u. a. Gorkij, Majakowskij, Larissa Reisner und Alexander Blok, amüsierten. Achmatowa verewigte den Ort in ihrem »Poem ohne Held«.

Zum Marstall

Die Mojka wird an der **Großen Marstall-Brücke** (Bolschoj Konjuschennyj most) wieder überquert. Zwischen den klassizistischen und neoklassizistischen Palästen am Kanal fällt das im funktionell-schmucklosen Stil des Konstruktivismus gehaltene **Haus Nr. 19** (Ecke Bolschaja Konjuschennaja) besonders ins Auge. Es wurde in den 1930er-Jahren für die Gewerkschaft der Drucker erbaut. Gegenüber säumen die Mauern des **Marstalls** 23, der kaiserlichen Pferdeställe, etwa 250 m lang die Mojka. Der Architekt des Gebäudes, das

1817–23 entstand, achtete darauf, dass sich die Krümmung des Baus der Biegung des Flüsschens anpasste. Schon Peter der Große hatte sich an dieser Stelle 1720 einen Marstall errichten lassen. Im Zentrum des Marstalls liegt eine kleine Kirche, in der die Totenmesse für Puschkin gelesen wurde.

Puschkin-Museum 24

nab. Reki Mojki 12, www.museum pushkin.ru, Mo, Mi, Fr 10.30–18, Do 12–20 Uhr, letzter Fr im Monat geschl. Von September 1836 bis zu seinem Tod im Januar 1837 wohnte der Dichter Alexander Puschkin mit Frau und Kindern nur wenige Schritte vom Marstall entfernt in Mojka Nr. 12. Puschkin starb hier 37-jährig an den Folgen der Verletzungen, die er sich bei einem Duell zugezogen hatte.

Das klassizistische gelb-weiße Gebäude gehörte der Fürstenfamilie Wolkonskij. Sergej Wolkonskij, der hier seine Kindheit verlebt hatte, war am Dekabristenaufstand von 1825 beteiligt. Wolkonskij befand sich in der

Verbannung in Sibirien, als Puschkin in seinem Haus eine Wohnung mietete. 1937 hat man Puschkins Wohnung nach Skizzen rekonstruiert und die eleganten Räumlichkeiten als Puschkin-Museum dem Publikum geöffnet. Zum Geburtstag und zum Todestag des Dichters finden im Hof Dichterlesungen statt.

Winterkanal

Der Winterkanal bildet den Schauplatz von Puschkins Novelle »Pique Dame« (s. S. 159). Dort, wo der kleine Kanal die Mojka mit der Newa verbindet, steht an der Ecke ein streng klassizistisches grünes Palais (um 1800). Es war das **Haus von Alexej Araktschejew** 25 (nab. reki Mojki 35), der als ›Monster‹ und ›Schinder der Leibeigenen‹ in die Geschichte eingegangen ist. Schon Katharinas Sohn Paul hatte Arkatschejew zum Militärgouverneur von St. Petersburg berufen, doch unter Alexander I. konnte dieser seinen Einfluss vergrößern. Wenn Alexan-

Mein Tipp

Juwelierskunst vom Feinsten!

Anfang 2014 wurde im Schuwalow-Palais das **Carl-Fabergé-Museum** 28 für die Öffentlichkeit eröffnet. Kern des Museums ist die Sammlung von Wiktor Wekselberg, einem russischen Unternehmer mit Wohnsitz in der Schweiz. Er kaufte für 100 Millionen Dollar 190 Kunststücke, darunter auch neun kaiserliche ›Überraschungseier‹, die der Petersburger Juwelier Fabergé für die Zaren gefertigt hatte. Diese Sammlung wurde im Laufe der Jahre erweitert und wird im Schuwalow-Palast aus dem 19. Jh. an der Fontanka präsentiert. (M 12, nab. reki Fontanka 21, www.fabergemuseum.ru, Metro: Gostinyj Dwor, tgl. 10–21 Uhr, Fr geschl., 450 Rb.)

der sich auf Reisen befand, lag alle Regierungsgewalt bei ihm.

Glinka-Kapelle 26
nab. reki Mojki 20, Tel. 314 10 58, glinka-capella.ru

Die Glinka-Kapelle ist ein musikalisches Zentrum, in dem Konzerte stattfinden und Sänger ausgebildet werden. Früher war sie die Kapelle der Hofsänger, deren Tradition auf das 16. Jh. zurückgeht, als unter Iwan dem Schrecklichen ein über 30 Stimmen starker Männerchor, die ›Hofsängerkapelle‹, gegründet wurde. Mit dem Zarenhof ging auch der Chor in die neue Hauptstadt St. Petersburg und Peter der Große sang hier oft den Bass. Die berühmten Komponisten der Stadt sind mit der Geschichte des Chors, in dem seit 1920 auch Frauen singen, verbunden. So war Michail Glinka, nach dem die Kapelle inzwischen benannt ist, hier Kapellmeister. Das heutige, großartige Gebäude entwarf Leontij Benois 1886. Von der Glinka-Kapelle öffnet sich über die Sängerbrücke hinweg der Blick auf den Schlossplatz.

Weitere Bauten an der Mojka

Der Palast **Nr. 22** beherbergt das Luxushotel Mojka 22 Kempinski (s. S. 24). Im neunten Stock hat man von der **Bellevue Brasserie** 1 einen fantastischen Blick auf die Dächer der Stadt. Im Sommer kann man ihn sogar von einer Außenterrasse genießen.

In **Haus Nr. 24** befanden sich einst Staatswohnungen für hohe Beamte, die in den Finanz- und Außenministerien auf der gegenüberliegenden Seite der Mojka beschäftigt waren. Anfang des 20. Jh. wurde in diesem Haus die Literaturzeitschrift »Apollon« verlegt, für die Benois, Blok, Brjussow und Gumiljow Artikel schrieben und in der jene frühen Gedichte der Achmatowa erschienen, die sie berühmt machten.

Anstelle des **Hauses Nr. 40,** das inzwischen mehrmals umgebaut wurde, befand sich bis zum Ende des 19. Jh. das beste Hotel der Stadt. 1770 hatte der Straßburger Kaufmann Philipp-Jacob Demut hier ›Demuts Gastwirtschaft‹ eröffnet, das Gelände reichte bis zur heutigen Bolschaja Konjuschennaja. Nach Demuts Tod übernahm eine französische Witwe das 50-Zimmer-Hotel. Bevor Puschkin seine Wohnung an der Mojka 12 bezog, war er immer wieder im ›Demut‹ abgestiegen, und hier entstand auch sein Versdrama »Poltawa«.

Der Spaziergang endet an der ehemaligen Polizeibrücke am Newskij Prospekt, die heute den Namen **Volksbrücke** 27 (Narodnyj most) trägt. Sie war die erste gusseiserne Brücke der Stadt.

Essen & Trinken

Hoch oben – **Bellevue Brasserie** 1 : im Hotel Mojka 22 Kempinski (s. S. 24), Hauptgerichte 12 €.

Originale italiano – **Da Albertone** 2 : Millionaja ul. 23, Tel. 315 86 73, www.daalbertone.ru, Metro: Newskij Prospekt/Gostinyj Dwor, tgl. 11–1 Uhr, Hauptgerichte 12 €. Chef Luca Pellino bereitet authentische italienische Speisen zu. Große Auswahl an Fischgerichten und frischer Pasta, Pizza aus dem Holzofen. Die Dessertkarte lässt das Herz jedes Süßigkeitenfreaks höher schlagen. Die Küche ist einsehbar und für Kinder gibt es einen Spielraum.

Orientalisch – **1001 Nacht** 3 : s. S. 35.

Super lecker – **Stolle** 4 : Newskji pr. 11, Tel. 314 7021, www.stolle.ru, Metro: Newskij Prospekt/Gostinyj Dwor, tgl. 10–21 Uhr, Hauptgerichte ab 3 €. Die besten Piroschki und Piroggen der Stadt, frisch zubereitet an der Theke: Ob Piroggen mit Lachs, Kaninchen mit

Pilzen, Ei und Frühlingszwiebeln oder mit Kohl oder süße Piroggen, gefüllt mit Kirschen, Apfel oder Quark – für jeden Geschmack ist etwas dabei. Eingerahmt von dunkler Holzverkleidung mit vielen alten Fotos, hat das Stolle einen ganz eigenen Charme. In Petersburg gibt es mehrere Filialen.

Burger – **Jerome** **5** : Bol. Morskaja 25, Tel. 918 69 20, www.probka.org, tgl. 9–24 Uhr, Metro: Admiralitejskaja, Hauptgerichte ab 7 €. Pizza und Pasta gibt es in dem französischen (!?) Restaurant. Spezialität aber sind die Burger, und auch das Risotto mit roter Bete und Gorgonzola ist himmlisch. Der Raum in der Ecklage ist großzügig und gibt den Blick auf die Straße frei.

Qualität – **Jamie's Italian** **6** : Konjuschennaja pl. 2, Tel. 640 16 16, www.jamieoliver.com/italian/russia/st-petersburg, Metro: Newskij Prospekt, tgl. 12–24 Uhr, Hauptgericht ab 7 €. Die Marke Jamie Oliver, englischer TV-Koch, steht für Qualität: frische hausgemachte Pasta, leckerer Risotto, Burger, Steak und Fisch. Das alles in dem hohen Tonnengewölbe der einstigen Wagenremise der Zaren.

Günstig – **Dwe palotschki** **7** : Italjanskaja ul. 6, Tel. 335 02 22, www.dvepalochki.ru, Metro: Newskij Prospekt/Gostinyj Dwor, tgl. 11–6 Uhr. Einfaches, nettes Sushi-Restaurant, das zu einer Kette gehört. Wegen der zentralen Lage ist hier immer etwas los! Suppen ab 2 €, Sushi-Rolls ab 4 €.

Fantastischer Blick – **Mansarda** **8** : Potschamtskaja ul. 3, Tel. 946 43 03, www.ginza-mansarda.ru, tgl. 12–1 Uhr, Metro: Admiralitejskaja. Oberhalb der Gazprom-Zentrale wartet ein fantastischer Ausblick auf die goldene Kuppel von St. Isaak und die Dächer der Stadt. Ein Mix aus russischer, asiatischer und europäischer Küche. Besonders gut sind die Seafood-Pelmeni!

Vegetarisch – **Botanika** **9** : ul. Pestelja 7, Tel. 272 70 91, www.cafebotanika.ru, tgl. 12–23 Uhr, Hauptgericht ab 7 €, s. S. 130 und S. 229.

Einkaufen

Kitschig – **Beluga De Luxe** **1** : Iskusstw pl. 5, Metro: Newskij Prospekt/Gostinyj Dwor, tgl. 10–20 Uhr. Gigantischer Souvenirladen, der mit allem aufwar-

---

Mein Tipp

Kaffee und Kleinkunst im ›Streunenden Hund‹

In der Silvesternacht 1911/1912 eröffnete im Keller eines Hinterhofs in der Italjanskaja uliza Nr. 5 ›Der streunende Hund‹. Lokal und Bühne zugleich, wurde es als Literaten- und Künstlertreff berühmt. »Es war die einzige Insel im nächtlichen Petersburg, wo der künstlerische Nachwuchs, der in der Regel keine Kopeke in der Tasche hatte, sich wie zu Hause fühlte«, schrieb der Lyriker Benedikt Liwschiz. Majakowskij, Jessenin und die Achmatowa gingen hier ein und aus. An die Tradition des legendären, 1916 geschlossenen Künstlertreffs knüpft **Podwal brodjatschej sobaki** **3** (Keller zum streunenden Hund) an. Es ist Café, Restaurant, Galerie und Kleinkunstbühne in einem und lockt mit seinem interessanten, vielfältigen Programm auch die Petersburger Boheme an (Iskusstw pl. 1, Tel. 312 80 47, tgl. 11.30–23.30 Uhr).

Einen Vorgeschmack bekommen – an der Verkaufstheke einer Stolle-Filiale

tet, was Russland zu bieten hat: Lackschachteln, Matrjoschkas, Pelzmützen, Uhren, Armeeferngläser, Bernstein und Modeschmuck. Aufwendig präsentiert, viel Kitsch, aber auch manche ›Perle‹. Beluga-Kaviar gibt es übrigens auch …
Chaotisch – **Tertia 2** : s. S. 39.

Abends & Nachts

Hochgenuss – **Schostakowitsch-Philharmonie 21** : s. S. 48 und S. 136.
Imperial – **Eremitage-Theater 1** : s. S. 46 und S. 123.
Frischer Wind – **Michailowskij-Theater 2** : s. S. 47 und S. 133.
Traditionsklub – **Podwal brodjatschej sobaki 3** : s. Tipp.
Entspannt – **PMIBar 4** : Mojka 7, Tel. 907 07 10, www.pmibar.com, Metro: Newskij Prospekt, tgl. 12 Uhr bis zum letzten Gast. Angenehme Atmosphäre mit Lederbänken und Fotos von Musikern an den Wänden. Super Musikprogramm, denn die Bar gehört der Medienholding PMI, dem größten Konzertveranstalter in Petersburg. Er holt Stars wie Sting und Madonna nach Russland. Viele Livemusik-Abende!
Hot Spot – **Wine Terrace 5** : s. S. 44 und S. 142.
Ungewöhnlich gut – **Datscha 6** : s. S. 44 und S. 143.
Waschsalon – **Stirka 40° 7** : s. S. 143.
Angesagt – **Warszawa Bar 8** : Kasanskaja ul. 11, Tel. 314 53 71, Metro: Newskij Prospekt, tgl. 10.30–2, Fr/Sa bis 4, Sa/So ab 11.30 Uhr. Tagsüber Sandwich-Coffee-Bar, abends netter Hang-out im osteuropäischen Interieur. Das polnische Bier »Zubr« ist ebenso im Angebot wie ukrainischer Pfeffer Wodka. Ab und an Filmabende. Ankündigungen auf der Facebook-Seite: www.facebook.com/warszawabufet.
Cool – **Radiobaby 9** : s. S. 45 und S. 143.
Chillout – **Mod 10** : s. S. 45 und S. 143.
Karaoke – **Jelsomino 11** : s. S. 143.

Auf Entdeckungstour:
Clubbing in St. Petersburg

Eine Tour durchs Petersburger Nachtleben führt zu schicken Trendklubs, gemütlichen Kneipencafés, edlen Bars und Musikpalästen. In den letzten Jahren haben unweit des Newskij mehrere Klubs aufgemacht, sodass man größtenteils zu Fuß ein nettes Club-Hopping unternehmen kann.

Start: Metrostation Newskij Prospekt/ Gostinyj Dwor.
Adressen: s. S. 44, 141

Auftakt mit Überblick

Petersburger Klubs sind vielfältig und anders. Die Gäste kommen nicht nur, um Musik zu hören oder zu tanzen, sie wollen auch essen. Also haben alle Klubs und Bars einen Restaurantbetrieb. Ein spektakulärer Ort, um die Tour zu beginnen, ist die **Wine Terrace** 5 im achten Stock des W Hotels (s. S. 44).

Hier ist man dem Himmel ganz nah, was nicht nur während der Weißen Nächte ein Erlebnis ist. Zwischen jungen, erfolgreichen Petersburgern, die in der Bar ihren Afterwork-Drink nehmen, können Sie sich mit einem Snack stärken und einen der leckeren Cocktails probieren.

Bohemetreffs

Danach geht es die Malaja Morskaja uliza Richtung Newskij und von dort in die Dumskaja uliza. Auf der rechten Seite der Dumskaja ul. 9, gegenüber dem Gostinyj Dwor, kommt laute Musik aus der **Datscha** 6 (s. S. 44). 2004 von der Hamburgerin Anna-Christin Albers eröffnet, die eigentlich ein Slawistikstudium nach Petersburg gezogen hatte, avancierte es schnell zum beliebten Studenten- und Bohemetreff, nicht nur weil Bier und Wodka billig sind. Man entspannt an der Bar oder tanzt zum bunten Musikmix. Albers sehnte sich in Petersburg nach Hamburger Kiezkneipenatmosphäre – und die hat sie in ihrem Klub Datscha geschaffen.

Weiter geht es in der Kasanskaja uliza, die sich auf dem Abschnitt immer mehr zur Barmeile entwickelt. Im **Stirka 40°** 7 , Petersburgs einzigem Waschsalon, trifft sich kommunikatives junges Publikum zum gemeinsamen Waschen (manchmal) und Biertrinken (immer) – sehr beliebt bei der Petersburger Boheme und jungen Ausländern. Die Atmosphäre ist noch besser, wenn DJs auflegen, was meist freitags und samstags passiert (s. a. S. 169).

In der **Warszawa Bar** 8 gibt es neben Filmabenden leckere Cocktails oder polnisches und tschechisches Bier. Im **Radiobaby** 9 wird getanzt nach DJ-Musik oder man sitzt im Chillout-Bereich.

Alternative Hinterhof

Als Nächstes geht es in einen Hinterhof am Gribojedow-Kanal. Im **Mod** 10 (s. S. 45) trifft sich die Boheme- und Alternativszene. Am Wochenende legen hier die coolsten DJs der Stadt auf. Tanzen ist nicht Pflicht, man kann auch an der Bar stehen und zugucken. Unter der Woche ist der Eintritt frei, es ist ruhiger und man kann es sich einfach in einer der Sitzecken bequem machen.

Edle Karaokebar

Wer Lust hat, ein Star zu sein, fährt mit dem Taxi den Newskij hinauf bis zur Poltawskaja ul. 5/29 und geht ins **Jelsomino** 11 (s. S. 44), einer Karaokebar gehobenen Stils. Der dunkle Raum mit viel Samt und schwarzen Kronleuchtern wird dominiert von einer großen Bar. An den Wänden umrahmen barocke Goldrahmen große Videoscreens. Drei Musiker unterstützen den Auftritt der Gäste auf der kleinen Bühne. Das Jelsomino wurde von der Ginza-Gruppe eröffnet und spricht eine andere, wohlhabendere, Klientel an als die anderen Klubs.

143

Newskij Prospekt

Highlight!

Newskij Prospekt: Der Newskij ist die Hauptader der Stadt, eine Flaniermeile mit Adelspalästen, Luxusläden, Einkaufspassagen, Cafés und Restaurants. S. 146, 170

Auf Entdeckungstour

Bootstour durch die Kanäle: An allen Newskij-Brücken kann man in ein Boot steigen und zu einer Tour durch die Kanäle starten, z. B. an der Anitschkow-Brücke. Ein besonderes Erlebnis! S. 158

Paläste fürs Volk – die Metro: St. Petersburgs Metro ist schnell, billig – und prachtvoll. Sie war auch als Instrument zur Vermittlung der sozialistischen Botschaft gedacht. Zwischen den Stationen Ploschadj Wosstanija und Awtowo liegen die schönsten ›Paläste fürs Volk‹, technische Glanzstücke, geschmückt mit Marmor und Porphyr, Kronleuchtern, Mosaiken und Statuen. S. 182

Kultur & Sehenswertes

Haus des Buches: Ein beeindruckendes Jugendstil-Eckhaus am Gribojedow-Kanal. **5** S. 153

Kasaner Kathedrale: Die Kuppel der Kasaner Kathedrale dominiert den Newskij. Prachtvoll ist auch das Innere mit rosa Granitsäulen. **17** S. 160

Dostojewskij-Museum: Seine letzten drei Lebensjahre verbrachte der Schriftsteller in dem Eckhaus. **23** S. 176

Alexander-Newskij-Kloster: Fulminanter Schlusspunkt des Newskij mit berühmten Friedhöfen. **30** S. 179

Mit dem Rad unterwegs

Vom Moskauer Bahnhof zum Schlossplatz: Im Sommer kann man eine interessante geführte Radtour unternehmen, die in der Nähe des Moskauer Bahnhofs beginnt. **2** S. 179

Genießen & Atmosphäre

Terrassa: Highlight ist die große Außenterrasse mit tiefen Sofas. **6** S. 161

Mezzanine: Im Atrium des Grand Hotel Europe kann man leckere Pralinen und Trüffel probieren. **14** S. 166

Hamlet + Jacks: Cooles Ambiente, tolle Atmosphäre und ungewöhnliche Gerichte. **12** S. 167

Sardina: So typisch italienisch und so gut! **22** S. 180

Jamskij Banji: Wellness im 150 Jahre alten Saunakomplex. **1** S. 53, 181

Abends & Nachts

Djuny: Coole DJ-Bar im Sand, im Winter wird drinnen gefeiert. **14** S. 181

Fish Fabrique: Locker und bohemig geht's in dem Klub im Künstlerzentrum Puschkinskaja 10 zu. **12** S. 44, 181

Newskij Prospekt ! –
westlich der Fontanka

»Es riecht nach Bummeln …«, schrieb Nikolaj Gogol, als sich der Newskij Prospekt im 19. Jh. von einer Repräsentationsmeile in eine Geschäftsstraße verwandelte. In der Literatur des 19. Jh. spielt der Newskij eine herausragende Rolle. Dostojewskij schmähte ihn zwar als »unrussisch«, doch Gogol schrieb liebevoll: »Es gibt nichts Schöneres als den Newskij Prospekt, jedenfalls nicht in Petersburg; für Petersburg ist er alles.« Allerdings stellte er auch fest: »Er lügt, er trügt zu jeder Stunde, dieser Newskij Prospekt, am ärgsten aber dann, wenn sich die Nacht gleich einer undurchdringlichen Wolke auf ihn niedersenkt …, wenn die ganze Stadt zu lärmen und zu glänzen beginnt, … um alles in einem falschen Lichte zu zeigen.« Viel hat sich geändert in Petersburg, seit Gogol dies 1834 schrieb, und doch ist das Flair des Newskij Prospekt erhalten geblieben.

Eine Schneise wird zum Prachtboulevard

›Große Perspektive‹ hieß der Newskij, als er 1709 als Schneise durch den Wald geschlagen wurde – als Verbindung zwischen der Werft an der Newa und der Straße nach Nowgorod, die sich etwa dort befand, wo heute der Ligowskij prospekt den Newskij kreuzt.

Der Newskij entwickelte sich zu einer beliebten Wohnstraße für die Aristokratie. Mitte des 18. Jh. entstanden große Palais und bald darauf der riesige Komplex des Kaufhauses Gostinyj Dwor, der sich auf einer Länge von 280 m am Newskij entlangzieht und zum Vorbild für die Kaufhäuser in vielen anderen russischen Städten wurde.

Im 19. Jh. gab es auf dem Newskij eine ungeheure Konzentration des Luxus: Kunst- und Antiquitätengeschäfte, Juweliere, elegante Modehäuser, Parfümerien, Buchhandlungen, Konditoreien und natürlich gute Restaurants.

Von den Sonnenstrahlen in Szene gesetzt: die goldene Turmnadel der Admiralität

Dann wurde die Straße jahrzehntelang vernachlässigt. Doch inzwischen hat man Versäumtes nachgeholt und den Newskij auf Hochglanz poliert.

Die von westlichen Architekten gebaute Straße zieht sich als 4,5 km lange Lebensader durch die Stadt. Der prächtigste Teil erstreckt sich zwischen Admiralität und Fontanka. Hier verlief die alte Stadtgrenze. Schon in den 1920er-Jahren notierte Walter Benjamin auf seiner Russlandreise: »Handel und Verkehr sind die beiden Komponenten der Straße.« In der Tat: Von den 5 Mio. Einwohnern der Stadt scheint fast 1 Mio. auf dem Newskij hin- und

Newskij – westlich der Fontanka

Sehenswert

1. Admiralität
2. Holländische Kirche
3. Evangelische Petrikirche
4. Nikolaj-Gogol-Denkmal
5. Haus des Buches
6. Kleiner Saal der Philharmonie (Kleiner Glinka-Saal)
7. Katharinenkirche
8. Grand Hotel Europe
9. Armenische Kirche
10. Ehemaliges Handelshaus Jelissejew
11. Anitschkow-Brücke
12. Anitschkow-Palais
13. Denkmal für Katharina die Große
14. Russische National-bibliothek
15. Gostinyj Dwor
16. Ehemalige Duma
17. Kasaner Kathedrale
18. Stroganow-Palast
19. Palais Tschitscherin
20. Wawelberg-Bankhaus
21 – 30 s. Karte S. 173

Essen & Trinken

1. L'Europe
2. Eriwan
3. Gljanez (Gloss)
4. Mamalyga
5. Biblioteka
6. Terrassa
7. Kawkas Bar
8. Baku
9. Tsar
10. Suliko
11. Tan Schen
12. Hamlet + Jacks
13. Café d'Or
14. Mezzanine
15. Literaturnoje Kafe
16. Datschniki
17. Aprikosow
18. Sewer
19. Teremok-Selbstbedie-nungsrestaurant

20 – 27 s. Karte S. 173

Einkaufen

1. DLT
2. Bosco di Ciliegi
3. Noty
4. Grand Palace

herzulaufen auf der Suche nach einem Schnäppchen. Im Winter sieht man nur sich aneinander vorbeischieben-de Pelzmützen. Die Trolleybusse und Lastwagen auf den Fahrbahnen sind von Schmutz überkrustet, dazwischen gleiten Luxusautos dahin. Im Sommer beleben Blumen- und Eisverkäufer so-wie jede Menge Straßenmaler das Bild.

Von der Admiralität zur Fontanka

Admiralität 1

Admiraltejskaja nab. 2/16
Die zierliche Fregatte auf der goldenen Turmnadel der Admiralität (Admiraltej-stwo) ist das Symbol Peters des Großen, der »aus einem Volk von Landratten ein Volk von Wasserratten« (Karl Marx) ma-chen wollte. Der Krieg gegen die See-macht Schweden ließ Peters Entschluss reifen, eine Kriegs- und Handelsflotte bauen zu lassen. Schon ein Jahr nach der Stadtgründung ließ er gegenüber der Peter-Paul-Festung eine Werft errichten, die zugleich Festung war. Diese doppelte Absicherung war wohl zu Peters Zeit, als sich Russland noch mitten im Nordischen Krieg befand, vonnöten. Die Stelle schien günstig, denn die Newa war hier besonders tief. Die erste Fregatte lief schon 1706 vom Stapel, bis zum Tode Peters, der selbst das Amt des Obermeisters der Werft

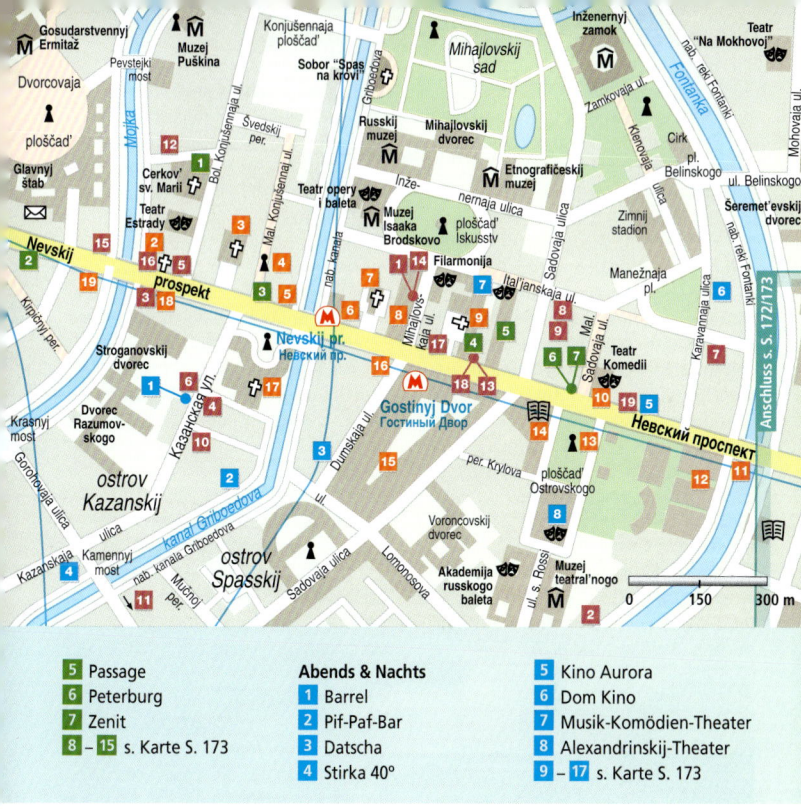

bekleidete, waren es 262 Schiffe. Die Admiralitätsfestung und Werft bestand damals aus vielen Einzelbauten. Es gab sogar eine Brauerei auf dem Gelände, da die Werftarbeiter Bier als Medizin zu sich nahmen.

Das jetzige Gebäude der Admiralität, in dem heute die Marinehochschule untergebracht ist, entstand zwischen 1806 und 1823 nach Plänen von Andrej Sacharow. Es gilt als Meisterwerk des alexandrinischen Klassizismus. 407 m lang ist das Hauptgebäude, dazu kommen noch die Seitenflügel mit je 163 m.

Die goldene Turmspitze, ein Wahrzeichen der Stadt, markiert mit ihren 72 m Höhe das geografische Zentrum von St. Petersburg. Wenn man den Newskij hinuntergeht, ist sie schon von Weitem zu sehen. Drei große Straßen laufen strahlenförmig auf sie zu. Bis 1844 wurden hier Schiffe gebaut, danach zogen Behörden in das Gebäude ein. Eine Außensanierung erfolgte 2003 zum 300. Geburtstag der Stadt.

Kreuzung Newskij Prospekt/ Bolschaja Morskaja uliza

An den Versuchungen der italienischen Mode vorbei – präsentiert von **Bosco di Ciliegi** **2** – gelangt man zum **Haus Nr. 14,** einer Schule. Die stets mit Blumen geschmückte Anschlagtafel an dem Gebäude stammt aus der Zeit der Blockade im Zweiten Weltkrieg, als sie die Petersburger warnte: »Bürger! Während eines Artilleriebeschusses ist diese Straßenseite besonders gefährlich!«

Den Newskij kreuzt bald die Bolschaja Morskaja uliza, an deren Ende der auf den Schlossplatz führende Triumphbogen zu sehen ist. Von hier bietet sich übrigens einer der schönsten Blicke auf den Schlossplatz und den Winterpalast. Das pompöse Gebäude **Bolschaja Morskaja Nr. 3–5** wurde von dem berühmten Architekten des Petersburger Jugendstils, Fjodor Lidwal, 1908 für die Asowsko-Donskij-Bank entworfen, allerdings nicht im Stil modern, sondern im klassizistischen Stil.

›Puschkins Café‹

In Haus Nr. 18, wieder auf dem Newskij Prospekt, befand sich – auch noch während der Sowjetzeit – die traditionsreichste Buchhandlung der Stadt mit einer Einrichtung aus Puschkins Zeiten. Doch die neue Zeit und der Renovierungswahn der Stadtverwaltung zum 300. Stadtgeburtstag haben alle Spuren von Tradition beseitigt und so werden hier jetzt Sportartikel verkauft.

Im gleichen Gebäude, das 1816 von Stassow erbaut wurde, findet man den Eingang zum ehemaligen Café Wolff & Béranger, heute das **Literaturnoje Kafe** [15]. Hier saß Puschkin oft, war es doch nur ein paar Schritte von seiner Wohnung an der Mojka entfernt, und hier traf er seinen Sekundanten Danzas, bevor er zum Duell mit dem Gardeoffizier Georges d'Anthès aufbrach. Es war der 27. Januar 1837. Danzas hatte die Pistolen besorgt, sie tranken noch eine Limonade, bestiegen den Schlitten und fuhren an das Schwarze Flüsschen, Tschornaja Retschka. Heute gibt es an der Stelle im Norden der Stadt eine gleichnamige Metrostation mit einem Puschkin-Denkmal. Im Duell wurde Puschkin getroffen, zwei Tage später starb er in seiner Wohnung. Die Koketterie seiner legendär schönen Frau Natalja hatte ihn das Leben gekostet. Natalja war nicht nur bei Zar Nikolaj I. als Tanzpartnerin beliebt, sondern auch immer für einen Flirt zu haben. Puschkin war eifersüchtig und anonyme Briefe hatten seine Eifersucht genährt.

Außer Puschkin kamen die Schriftsteller Michail Lermontow und Nikolai Tschernyschewskij zu Wolff & Béranger und auch Dostojewskij soll sich hier gezeigt haben. Daher trägt das Café nun den Namen Literaturcafé.

Mein Tipp

Duftende Köstlichkeiten

Alles begann mit einem Kiosk, an dem Bliny in allen Variationen angeboten wurden: mit Kaviar oder Gänseleber, Honig oder Marmelade, außerdem Kwas (ein Erfrischungsgetränk aus vergorenem Brot). Schon bald gab es mehrere Kioske, verteilt in der ganzen Stadt. Inzwischen finden Sie etliche Teremok-Restaurants in der Stadt. Zentral liegt das **Teremok-Selbstbedienungsrestaurant** [19] am Newskij eröffnet (Newskij pr. 60, www.teremok.ru, Metro: Newskij Prospekt/Gostinyj Dwor, tgl. 10–23 Uhr). Für den schnellen Hunger zwischendurch sind die Restaurants gute und billige Anlaufstellen!

Holländische Kirche [2]

Newskij pr. 20

Hat man die Mojka überquert, verbirgt sich im nächsten Gebäuderiegel die Holländische Kirche (Gollandskaja zerkow) hinter einem Portikus mit korinthischen Säulen. Sie ist nicht sofort

Konkurrierende Angebote: hier die Verlockungen des Kommerz, dort die Verheißungen der Religion, repräsentiert durch die Evangelische Petrikirche

als Kirche zu erkennen. In den Seitenflügeln des Gebäudes, das 1834–39 errichtet wurde, lebten der Pfarrer und Mitglieder der holländischen Kolonie. Heute befindet sich hier die **Alexander-Blok-Bibliothek**. Auf der Nordseite des Newskij wurde nichtorthodoxen Gemeinden erlaubt, ihre Kirchen zu bauen, weshalb der Newskij von Alexandre Dumas auch »Straße der Toleranz« genannt wurde.

Evangelische Petrikirche 3
Newskij 22–24, tgl. 13–19 Uhr,
So 10.30 Uhr Gottesdienst in Deutsch
Zwischen den symmetrischen Häusern Nr. 22 und 24 am Newskij versteckt sich die Evangelische Petrikirche (Ljuteranskaja zerkow apostola Petra), die der Architekt Alexander Brüllow 1832 bis 38 erbaute. Bereits seit 1730 hatte es an

dieser Stelle eine deutsche Kirche gegeben, zu der auch die benachbarten Häuser gehörten. Ende der 1950er-Jahre wurde das Gotteshaus jedoch in ein Schwimmbad umgewandelt: Wo zuvor der Altar gestanden hatte, stand nun ein 10-m-Sprungturm. Das trug dem Bau im Volksmund den Namen ›Schwimmbadkirche‹ ein. Seit 1994 werden in dem Gebäude aber wieder Gottesdienste abgehalten. Seit der Rückgabe der Kirche an die rund 600 Mitglieder zählende Gemeinde ist sie nicht nur das protestantische Zentrum der Stadt, sondern auch Bischofssitz der Evangelisch-Lutherischen Kirche in Russland.

Im Kircheninnern kann man eine mit Fotos und Dokumenten bestückte Ausstellung über die Geschichte der Deutschen in St. Petersburg besich-

Komfortabel das Treiben auf dem Newskij beobachten: Café im Haus des Buches

tigen. Sie informiert auch über Otto von Bismarck, der als preußischer Gesandter ab 1859 drei Jahre in St. Petersburg weilte.

Die hinter der Petrikirche liegenden Gebäude nutzte bis 1929 die Deutsche Schule, auch Peterschule genannt, die bereits 1710 gegründet wurde. An ihr wurden z. B. der Petersburger Architekt Carlo Rossi und der Komponist Mussorgskij unterrichtet. In **Haus Nr. 24** befand sich bis zur Revolution das Café-Restaurant Dominique, in dem man Schach und Billard spielte; Dostojewskij ging hier ein und aus.

Malaja Konjuschennaja uliza

Die nächste Querstraße nördlich des Newskij, Malaja Konjuschennaja uliza, in deren Mitte ein **Denkmal des Dichters Nikolaj Gogol** 4 thront, ist heute eine Fußgängerzone. Gesäumt wird sie von Restaurants und Cafés, auf deren Außenterrassen sich die lauen Sommerabende genießen lassen.

Am Newskij Nr. 26 werden in dem alten, holzgetäfelten Laden **Noty** 3 Musiknoten in reicher Auswahl, gebrauchte Musikinstrumente, Musikliteratur und CDs verkauft. Schon allein das Ambiente lohnt einen Besuch.

Höhe weit über die magische Grenze hinaus. Mit seinen Karyatiden, dekorativen Fenstern und schmiedeeisernen Balkonen ist es eines der wenigen Gebäude im Jugendstil am Newskij. 1907 erhielt es eine Auszeichnung. Nach der Revolution wurde das Haus zum Zentrum des Verlagswesens sowie einer Buchhandlung und bekam den Namen ›Haus des Buches‹. Das Gebäude beherbergt heute wieder die größte Buchhandlung der Stadt und ein einladendes **Café.**

Von der Brücke über den Gribojedow-Kanal am Newskij hat man den besten Blick auf die Christi-Auferstehungs-Kathedrale (Spas na krowi; s. S. 131), die mit ihren Zwiebeltürmchen wie eine ungenaue Kopie der Moskauer Basilius-Kathedrale wirkt und so gar nicht in das westeuropäische Bild der Stadt passen will.

Kleiner Saal der Philharmonie 6
Newskij pr. 30
Den Kleinen Saal der Philharmonie, auch **Kleiner Glinka-Saal** genannt, schuf Rastrelli im 18. Jh. für den Feldmarschall Golyzin. Im 19. Jh. wurde das Gebäude im Empirestil umgebaut und berühmt als ›Haus Engelhardt‹, in dem die interessantesten Bälle und Konzerte stattfanden. Liszt, Berlioz, Glinka, Mussorgskij und Rimskij-Korsakow gaben hier Konzerte. Im Jahr 1836 wurde hier erstmals in Russland Beethovens Neunte Sinfonie gespielt. Neben Chören und Kammermusikensembles finden hier heute auch kleinere Jazz- und Swingorchester ihr Publikum.

Haus des Buches 5
Newskij pr. 28
Weithin sichtbar ist das Haus des Buches (Dom knigi) an der Ecke zum Gribojedow-Kanal, den man nun erreicht. 1904 ließ der Nähmaschinenfabrikant Singer das Haus erbauen, das eigentlich elf Stockwerke zählen sollte. Doch da kein Gebäude höher als der Winterpalast des Zaren sein durfte, beschränkte sich Architekt Pawel Sjusor darauf, auf die Ecke des Hauses eine Kuppel zu setzen, auf der ein gläserner, von Nymphen gehaltener Globus sitzt. Dadurch reichte die

Katharinenkirche 7
Newskij pr. 32–34
Die Kirche steht etwas nach hinten versetzt zwischen zwei Wohnhäusern. Im italienischen Neorenaissancestil von Vallin de la Mothe entworfen, setzt die katholische Katharinenkirche

(Kostel sw. Jekateriny) einen eleganten Akzent. Die Hauptfassade wird von einem hohen Triumphbogen und einer mit Statuen verzierten Attika geprägt. Honoré de Balzac, Alexandre Dumas und Franz Liszt hörten hier die Messe. Die Kirche wurde vor einigen Jahren dem Dominikanerorden übergeben. Auf dem Platz davor findet täglich ein kleiner Künstlermarkt statt: Hier kann man Gemälde von St. Petersburg kaufen oder sich selbst porträtieren lassen.

Grand Hotel Europe 8
Michailowskaja ul. 1/7
Wir passieren jetzt das Grand Hotel Europe, das sich zum Newskij hin ganz bescheiden gibt und erst zum Platz der Künste hin, die ganze Michailowskaja uliza entlang, seine Pracht entfaltet. Die Lage direkt gegenüber der Philharmonie machte das Hotel zu einem der berühmtesten Treffpunkte der Musikwelt. Tschaikowskij reiste von Moskau an, auf dem Weg in seine Flitterwochen. Auch andere Komponisten stiegen immer wieder gern im Grandhotel am Newskij Prospekt ab, darunter Claude Debussy, Sergej Prokofjew, Dmitrij Schostakowitsch, Johann Strauß und Igor Strawinsky (s. S. 103).

Armenische Kirche 9
Newskij pr. 40–42
In frischem Blau und Weiß erstrahlt die Armenische Kirche (Armjanskaja zerkow), nach Plänen von Jurij Veldten zwischen 1771 und 1780 im klassizistischen Stil erbaut. Finanziert wurde sie von einem armenischen Kaufmann, der im Befreiungskampf seines Volks gegen die Türken ausgezeichnet wurde. Im Nebenhaus (Nr.

Für manches Kleinod am Newskij bedarf es eines Seitenblicks, so auch für die blau-weiße Armenische Kirche

42) trafen sich einst die verschwörerischen Dekabristen in der Wohnung von Gawril Batenkow.

Einkaufsgalerien
Die Einkaufsgalerien Grand Palace und Passage verbinden den Newskij mit der Italjanskaja uliza und sind natürlich wahre Shoppingparadiese. Wer gerne einkauft, kann sich hier stundenlang aufhalten. Im neuen, mit viel Marmor, Messing und Glas erbauten **Grand Palace** 4 (Newskij pr. 44) reihen sich Edeldesignershops aneinander, hier befindet sich auch im Atrium das **Café d'Or** 13.

In der **Passage** 5 (Passasch, Newskij pr. 48), bereits 1846 erbaut, reihten sich zur vorletzten Jahrhundertwende rund 60 luxuriöse Läden aneinander. Ganz unscheinbar wirkt der Eingang heute, hier geht es auf 180 m^2 normaler zu als nebenan. Im Souterrain befindet sich ein Lebensmittelladen.

Die Kreuzung von Newskij und Sadowaja uliza ist sehr verkehrsreich und vor allem an Freitag- und Samstagabenden ein Treffpunkt des Clubbing-Publikums. Wenn man links in die Sadowaja abbiegt, kommt man zu dem Szenerestaurant **Tsar** 9.

Ehemaliges Handelshaus Jelissejew 10
Newskij pr. 56
Auch die kleine Malaja Sadowaja uliza ist heute eine Fußgängerzone, an der einige Restaurants liegen. Im Sommer ist hier viel los: Jugendliche treffen sich rund um den Springbrunnen und Straßenmusiker treten auf. An der Ecke zum Newskij liegt der ehemalige Gourmettempel Jelissejew. St. Petersburgs Traditionsgourmetkaufhaus hat nach langem Stillstand als **Jelissejewski** wieder eröffnet. Bei der Renovierung ging leider viel vom alten Charme verloren.

Das Handelshaus der Brüder Jelissejew war in der Zeit um 1900 legendär. Schon der Großvater Jelissejew, der es geschafft hatte, sich aus der Leibeigenschaft freizukaufen, und mit einem kleinen Lebensmittelkiosk begann, brachte es zu einem Laden. Seine Söhne gründeten später das Handelshaus, das Enkel Grigorij Ende des 19. Jh. zu einem Imperium ausbaute: Lebensmittelfabriken, Transportschiffe und Weingüter auf der Krim gehörten neben Filialen in Moskau und Kiew dazu. Grigorij Jelissejew wurde vom letzten Zaren sogar in den Adelsstand erhoben.

1902 entwarf der Architekt Baranowskij für das Handelshaus Jelissejew das wunderbare Gebäude im Jugendstil: Polierte Holztresen ließen die Waren edel erscheinen, Kristalllüster und Lampen in Form von Blumenstauden verbreiteten ein warmes Licht, denn durch die bunten Jugendstilfenster drang das Tageslicht nur sanft gefiltert in die prächtigen Räume. Während der Sowjetzeit stapelten sich beim ›Gastronom No. 1‹ – wie der Laden damals nüchtern hieß – die Konservenbüchsen.

Die Fassade des Gourmettempels schmücken Skulpturen, die die Verbindung zwischen Handel, Wissenschaft und Kunst symbolisieren. Das ist kein Zufall: Über dem Kaufhaus liegt das Komödien-Theater.

Zur Anitschkow-Brücke

Das **Kino Aurora** 5 (Newskij pr. 60) ist eines der ältesten Kinos der Stadt und eines der wenigen, die auch anspruchsvolle Filme im Programm haben. Bereits 1913 eröffnet, ist es heute auf dem neuesten technischen Stand. Die Filme laufen meist im Original.

Haus Nr. 64 war der Sitz des Verlags ›Weltliteratur‹, den der Schriftsteller Maxim Gorkij 1918 gründete, um solche und Werke russischer Schriftsteller zu verlegen. In diesem Haus gingen alle bedeutenden Schriftsteller jener Zeit ein und aus, denn der Verlag bot Arbeits- und Überlebensmöglichkeiten für sie.

Nur ein paar Schritte sind es bis zur **Anitschkow-Brücke** 11 über die Fontanka, die bis zum 19. Jh. die Stadtgrenze bildete. Ursprünglich verband eine 1715 nach dem Oberstleutnant Anitschkow benannte Holzbrücke die Ufer. Im 19. Jh. ersetzte man sie durch eine Brücke aus rosafarbenem Granit. Die vier Rossebändiger, die sie schmücken, schuf Peter Klodt im Jahr 1850.

Dank Rossebändiger eine der berühmtesten Brücken der Stadt: die Anitschkow-Brücke

Vom Anitschkow-Palais zurück zur Admiralität

Anitschkow-Palais 12

Das Anitschkow-Palais (Anitschkow dworez, Newskij pr. 39) ist das älteste Gebäude am Newskij. Schon 1741 begann der Architekt Michail Semzow mit dem Barockbau, den Rastrelli zehn Jahre später vollendete. Seither wurde das Palais noch mehrmals umgebaut. Peters Tochter Elisabeth schenkte den Palast ihrem Geliebten Rasumowskij. Damals war der Bau noch von einem riesigen Garten umgeben. Ein paar Jahre später schenkte Katharina den Palast ihrem Geliebten Potjomkin, der ihn jedoch aus Geldmangel verkaufte. Katharina war beharrlich, kaufte ihn zurück und machte Potjomkin den Palast ein zweites Mal zum Geschenk.

Ab 1817 wohnten die jeweiligen Kronprinzen im Anitschkow-Palast und Nikolaj I. veranstaltete hier große Bälle, auf denen auch Puschkin mit seiner schönen Frau Natalja tanzte. Die letzte adlige Bewohnerin war die Mutter des letzten Zaren, Maria Fjodorowna. In der Sowjetzeit wurde das Palais als ›Palast der Pioniere‹ zum Freizeitheim für die Kinder der KPdSU-Angehö- ▷ S. 160

Auf Entdeckungstour:
Bootstour durch die Kanäle

St. Petersburg ist eine Wasserstadt. Vom Wasser betrachtet eröffnen sich ganz andere Perspektiven auf das ›Venedig des Nordens‹. Eine Fahrt auf Flüssen und Kanälen ist daher ein besonderes Erlebnis. Während einer einstündigen Bootstour kann man mehr sehen als zu Fuß in derselben Zeit.

Zeit: 1–2 Std.
Planung: Boote findet man überall, wo der Newskij die Kanäle kreuzt: an Mojka, Gribojedow-Kanal und Fontanka; Abfahrt alle 15 Min., Führung auf Russisch. Mit einem kleinen Motorboot kann man die Route selbst bestimmen (30–50 €/ Std.).
Start: Die hier vorgeschlagene Tour beginnt an der Anitschkow-Brücke (Metro: Newskij Prospekt/Gostinyj Dwor).

Vier Wasserläufe umschließen ringförmig das Zentrum südlich der Newa: Mojka, Gribojedow-Kanal, Fontanka und Obwodnyj-Kanal. Katharina II. ließ alle Flussarme durch Kanäle verbinden und die Ufer befestigen, sodass jedes Grundstück des Stadtkerns per Schiff erreichbar war. Mehr als 500 Brücken überspannen die Flüsse und Kanäle. Sie stammen größtenteils aus dem 18. und 19. Jh. und sind kunstvoll mit schmiedeeisernen Geländern und Laternen verziert.

Rundumblick vom Wasser

Die meisten Boote liegen an der **Anitschkow-Brücke** 11 (s. S. 156) am Newskij, wo der Prospekt die **Fontanka** kreuzt. Mitte des 19. Jh. ersetzte die Brücke aus rosafarbenem Granit die alte Holzbrücke. Vorbei am **Scheremetew-Palast** (rechter Hand) und dem **Zirkus** (linker Hand) sowie am **Sommergarten** entlang, in dem schon Puschkin seine Morgenspaziergänge machte, geht die Fahrt erst einmal Richtung Newa. Hier wird die 580 m lange **Troizkij-Brücke** unterquert. Sie ist die eleganteste der Newabrücken und wird im Sommer von Hand hochgezogen.

Über die Newa hat man zu allen Seiten einen atemberaubenden Blick: Rechts liegt die Peter-Paul-Festung, geradeaus die Wassiljewskij-Insel mit der Strelka, davor die Fontänen und links das Schlossufer. Besser kann man alle Sehenswürdigkeiten der Stadt nicht auf einmal zu Gesicht bekommen.

Schauplatz der Literatur

Durch den berühmten Bogen der Eremitage biegt man dann in den kleinen **Winterkanal** ein. Er bildet den Schauplatz von Puschkins Novelle »Pique Dame«. In Tschaikowskijs gleichnamiger Oper kommt es am Bogen der Alten Eremitage, den man von hier aus sieht, zur Aussprache zwischen den Hauptfiguren Hermann und Lisa.

Paläste und Lagerhäuser

Nach rechts fährt man auf der **Mojka** an eleganten Palästen vorbei, unter der Gelben, der Grünen, der Roten und der Blauen Brücke hindurch. Danach erblickt man die **Isaakskathedrale**. Ein Stück weiter liegt linker Hand das gelb-weiße **Jussupow-Palais**. Bald darauf wird die kleine Insel **Neu-Holland** umfahren. Im 18. Jh. entstanden hier Lagerhäuser für Schiffsholz. Vallin de

la Mothe baute sie aus rotem Backstein mit einem 23 m hohen Torbogen, der für die Einfahrt in ein Holzlager fast zu pathetisch wirkt. Als die Werft aus Petersburg verlegt wurde, verlor das Holzlager seine Bedeutung. Der Komplex ging an das Kriegsmarineamt, das dort 1828 ein Marinegefängnis errichtete. Heute gehört das Areal dem Milliardär Roman Abramowitsch, der es zu einem neuen kulturellen Zentrum der Stadt umgestalten möchte (s. S. 11 und S. 200).

Mächtige Kathedralen

Durch den engen **Krjukow-Kanal** geht es an der St.-Nikolaus-Kathedrale vorbei zum **Gribojedow-Kanal,** auf dem man Dostojewskijs **Heumarktviertel** durchfährt. Ganz anders wirkt Petersburg hier: Schmale, hohe Mietshäuser schaffen eine düstere Atmosphäre. Unter der **Bankbrücke** mit den goldenen, geflügelten Löwen hindurch wird die **Kasaner Kathedrale** passiert, die vom Wasser her noch viel mächtiger wirkt. Unter dem Newskij hindurch geht es nun direkt auf die **Christi-Auferstehungs-Kathedrale** zu, dann biegt man rechts wieder in die Mojka und erreicht, an **Michaelsgarten** und **Sommergarten** vorbei, die **Fontanka.**

rigen. Auch jetzt noch werden hier Freizeitangebote für Kinder und Jugendliche gemacht.

Ostrowskij-Platz

An den Park des Anitschkow-Palais schließt der Ostrowskij-Platz mit dem **Katharinenpark** an, dessen Zentrum ein **Denkmal für Katharina die Große** 13 bildet, von den Petersburgern kurz ›Katjin‹ genannt. Die Zarin ist im Staatsornat dargestellt; unter ihrem Rocksaum drängen sich ihre berühmten Zeitgenossen wie Potjomkin, aber auch der Dichter Derschawin.

Das **Alexandrinskij-Theater** 8 (pl. Ostrowskowo 2) im Hintergrund, das Rossi 1828 entwarf, war ursprünglich ein Mehrspartenhaus; heute ist es nur noch ein Sprechtheater, das bevorzugt die russischen Klassiker in konventionellen Inszenierungen zeigt.

Die andere Seite des Ostrowskij-Platzes säumt das Gebäude der **Russischen Nationalbibliothek** 14 (pl. Ostrowskowo 2), das hinter seiner abgerundeten Fassade rund 27 Mio. Bücher beherbergt, u. a. viele Schätze der Buchkunst. Das Ende des 18. Jh. errichtete Gebäude wurde 1828 bis 1834 nach Plänen von Carlo Rossi erweitert.

Gostinyj Dwor 15

Newskij pr. 35
Nach dem Unterqueren der Sadowaja uliza steht man vor dem größten Kaufhaus der Stadt. Der Gostinyj Dwor mit seiner 230 m langen Fassade wurde zwischen 1761 und 1785 nach Plänen von Vallin de la Mothe erbaut. Kaufleute wurden im alten Russland gosti (Gäste) genannt, sodass Gostinyj Dwor mit ›Gästehof‹ übersetzt werden kann. In vielen russischen Städten entstanden ähnliche Kaufhöfe.

»Es mögen in dem Petersburger Gostinyj Dwor leicht … 10 000 Kaufleute, Boutiquiers und Krämer versammelt sein. … Jede Ware hat ihre Budenreihe, die nach ihr benannt wird, und doch ist die Masse der Reihen so groß, dass man sie fast ebenso schwer auffindet wie bei uns den einzelnen Kaufmann … – die das zweistöckige Riesengebäude des Gostinyj Dwor umgebenden Straßen sind den ganzen Tag über von einem beständigen Strom von Droschken und Schlitten durchflutet.« So schilderte 1841 der junge deutsche Petersburg-Reisende Johann Georg Kohl das Treiben in dem Kaufhaus. Heute geht es in dem Warenhaus, das mehrere Jahre grundlegend renoviert wurde, ein bisschen ruhiger zu.

Zwischen dem Kaufhaus und der ehemaligen Duma zurückversetzt, ist der kleine **Portikus** mit seinen dorischen Säulen, den Luigi Rusca Anfang des 19. Jh. erbaut hat, leicht zu übersehen. In den 1960er-Jahren wurde der Säulenbau abgerissen, doch 1972 rekonstruierte man ihn.

Ehemalige Duma 16

Dumskaja ul. 1
Gegenüber vom Grand Hotel Europe ragt der Turm der ehemaligen Duma in den Himmel. Schon 1787 hatte Quarenghi das orangefarbene Gebäude erbaut, in dem Handel mit Schmuck und Edelmetallen getrieben wurde. Nachdem Giacomo Ferrari ihm 1804 den Turm aufgesetzt hatte, der zugleich als Feuerwache und Spiegeltelegraf diente, zog die Duma, der Stadtrat, in das Gebäude. Im großen Saal der Duma wurden oft Konzerte veranstaltet, auch Tschaikowskij und Rimskij-Korsakow dirigierten hier ihre Werke.

Kasaner Kathedrale 17

Newskij pr. 25–27, Gottesdienste tgl. 10 und 18 Uhr
Etwas weiter den Newskij hinunter richtet sich der Blick auf die Kasaner

Mein Tipp

Speisen nach Lust und Laune – über den Dächern der Stadt

Das **Terrassa**  nimmt die oberste Etage eines Glasneubaus ein, in dem sich mehrere Restaurants befinden. Von dem riesigen Gastraum kann man das Treiben in der Küche beobachten. Gekocht wird hier chinesisch, japanisch, italienisch und georgisch in guter Qualität. Das Highlight ist im Sommer die große Außenterrasse. Hier versinkt man in tiefen Sofas und hat die Kasaner Kathedrale in greifbarer Nähe vor Augen (Kasanskaja ul. 3, Tel. 937 68 37, www.terrassa.ru, Metro: Newskij Prospekt/Gostinyj Dwor, Mo–Fr 11–24, Sa/So 12–1 Uhr, Hauptgerichte ab 7 €).

Kathedrale (Kasanskij sobor) mit ihren gewaltigen Kolonnaden, die zwischen 1801 und 1811 von Andrej Woronichin erbaut wurde. Sie gilt als Glanzstück des Klassizismus in Petersburg und ist nach der Isaakskathedrale die zweitgrößte Kirche der Stadt. Als Zar Paul I. den Bau Anfang des 19. Jh. in Auftrag gab, wünschte er, dass er dem Petersdom in Rom gleichen solle. Diesem Wunsch kam Woronichin mit seinem von einer Kuppel gekrönten Zentralbau nach.

Geweiht ist die Kathedrale der Ikone der Gottesmutter von Kasan, die seit 1612 in Moskau verehrt wurde. Peter brachte die Ikone als Reliquie der Romanows 1710 nach St. Petersburg, von wo sie 1904 jedoch auf mysteriöse Weise verschwand. Da der Bau der Kathedrale in die Zeit des Krieges mit Napoleon fiel, wurde dem Oberbefehlshaber der russischen Truppen, Michail Kutusow, hier nicht nur ein Denkmal errichtet, sondern er wurde auch im Nordflügel der Kirche beigesetzt. Während der

Sowjetzeit befand sich in der Kirche das ›Museum für Atheismus‹.

Umgebung der Kathedrale

Die Bänke auf dem großen Platz vor der Kasaner Kathedrale sind ein beliebter Treffpunkt. Hinter dem Gotteshaus zweigt links die Kasanskaja uliza ab. Rechter Hand thront ein großer Glaspalast. Hier befinden sich einige Restaurants, u. a. in der obersten Etage das **Terrassa** 6, das aus interessanter Perspektive einen Blick auf die Kathedrale ermöglicht (s. Tipp S. 161).

Hinter der Kasanskaja uliza kommt man am **Haus der Mode** (Nr. 21) vorbei. Bis zur Revolution bot in diesem Jugendstilgebäude (1912) mit den hohen Fenstern der Kaufmann Mertens feinste Pelze zum Verkauf an.

Stroganow-Palast 18

Newskij pr. 17, www.rusmuseum.ru, Mo, Mi, Fr–So 10–18, Do 13–21 Uhr
Das Palais Stroganow (Stroganowskij dworez), das sich bis zur Mojka erstreckt, ist eines der schönsten Beispiele des elisabethanischen Barocks in Petersburg. Rastrelli entwarf es

Jeder findet seine Ikone in der Kasaner Kathedrale, der zweitgrößten Kirche Petersburgs

1752 für den Grafen Sergej Stroganow, dessen Familie seit dem 15. Jh. zu den angesehensten und reichsten in Russland gehörte. Bis zur Revolution war der Palast im Besitz der Adelsfamilie. Die Stroganows hatten eine große Kunstsammlung zusammengetragen, die nach der Revolution an die Eremitage ging. Heute gehört der Stroganow-Palast zum Russischen Museum. Seit der detailgetreuen Restaurierung beherbergt er die russischen Privatsammlungen des 18. bis 20. Jh. Zurzeit werden hier die Mineraliensammlung und Wechselausstellungen

gezeigt. In der Arkade befindet sich ein kleines Schokoladenmuseum.

Palais Tschitscherin 19
Newskij pr. 15
Wer die Mojka überqueren und zum Palais Tschitscherin (Dom Tschitscherina) gelangen möchte, überquert die Volksbrücke. Früher wurde sie Polizeibrücke genannt, denn im Palast residierte der Polizeichef. Das Palais, das nach Entwürfen von Vallin de la Mothe zwischen 1764 und 1771 erbaut worden war, hatte er von Katharina der Großen als Geschenk erhalten. Ende des 19. Jh. gelangte das Palais in den Besitz des Kaufmanns Grigorij Jelissejew, der hier Konzerte und Bälle veranstaltete und selbst einen Teil des großen Hauses bewohnte. Nach der Revolution emigrierte er jedoch nach Paris.

Anfang der 1920er-Jahre entwickelte sich das Palais zu einem Ort für Künstler und Schriftsteller – dank des Engagements von Gorkij, der es 1919 zum ›Haus der Künste‹ (Dom iskusstw, abgekürzt ›Disk‹) ernennen ließ. Er hatte das Volkskommissariat für Bildung dazu bewegen können, verschiedene Vereinigungen zur Rettung von kulturellen und wissenschaftlichen Einrichtungen zu gründen. Diese boten den Schriftstellern nicht nur Arbeit, sondern auch Unterkunft.

»Das Leben war dort sehr würdig. Es war von innerem Adel erfüllt. Vor allem aber … war es von dem echten Geist schöpferischer Arbeit durchdrungen. Deshalb strömte man hier aus ganz Petersburg zusammen, um seine reine Luft zu atmen und seine Geborgenheit zu genießen, die die meisten entbehrten. Abends gingen die vielen Lichter in den Fenstern an …, und dann wirkte es wie ein Schiff, das durch Finsternis, Schneegestöber und Unwetter fuhr«, er-

Lieblingsort

Pure Eleganz – Lobbybar des Grand Hotel Europe 8

Das Grand Hotel Europe ist eine Institution in St. Petersburg. Legendär ist nicht nur das Hotel, sondern auch seine Bar – und keineswegs nur, weil Bill Clinton hier schon Saxophon spielte. Auch in der Sowjetzeit war sie ein wichtiger Treffpunkt. Ob morgens, mittags oder abends, ob bei Tee und kleinen Fruchttörtchen oder einem der himmlischen Cocktails, immer spürt man, dass die Atmosphäre in dem eleganten Raum etwas ganz Besonderes ist. Tagsüber werden bei dezenter Musik Businessgespräche geführt und abends ist meist richtig was los: Live-Combos spielen dann Jazz. Aus den bequemen Sesseln will man am liebsten gar nicht mehr aufstehen …

innerte sich der Dichter Wladislaw Chodassewitsch, der schon 1922 aus Russland emigrierte, an das ›Disk‹. Es gewährte in den Jahren nach der Revolution auch Mandelstam, Gumiljow und vielen anderen Dichtern zumindest vorläufig eine sichere Zuflucht und half ihnen zu überleben, physisch und geistig. Das Haus wurde restauriert und beherbergt heute zur Mojka hin das Eliseew Palast Hotel.

Wawelberg-Bankhaus [20]
Newskij pr. 7–9
An der Ecke zur Malaja Morskaja uliza ragt majestätisch und dunkel das ehemalige Bankhaus Wawelberg empor. Das beeindruckende Gebäude wurde um 1911 im Neorenaissancestil errichtet und hieß schon kurze Zeit später im Volksmund ›Palazzo des Geldes‹. Etwa von der Stelle, an der es steht, verließ am 27. November 1820 um 9 Uhr morgens die erste Postkutsche St. Petersburg; sie kam in Moskau am 30. November um 13 Uhr an.

Mein Tipp

Süße Verführung
Im **Mezzanine** [14] des Grand Hotel Europe, einem tageshellen Atrium, kann man leckere Pralinen und Trüffeln probieren, die wunderbar zu Tee oder Kaffee passen. Das Atrium ist ein guter Ort, um sich mit der langen, abwechslungsreichen Geschichte des Grand Hotel Europe, des ältesten Petersburger Hotels, zu beschäftigen (s. S. 103; Michailowskaja ul. 1/7, tgl. 9–21.45 Uhr, Metro: Newskij Prospekt/Gostinyj Dwor).

Essen & Trinken

Alles über Niveau – **L'Europe** [1]: s. S. 31.

Aserbaidschanisch – **Eriwan** [2]: s. S. 35.

Im Palasthof – **Gljanez (Gloss)** [3]: Newskij pr. 17, Tel. 315 23 15, www.gloss-cafe.ru, tgl. 12–22 Uhr, Metro: Newskij Prospekt/Gostinyj Dwor. Hauptgerichte ab 10 €. Das Pavillonrestaurant im Innenhof des Stroganow-Palastes macht seinem Namen alle Ehre: Es glänzt rot und edel, in der Mitte befindet sich eine große Bar, drumherum die Tische. Zubereitet werden Mittelmeer- und asiatische Spezialitäten.

Kaukasisch – **Mamalyga** [4]: s. S. 36.

Nicht nur Bücher – **Biblioteka** [5]: Newskij pr. 20, Tel. 244 15 94, www.ilovenevs ky.ru, Metro: Newskij Prospekt, tgl. 11–23 Uhr, Hauptgericht ab 8 €. In Anlehnung an den ehemaligen Buchladen eröffnete hier 2013 ein Café-Restaurant über drei Etagen. Im Erdgeschoss gibt es Kuchen und Sandwiches, im ersten Stock wird Mittag- oder Abendessen serviert – russisch, asiatisch, italienisch – und im zweiten Stock liegen ein Restaurantraum mit offener Küche und ein kleiner Buchladen (www.my-bookstore.org).

Lieblingsrestaurant – **Terrassa** [6]: s. Tipp s. S. 161.

Frisch – **Kawkas Bar** [7]: s. S. 36.

Aserbaidschanisch – **Baku** [8]: s. S. 36.

Imperial – **Tsar** [9]: s. S. 34.

Klein – **Suliko** [10]: Kasanskaja ul. 6, Tel. 314 73 73, www.sulikospb.ru, Metro: Newskij Prospekt/Gostinyj Dwor, tgl. 12–23 Uhr. Hauptgerichte 6 €. Das kleine georgische Restaurant hinter der Kasaner Kathedrale bietet eine angenehme Atmosphäre mit guter georgischer Küche. Nur manchmal wird die Live-Musik zu viel, das muss man mögen.

Was auch immer man transportiert, die Arkaden des Kaufhauses Gostinyj Dwor bieten Schutz vor Wind und Wetter

Echt chinesisch – **Tan Schen** 11 : s. S. 36.

Angesagt – **Hamlet + Jacks** 12 : Wolynskij per. 2, Tel. 907 07 35, www.hamletandjacks.ru, Metro: Admiralitejskaja, tgl. Mo–Do 13–0, Fr/Sa bis 2 Uhr, Hauptgerichte ab 5 €. Die Atmosphäre in der ehemaligen Juwelierwerkstatt mit Holztischen, rohen Ziegelwänden und offener Küche ist quirlig und anregend. Fünf Freunde eröffneten 2016 dieses Restaurant, in dem Chefkoch Jewgenij Wikentjew russische ›Unsere-‹ und ›Welt-Küche‹ im Dialog präsentiert. Die Gerichte sind ungewöhnlich gut: Das Tatar vom Thunfisch wird mit Minze, getrockneten Tomaten und Popcorn von Buchweizen serviert. Auch die Weinkarte präsentiert sich vielversprechend.

Interessant – **Café d'Or** 13 : Newskij pr. 44, im Grand Palace, Tel. 449 94 87, www.grandp.ru, Metro: Newskij Prospekt/Gostinyj Dwor, tgl. 11–21 Uhr. ›Café‹ muss man in diesem Fall nicht allzu wörtlich nehmen. Es gibt auch einige Gerichte auf der Karte. Die Atmosphäre im Atrium des Edelkaufhauses Grand Palace ist angenehm und es gibt viel zu sehen.

Pralinen – **Mezzanine** 14 : s. Tipp.

Historisch – **Literaturnoje Kafe** 15 : Newskij pr. 18, Tel. 312 35 50, Metro: Newskij Prospekt/Gostinyj Dwor, tgl. 12–23 Uhr. Ein Café-Restaurant mit Geschichte (s. S. 150), das ist ein Grund, hierher zu kommen, doch die

ruhmreichen Zeiten sind vergangen. Das Café befindet sich heute nur noch im ersten Stock des Gebäudes; die Küche bietet russischen Durchschnitt.

Sommerfrische – **Datschniki** 16: Newski pr. 20, Tel. 905 44 45, www.dachniki-kafe.ru, Metro: Admiralitejskaja, tgl. 12–1 Uhr. Wie in der Sommerfrische auf der Datscha zur Sowjetzeit geht es hier zu, obwohl im Keller gelegen. Hinter Spitzengardinen und zwischen Kitschporzellan kräht ein Hahn. Leckere Bliny und Draniki (Kartoffelpfannkuchen) und wie auf der Datscha wird auch gegrillt.

Vorrevolutionär – **Aprikosow** 17: Newskij pr. 40, Metro: Newskij Prospekt/Gostinyj Dwor, tgl. 11–22 Uhr. Schön ist der alte chinesische Teesalon, der noch aus der vorrevolutionären Zeit erhalten ist. Neben Snacks werden hier verschiedene Teesorten angeboten.

Kultig – **Sewer** 18: s. S. 37.

Köstlich – **Teremok-Selbstbedienungsrestaurant** 19: s. Tipp S. 150.

Einkaufen

Luxuriös – **DLT** 1: s. S. 41.

Trendy – **Bosco di Ciliegi** 2: s. S. 42.

Original – **Noty** 3: Newskij pr. 26, Metro: Newskij Prospekt/Gostinyj Dwor. Musikinstrumente und eine große Kollektion Musiknoten zu günstigen Preisen hält das Geschäft aus dem 19. Jh. bereit (s. S. 152). Neben Nostalgischem findet man hier auch aktuelle CDs.

Elegant – **Grand Palace** 4: s. S. 41 und S. 155.

Speziell – **Trjochgornaja**: Newskij pr. 44 (im Grand Palace 4), Metro: Newskij Prospekt/Gostinyj Dwor. Bettwäsche mal anders. Der Moskauer Modezar Slawa Sajzew kommt langsam in die

Elegant einkaufen im DLT

Jahre, aber seine Designs und Stoffe bleiben ungewöhnlich und modern.

Edel – **Passage** 5: s. S. 41 u. S. 155.

Erlesen – **Peterburg** 6: s. S. 38.

Für Fußballfans – **Zenit** 7: s. S. 43.

Legendär – **Haus des Buches** 5 (Dom knigi): s. S. 40 und S. 153.

Für Gourmets – **Jelissejewski**: im Handelshaus Jelissejew 10, s. S. 41 und S. 155.

Riesig – **Gostinyj Dwor** 15: s. S. 41 und S. 160.

Abends & Nachts

Neonbar – **Barrel** 1: Kasanskaja ul. 5, Tel. 929 82 98, www.barrelbar.ru, Metro: Newskij Prospekt, Mo/Di 12 Uhr bis zum letzten Gast, Mi–Fr 12–6 (Küche bis 5 Uhr), Sa, So 15–6 Uhr (Küche bis 5 Uhr). Tiefschwarz wie Öl ist die stylishe Neonbar. Man kann entweder an der langen Bar oder an Tischen sitzen. Riesige Cocktailkarte, ebenso umfangreiche Weinkarte. Asiatisch und italienisch auf der Menükarte, schicke Petersburger tanzen hier durch bis morgens. Fr und Sa ab 22 Uhr legen DJs auf.

Sehr stylish – **Pif-Paf-Bar** 2: s. S. 44.

Ungewöhnlich gut – **Datscha** 3: s. S. 44 und S. 143.

Waschsalon – **Stirka 40°** 4: Kasanskaja ul. 26, Tel. 314 53 71, www.40gradusov.ru, Metro: Newskij Prospekt/Gostinyj Dwor, tgl. 11–0, Fr, Sa bis 4 Uhr, von 10–16 Uhr Free Wi-Fi Spot (s. a. S. 143).

Weststandard – **Kino Aurora** 5: s. S. 49.

Jenseits des Mainstreams – **Dom Kino** 6: s. S. 49.

Operetten – **Musik-Komödien-Theater** 7: s. S. 48.

Klassisch – **Alexandrinskij-Theater** 8: s. S. 47 und S. 160.

Konzerte – **Kleiner Saal der Philharmonie** 6: s. S. 48 und S. 153.

Newskij Prospekt ! – östlich der Fontanka

Der Newskij (s. a. S. 146) wurde von zwei Seiten her gebaut: von der Admiralität und vom Alexander-Newskij-Kloster. Das 1710 zu Ehren des Nowgoroder Fürsten gegründete Kloster entstand an der Stelle des Newa-Ufers, wo man den Schauplatz von Alexander Newskijs Schlacht vermutete. Hier soll er 1240 die Schweden geschlagen haben. Da der östliche Teil des Newskij – vom Kloster Richtung Admiralität – zuerst angelegt wurde, wird er noch heute Alter Newskij genannt. Westlicher und östlicher Teil der Straße mussten später mit einem Knick verbunden werden – die ursprüngliche Vermessung war nicht perfekt gewesen.

Erst unter Katharina der Großen beschloss man, die Straße Newskij Prospekt zu nennen. Die Zarin hatte 1766 den Abriss aller Holzhäuser und die Bebauung des Newskij mit Steinhäusern verfügt. In der Folge verlagerte sich das Stadtzentrum von der Wassiljewskij-Insel und der Petrograder Seite auf die Große Seite.

Auf seinem zweiten Teilstück zwischen Fontanka und Alexander-Newskij-Kloster zeigt sich der Newskij weniger nobel als auf dem ersten westlich der Fontanka, aber genauso belebt.

Zwischen Fontanka und Moskauer Bahnhof

Belosselskij-Beloserskij-Palais 21
Newskij pr. 41
Das einstmals blutrote Belosselskij-Beloserskij-Palais (Belosselskij-Beloserskij dworez) an der Ecke zur Fontanka wurde 1846–48 nach Plänen des Architekten Andrej Stakenschneider im Neobarockstil für den Fürsten Belosselskij-Beloserskij errichtet. Vor der Revolution lebte hier der Großfürst Dmitrij Pawlowitsch, ein bekannter Lebemann. Er gehörte zu der Verschwörergruppe, die den Mord an Rasputin verübte (s. S. 194).

In der Sowjetzeit hatte in dem Gebäude das Bezirkskomitee der KPdSU seinen Sitz, heute sind hier diverse Büros und ein TV-Sender untergebracht.

Haus Nr. 68 gegenüber wird auch ›Literatenhaus‹ genannt. Hier lebten u. a. die Schriftsteller Iwan Turgenjew und Wissarion Belinskij. Im neoklassizistischen Nachbarbau treffen sich Petersburger Journalisten in ihrem Klub.

Infobox

Reisekarte: ▶ M 12–P 13

Tourverlauf
Der Spaziergang beginnt an der Anitschkow-Brücke (Metro: Newskij Prospekt/Gostinyj Dwor) und endet am Alexander-Newskij-Kloster. Von hier kann man mit der Metro (Ploschadj Alexandra-Newskowo) oder mit dem Trolleybus zurückfahren.

Schöne Orte für Pausen
Bevor man sich auf den Rückweg macht, kann man die Beschaulichkeit und Ruhe im grünen Park des Alexander-Newskij-Klosters genießen.

Auch bei Grün rühren sie sich nicht von der Stelle: Atlanten am Belosselskij-Beloserskij-Palais unweit der Anitschkow-Brücke

Rund um die Kreuzung Litejnyj prospekt/Newskij prospekt

Vor der Revolution säumten allein zwischen Fontanka und Moskauer Bahnhof mehr als 20 Kinos den Newskij Prospekt. Einige davon haben überlebt, wie das Kino **Crystal Palace** . Es war das erste Tonfilmkino Russlands.

Wer im Anschluss die aktuelle russische Kunst- und Literaturszene kennenlernen möchte, biegt links in den Litejnyj prospekt ein. Der Keller von Haus Nr. 58 ist das Domizil der **Borej Art Gallery** , die hin und wieder interessante Künstler ausstellt und Kunstzeitschriften sowie Gedicht- und Prosabände der neuen Avantgarde verkauft.

Die Kreuzung des Newskij mit dem Litejnyj prospekt – nach Süden hin Wladimir prospekt – ist eine der belebtesten der Stadt. Die Häuser zwischen dem Litejnyj prospekt und dem Moskauer Bahnhof wurden fast alle in der zweiten Hälfte des 19. Jh. und Anfang des 20. Jh. errichtet. Unter dem Newskij liegt die Metrostation Majakowskaja.

Wladimir prospekt

Das Eckhaus Newskij/Wladimir prospekt beherbergt das Traditionsrestaurant **Palkin** . In das Gebäude an der Ecke gegenüber (Nr. 49) ist das Radisson SAS Royal Hotel (s. S. 26) eingezogen. Vor der Revolution befand sich im gleichen Bau das Hotel Moskwa, wo der Komponist Glinka und der Dichter Nekrassow lebten. Das Hotel wurde geschlossen, aber das Restaurant gleichen Namens existierte weiter. 1960–80 trug es den Namen Saigon und war Treffpunkt der Petersburger Boheme – von den Schriftstellern Brodskij und Dowlatow bis hin zu den Mitki und

den Rocklegenden Grebenschikow und Zoj.

›Straße der Schuhe‹ könnte man den Wladimir prospekt auch nennen, denn hier reiht sich ein Schuhladen an den anderen, unterbrochen nur von **Imperial Porcelain** 11, dem schönen Geschäft der Petersburger Porzellanfabrik, und zwei Antiquitätenläden. Im **Eckhaus** (Nr. 11) zur Grafskij per. schrieb Dostojewskij 1845 seinen ersten Roman, »Arme Leute«. Am Ende des Prospekts befindet sich rechts die Wladimirskij Passasch, eine Einkaufspassage.

Wladimir-Kirche 22

Wladimirskij pl., tgl. 9–18 Uhr

Die gelb-weiße Kirche mit ihren fünf Zwiebelkuppeln wurde zwischen 1761 und 1769 erbaut; 1783 fügte Quarenghi den Glockenturm hinzu. Es ist nicht überliefert, wer der Architekt der Kirche ist, doch vieles deutet auf den Tessiner Domenico Trezzini hin. In der Sowjetzeit wurde die Kirche zweckentfremdet, erst seit 1990 finden hier wieder Gottesdienste statt. Von seiner letzten Wohnung, dem heutigen Dostojewskij-Museum, blick-

Newskij – östlich der Fontanka

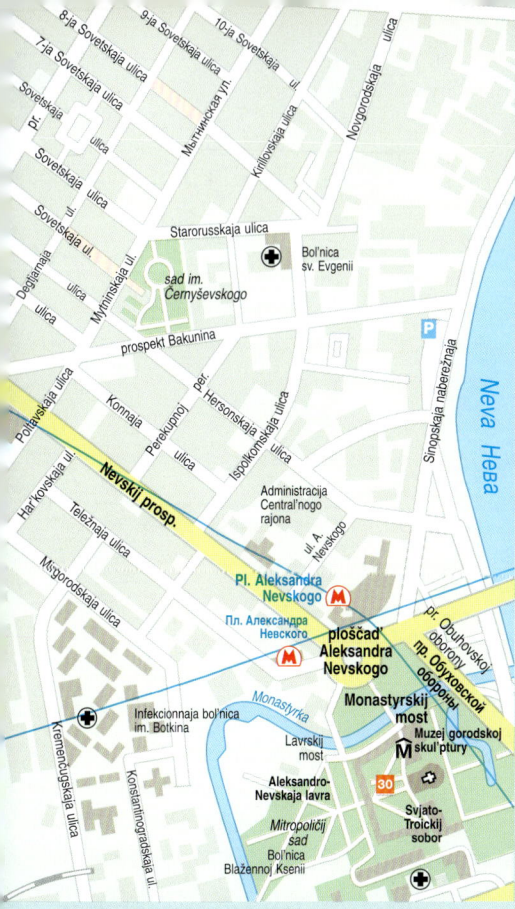

Essen & Trinken

1	–	19	s. Karte S. 148

20 Du Nord 1834
21 Palkin
22 Sardina
23 Jean-Jacques
24 Moskwa
25 Tschajnyj Dom
26 Pizzissimo
27 Garçon

Einkaufen

1 – 7 s. Karte S. 148
8 Borej Art Gallery
9 Unzija
10 Antik
11 Imperial Porcelain
12 Tatyana Parfionova
13 Kusnetschnyj rynok (Lebensmittelmarkt)
14 Anna Nova Art Gallery
15 Kosmetika Siberia

Aktiv

1 Jamskije Banji
2 Skat Prokat Bike Shop/ Startpunkt Radtour S. 179

Sehenswert

1 – 20 s. Karte S. 148
21 Belosselskij-Beloserskij-Palais
22 Wladimir-Kirche
23 Dostojewskij-Museum
24 Arktis-Antarktis-Museum
25 Künstlerhaus Puschkinskaja 10
26 Brotmuseum
27 Loft Project Etagi
28 Platz des Aufstandes
29 Moskauer Bahnhof
30 Alexander-Newskij-Kloster

Abends & Nachts

1 – 8 s. Karte S. 148
9 Crystal Palace
10 MDT
11 Große Konzerthalle
12 Fish Fabrique
13 Jelsomino
14 Djuny
15 Pirogi
16 Gribojedow
17 Jazz Philharmonic Hall

Lieblingsort

Vitamine in allen Farben – Kusnetschnyj rynok `13`

Auch wer keinerlei Hunger verspürt und keine Lebensmittelvorräte braucht, kann den Verlockungen dieses Marktes meist nicht widerstehen: Es duftet nach Honig, Gewürzen, eingelegtem Knoblauch, Sauerkraut und Gurken. Marktfrauen rufen, locken und verführen mit der Farbenpracht kunstvoll gestapelter Pyramiden aus Granatäpfeln, Melonen, Pfirsichen, Orangen. Das frische Obst kommt aus dem Süden des Riesenreiches, Fische aus allen Meeren, Milchprodukte, Gemüse und Honig aus dem Umland. Täglich findet der Markt in einer großen Halle statt, die genau zwischen der Wladimir-Kirche und dem Dostojewskij-Museum liegt.

te der Schriftsteller Dostojewskij auf die Türme der Wladimir-Kirche.

Kusnetschnyj rynok 13

s. Lieblingsort S. 175
In der Kusnetschnyj pereulok erstreckt sich die 1927 erbaute Markthalle des Kusnetschnyj rynok. Einen Gang über diesen schönen Bauernmarkt sollte man nicht versäumen.

Dostojewskij-Museum 23

Kusnetschnyj per. 5/2, www.md.spb. ru, Di–So 11–18, Mi 13–20 Uhr
Das Dostojewskij-Museum (Musej Dostojewskowo) wurde in Fjodor Dostojewskijs letzter Wohnung in St. Petersburg eingerichtet. Anhand von Zeichnungen und Fotografien hat man sie liebevoll rekonstruiert. In der Sechs-Zimmer-Wohnung gegenüber dem belebten Kusnetschnyj-Markt schrieb Dostojewskij »Die Brüder Karamasow«. Oft arbeitete er bis in die frühen Morgenstunden an dem Roman. Dostojewskij bezog die Wohnung 1878 mit seiner Frau und seinen beiden Kindern, drei Jahre später, im Januar 1881, starb der 60-Jährige hier. Auf einem Notizzettel seiner Tochter, der auf einem Tisch in der Wohnung liegt, steht: »Heute ist Papa gestorben.«

Am Wochenende zeigt das Museum Literaturverfilmungen, außerdem ist ein kleines Theater angeschlossen.

Arktis-Antarktis-Museum 24

ul. Marata 24 A, www.polarmuseum. ru, Mi–So 10–18 Uhr, letzter Do im Monat geschl.
Einst als Kirche gedacht, wurde der Bau aus dem frühen 19. Jh. 1934 zum Museum (Musej Arktiki i Antarktiki) umgebaut. Die Dokumentation über die Geschichte der Arktis- und Antarktisforschung sowie das Leben der Polarvölker ist einzigartig auf der Welt.

Sehenswert sind auch die Modelle historischer Schiffe.

Künstlerhaus Puschkinskaja 10 25

Puschkinskaja 10, Eingang über Ligowskij pr. 53, www.p-10.ru, Mi–Fr 16–20, Sa/So 12–20 Uhr
Die nächste Querstraße nach der uliza Marata ist die Puschkinskaja uliza. Hier in dem Gebäudekomplex Nr. 10, einem Verlagszentrum vom Ende des 19. Jh., befindet sich heute das größte autonome Kulturzentrum der Stadt: Puschkinskaja 10 (s. S. 92). In den frühen 1990er-Jahren entwickelte sich dieses Haus als Zentrum für alles Alternative. Leningrad, später dann St. Petersburg, war durch diesen Künstlertreff wieder an die internationale junge Kunstszene angeschlossen.

Zu den 200 Künstlern, die hier in rund 40 Ateliers und Studios arbeiten, gehört auch die Rockgruppe DDT, deren Texte bei den Petersburgern äußerst beliebt sind. Im Musikklub **Fish Fabrique** 12 treffen sich Musiker aus aller Welt, auch das **Museum für nonkonformistische Kunst** und der **John-Lennon-Tempel der Liebe, des Friedens und der Musik** lohnen einen Besuch. 1996 wurde das Haus ›legalisiert‹, ein Kompromiss zwischen der Stadtverwaltung und den ›Besetzern‹ gefunden.

Ligowskij prospekt

Der Ligowskij prospekt entwickelte sich Ende des 19. Jh. durch die Nähe zum Bahnhof und die parallel verlaufende Bahnlinie zu einem eher armen Viertel. Hier wohnten vor der Revolution die Kutscher und die Gepäckträger. Später entstanden einige Industriebetriebe, heute ist der Prospekt eine der meistbefahrenen Straßen der Stadt.

In wohlgeordneten Bahnen fließt der Autoverkehr auf dem Platz des Aufstandes

Brotmuseum 26

Ligowskij pr. 73, auf Anfrage geöffnet, Tel. 764 11 10

Bereits 1988 wurde das originelle Brotmuseum (Musej chleba) eröffnet, doch erst 1993 erhob man es in den Stand eines staatlich anerkannten Museums. Es dokumentiert die Geschichte des Brotes, aber auch der Ess- und Tischsitten in Russland.

Loft Project Etagi 27

Ligowskijpr. 74, www.loftproject etagi.ru

Der attraktivste Ort der Petersburger Kunstszene entstand 2007 in einer ehemaligen Brotfabrik, deren Ambiente zum großen Teil bewahrt werden konnte. Auf fünf Ebenen findet man Galerien für zeitgenössische Kunst, Architekturbüros, Designshops, Redaktionen, eine Bar, ein Café und ein Hostel.

Platz des Aufstandes

Zurück geht es Richtung Newskij zum **Platz des Aufstandes** 28 (Ploschadj Wosstanija). Er erhielt seinen Namen, weil die zaristischen Truppen hier während der Februarrevolution 1917 den Schießbefehl auf das demonstrierende Volk verweigerten. Der Obelisk mit goldenem Stern in der Platzmitte wurde 1985 zum vierzigsten Siegestag errichtet. Hier hatte zuvor ein Denkmal für Alexander III. gestanden, das nun im Hof des Marmorpalastes seinen Platz gefunden hat. Hinter dem Obelisken funkeln die Ikonen der postsowjetischen Zeit: Neonreklametafeln. Dazwischen beginnt mit einer leichten Krümmung der Alte Newskij, der überwiegend von Wohnhäusern aus dem 19. Jh. gesäumt ist. Der Alte Newskij ist lange nicht so prachtvoll und man kann nun drei Stationen mit dem Trolleybus bis zum Alexander-Newskij-Kloster fahren, wo die fast 5 km lange Hauptstraße der Stadt endet.

Moskauer Bahnhof  29

Beherrscht wird der Platz des Aufstandes vom Moskauer Bahnhof (Moskowskij woksal), dem größten der fünf Bahnhöfe der Stadt. Der erste Zug, der 1851 von hier nach Moskau abfuhr, benötigte für die Strecke 21 Stunden und 45 Minuten.

Auch die berühmteste Bahnreisende der russischen Literatur, Tolstojs Anna Karenina, setzte sich hier in den Zug nach Moskau, wo sie ihren Geliebten Wronskij kennenlernte. Mit dem Bau dieses Bahnhofs begann ein neues Kapitel in der Geschichte des Newskij, St. Petersburg begann zu wachsen. Der Pavillon der Metrostation schräg gegenüber steht an der Stelle, wo sich einst die Snamenskaja-Kirche erhob, die Zarin Elisabeth hatte errichten lassen.

Das winterliche St. Petersburg hat seinen Reiz: Alexander-Newskij-Kloster

Radtour: Vom Moskauer Bahnhof zum Schlossplatz

Dauer: 3,5 Std., Veranstalter: Peterswalk, Tel. 943 12 29, www. peterswalk.com, Anfang Juni–Ende Aug. jeden Di und Do, Start: Skat Prokat Bike Shop, Gontscharnaja ul. 7, Metro: Ploschadj Wostanija, ca. 20 € pro Pers. inkl. Mietrad

Eine interessante Radtour kann man in Petersburg im Sommer unternehmen – besonders schön ist sie während der ›Weißen Nächte‹. Vom **Startpunkt 2** nahe dem **Moskauer Bahnhof** geht es auf ›verschlungenen‹ Wegen durch den **Taurischen Garten** Richtung **Smolny** und dann an der Newa entlang zur **Petrograder Seite.** Kurz vor der Öffnung der **Troitzkij-Brücke** überquert man diese, um wieder auf der Großen Seite zu landen. Über das **Marsfeld** geht es an der **Mojka** entlang Richtung **Schlossplatz** – ein einmaliges Erlebnis.

Diese und andere Radtouren kann man natürlich auch auf eigene Faust unternehmen. Fahrräder verleiht der Skat Prokat Bike Shop (s. a. S. 181).

Alexander-Newskij-Kloster 30

Alexandro Newskij monastyr, www.lavra.spb.ru, tgl. 6–20 Uhr, Friedhöfe Mo–Mi, Fr–So 9.30–17 Uhr

Alexander Fürst von Nowgorod und Wladimir schlug im 13. Jh. zahlreiche Schlachten, um sein Land zu verteidigen. Als er 1240 hier am Ufer der Newa eine entscheidende Schlacht gegen die Schweden gewann, erhielt er den Beinamen ›Newskij‹. Nach seinem Tod 1263 wurde er heilig gesprochen. Peter der Große wählte Alexander Newskij zu seinem Schutzpatron. Nach dem Sieg gegen die Schweden bei Poltawa 1709, der die Schweden endgültig aus Russland vertrieb, gründete er 1710 das Alexander-Newskij-Kloster. Die ersten Klosterzellen und die Kirche waren aus Holz. 1797 wurde das Kloster in den Rang einer Lawra erhoben, d. h. eines Klosters mit höchster Bedeutung für das geistige und religiöse Leben Russlands.

Man betritt die riesige Anlage durch ein Portal vom Alexander-Newskij-Platz, in den der Newskij Prospekt mündet. Vom Eingangstor führt ein schmaler Weg zwischen dem Lazarus- und dem Tichwiner Friedhof zu den Klostergebäuden.

Lazarus-Friedhof

Der linker Hand liegende Lazarus-Friedhof wurde schon zu Zeiten von Peter dem Großen als letzte Ruhestätte für Staatsmänner und die großen Adelsfamilien angelegt. Auch der Wissenschaftler Michail Lomonossow (s. S. 237) wurde hier beigesetzt, ebenso wie die großen Architekten Petersburgs. Carlo Rossi, Giacomo Quarenghi, Andrej Woronichin und Thomas de Thomon fanden hier ihre letzte Ruhestätte.

Tichwiner Friedhof

Der Tichwiner Friedhof, auch ›Nekropole der Künstler‹ genannt, wurde erst 1823 eröffnet. Hier findet man die Gräber von Dostojewskij und dem Fabeldichter Krylow, von den Komponisten Tschaikowskij, Mussorgskij, Rimskij-Korsakow und Glinka. Aber auch der 1989 verstorbene große Theaterregisseur Towstonogow wurde hier beerdigt. Ein Gang über den Friedhof lohnt sich außerdem wegen der interessanten Grabskulpturen.

Mariä-Verkündigungs-Kirche

Eine Brücke führt über das Flüsschen Monastyrka zum eigentlichen Klostergelände hinüber. Die Bauarbeiten an dem Kloster dauerten das ganze 18. Jh. an. Das älteste erhaltene Bauwerk ist die Mariä-Verkündigungs-Kirche, die 1722 nach einem Entwurf des Architekten Domenico Trezzini errichtet wurde. Noch zu Lebzeiten Peters wurden 1724 die Gebeine Alexander Newskijs hier beigesetzt (heute in der Eremitage). Auch der Feldherr Suworow fand im Dezember 1800 in der Kirche seine letzte Ruhestätte.

Dreifaltigkeitskathedrale

Den Mittelpunkt der Klosteranlage bildet die Dreifaltigkeitskathedrale, die Iwan Starow 1776–90 im frühklassizistischen Stil erbaute. Das Innere, wo regelmäßig Gottesdienste stattfinden, ist mit Marmor und Achat ausgestattet. In der Ikonostase befinden sich Kopien von Werken europäischer Maler, darunter Van Dyck und Rubens.

Gegenüber der Kathedrale steht das **Haus des Metropoliten**, das allerdings nicht mehr von ihm bewohnt wird. Der Klostervorsteher residiert heute im südlichen Teil des Klosters, wo sich auch die Geistliche Akademie befindet, in der Priester ausgebildet werden.

Essen & Trinken

Stilvoll französisch – **Du Nord 1834** `20` : s. S. 36.

Traditionsreich – **Palkin** `21` : s. S. 34.

Quirlig – **Sardina** `22` : ul. Rubinschtejna 6/8, Tel. 314 05 97, www.sardina-spb. ru, Metro: Majakowskaja/Ploschadj Wosstanija, tgl. 12 Uhr bis zum letzten Gast, Hauptgerichte ab 8 €. Sizilianische und sardische Spezialitäten (im Sommer auch auf der Terrasse), dazu eine große Auswahl italienischer Weine. Besonders zu empfehlen ist die Seafood-Pasta. Und die Pannacotta ist unübertroffen – genauso wie die quirlige Atmosphäre!

Französisch – **Jean-Jacques** `23` : ul. Marata 10, Tel. 315 49 03, www.jan-jak.com, Metro: Majakowskaja, So–Do 10–24 Uhr, Fr, Sa 24 Std. durchgehend, Hauptgerichte 8–14 €. Passend zu kleinen Speisen und den günstigen Weinen spielt Bistromusik – très français! Die ganze Atmosphäre ist sehr pariserisch. Auch gut zum Frühstücken.

Mit Blick – **Moskwa** `24` : Newskij pr. 114 (im 6. Stock des Einkaufzentrums Stockmann), Tel. 640 16 16, www. ginza.ru, Metro: Ploschadj Wosstanija, tgl. 10–1 Uhr, Hauptgerichte ab 7 €. Großes Restaurant mit der beliebten Mischung russisch/italienisch/asiatisch. In der offenen Küche wird das Fusion-Food mit Flair zubereitet. Auf der großen Terrasse wärmen Heizstrahler auch bei kühleren Temperaturen.

Ganz entspannt – **Tschajnyj Dom** `25` : ul. Rubinschtejna 24, Tel. 571 27 84, Metro: Majakowskaja/Ploschadj Wosstanija, tgl. 10–22 Uhr. Wer die ganzen ›Lattes‹ satt hat, sollte ins ›Teehaus‹ gehen. Auch indische Snacks und Schischas (Wasserpfeifen) werden geboten. Entspannte Atmosphäre.

Große Auswahl – **Pizzissimo** `26` : Wladimirskij pr. 15/1, www.pizzissimo.ru, Metro: Wladimirskaja/Dostojewskaja, tgl. 12–23.30 Uhr. Im Souterrain werden die besten Pizzen gebacken – 30 verschiedene! Auch die Pasta-Auswahl ist groß. Alles nicht hochpreisig.

Croissants & Baguettes – **Garçon** `27` : s. S. 37.

Einkaufen

Petersburgisch – **Borej Art Gallery** `8` : s. S. 39.

Alles Tee – **Unzija** `9` : Wladimirskij pr. 1/47, Metro: Majakowskaja/Ploschadj Wosstanija, tgl. 10–21.30 Uhr. Die tollsten Teesorten werden hier wirkungsvoll präsentiert: Seltene Tees aus China und Indien stehen neben herkömmlichen Tees, dazu Schokolade, Gebäck und was man sonst zum Tee oder zur Zubereitung braucht.

Trödel – **Antik** `10` : Wladimirskij pr. 3, Metro: Majakowskaja/Dostojewskaja, tgl. 11–19 Uhr. Porzellan, Glas, Silber, Bilder, Möbel und Schmuck. Allein das Schauen macht Spaß, es geht von der Zarenzeit direkt in die Sowjetära.

Edel – **Imperial Porcelain** `11` : s. S. 40.

Innovativ – **Tatyana Parfionova** `12` : s. S. 42 und S. 257.

Markt – **Kusnetschnyj rynok** `13` : s. S. 41 und S. 175.

Trendy – **Anna Nova Art Gallery** `14` : s. S. 40.

Natur pur – **Kosmetika Siberia** `15` : s. S. 41.

Mein Tipp

Ob im Sommer oder Winter

Die coole DJ-Bar **Djuny** `14` (Dünen) ist vor allem im Sommer sehr attraktiv. Auf dem aufgeschütteten Sand stehen Liegestühle und Paletten zum Sitzen und es wird gegrillt. Im ehemaligen Fabrikgelände an den Bahngleisen der Strecke St. Petersburg–Moskau kann man aber auch winterfest feiern. In der oberen Etage befindet sich die deutsch-russische Kunstgalerie Alta Lingua (meist nur Do/Fr 16–20 Uhr, Ligowskij pr. 50/11, durch die Toreinfahrt, www.vk.com/du nesonligovsky, Metro: Ploschadj Wosstanija, tgl. ab 12 Uhr, open end).

Aktiv

Traditionelle Banja – **Jamskije Banji** `1` : s. S. 53.

Per Fahrrad – **Skat Prokat Bike Shop** `2` : Gontscharnaja ul. 7, Tel. 717 68 38, www.skatprokat.ru/rent/ price/?lang=en, Metro: Ploschadj Wostanija. Mietrad 1 Std. 150 RUB, 1 Tag 400 RUB. Auch Radtouren in Kooperation mit **Peterswalk** (s. S. 179).

Abends & Nachts

Filme – **Crystal Palace** `9` : s. S. 49.

Gegenwartsbezogen – **MDT** (Malyj-Theater) `10` : s. S. 47.

Von Klassik bis Rock – **Große Konzerthalle** `11` : s. S. 48.

Boheme – **Fish Fabrique** `12` : s. S. 44.

Karaoke – **Jelsomino** `13` : s. S. 44.

Mein Tipp – **Djuny** `14` : s. o.

Bier und Bücher – **Pirogi** `15` : s. S. 45.

Angesagt – **Gribojedow** `16` : s. S. 45.

Alles Jazz – **Jazz Philharmonic Hall** `17` : s. S. 45.

Auf Entdeckungstour:
Paläste fürs Volk – die Metro

St. Petersburgs Metro ist schnell, billig – und prachtvoll. Sie war auch als Instrument zur Vermittlung der sozialistischen Botschaft gedacht. Zwischen den Stationen Ploschadj Wosstanija und Awtowo liegen die schönsten ›Paläste fürs Volk‹ – technische Glanzstücke, erbaut aus Marmor, Porphyr und Stahl und geschmückt mit Kronleuchtern, Mosaiken und Statuen.

Zeit: ca. 1 Std.
Start: Rote Linie (Linie 1) ab Ploschadj Wosstanija Richtung Awtowo

Schon zu Anfang des 20. Jh. bestanden Pläne, eine Metro zu bauen, doch erst 1940 begannen die Bauarbeiten, die durch den Krieg unterbrochen wurden. Das Sumpfgebiet und die Flüsse erwiesen sich beim Bau als großes Problem. Um ein Absacken zu verhindern, mussten die Tunnel unterhalb der sumpfigen Erdschicht, auf der die ganze Stadt steht, gebaut werden. Die Petersburger Metro liegt daher besonders tief, z. T. bis zu 100 m, sodass man auf den langen Rolltreppen oft weder Anfang noch Ende sehen kann. 1955 wurde die erste, 10,8 km lange Metrostrecke eröffnet, die das Zentrum mit dem Awtowo-Bezirk im Südwesten verbindet. Durch diese Linie wurden auch die wichtigsten Fernbahnhöfe der Stadt miteinander verbunden.

Die ersten acht Metrostationen sind die schönsten: prachtvolle ›Paläste fürs Volk‹, denn die Metro sollte zu Beginn mehr sein als nur ein Transportmittel. Sie war das Vorzeigeobjekt der Sowjetunion, steingewordene Zukunftsvision und zugleich Gedächtnis der Stadt: Die ersten Stationen erzählen Petersburgs Geschichte.

Die erste Station

Unter dem **Platz des Aufstandes** (Ploschadj Wosstanija) **28**, an dem der Moskauer Bahnhof liegt, befindet sich die Metrostation **Ploschadj Wosstanija**. An ihrer Stelle stand bis 1938 die Snamenskaja-Kirche. Deshalb erinnert der zweistufige, kuppelförmige Bau mit der langen Spitze auch eher an ein Gotteshaus als an eine Metrostation. Im Stil des stalinistischen Klassizismus errichtet, wirkt die Station wie ein Triumph über den geschleiften Sakralbau: Die Wände sind mit rotem und weißem Marmor und viel Stuck versehen und auf bronzenen Wandreliefs wird die Revolution von 1917 erzählt. Lorbeer- und Eichenkränze runden das Bild ab.

Dichter, Forscher und Matrosen

Bevor es mit der roten Linie weitergeht, lohnt die Umsteigestation auf die grüne Linie, **Majakowskaja** (1967), einen Blick. Sie wurde modern, ganz in Rot mit einem Mosaikporträt des Dichters Wladimir Majakowskij gestaltet.

Alexander Puschkin ist die Station **Puschkinskaja** gewidmet. Sie wirkt wie ein Tempelraum mit weißem und grauem Marmor an den Wänden und rotem Granitboden – an einer Seite das Denkmal Puschkins, im Hintergrund der Park des Katharinenschlosses.

An der Station **Technologitscheskij Institut** sind 24 russische und sowjetische Gelehrte und Forscher auf Bronzemedaillons verewigt. Die Station

Baltijskaja ist der Marine gewidmet. Ein Marmormosaik zeigt den Panzerkreuzer Aurora und kampfbereite Matrosen. Die Station mit marmornen Wänden wird von Kronleuchtern erhellt.

›Ruhm der Arbeit!‹

An der **Narwskaja** wird der friedlichen, schöpferischen Arbeit des sowjetischen Volkes gedacht. Die Station liegt in dem alten Arbeiterviertel, wo die Putilow-Werke (heute Kirow-Werke) standen, Streikzentrum während der Revolution. 48 Skulpturen repräsentieren hier verschiedene Berufsgruppen. In **Kirowskij Sawod** wird das Thema Industrialisierung aufgegriffen.

Ein Highlight ist die pompös mit Säulen, Stuckdecken und Leuchtern geschmückte Station **Awtowo**. In der Nähe verlief während der Belagerung (s. S. 83) der Blockadering. Daher wurde die Station zum Ehrenmal für die Verteidiger Leningrads während des Zweiten Weltkriegs, aber auch während des Bürgerkriegs. Am Ende des Bahnsteigs leuchtet rotgolden ein mächtiges Mosaikbild: »Mutter Heimat«.

Vom Heumarkt zum Englischen Ufer

Highlight !

Mariinskij-Theater: Ob traditionelle Tschaikowskij-Ballette oder Opern russischer Komponisten – seit Valerij Gergijew das Haus leitet, ist alles von höchster Qualität! 1600 Plätze besitzt das Opernhaus. **5** S. 196

Auf Entdeckungstour

Dostojewskij und sein Roman »Verbrechen und Strafe«: 1865/66 wohnte Dostojewskij im Heumarktviertel mit Blick auf das Haus, in dem er seinen Helden Raskolnikow ›unterbrachte‹. Dostojewskijs Methode, beim Schreiben bis in die Details konkret zu sein, macht es heute möglich, im Heumarktviertel auf Spurensuche zu gehen. S. 190

Mordfall Rasputin – eine Tatortbegehung: Der selbst ernannte Priester Grigorij Rasputin übte zum Ärger vieler Adliger einen starken Einfluss auf den Zaren und vor allem die Zarin aus. Im Winter 1916 wurde Rasputin im Jussupow-Palais ermordet. **2** S. 194

The map shows: **19**, **2**, **22**, **5**, **3**, **2**, Mordfall Rasputin, **4**, Mariinskij-Theater **7** **5**, Dostojewskij und sein Roman ›Verbrechen und Strafe‹

Kultur & Sehenswertes

Große Synagoge: 1893 im maurischen Stil erbaut, ist sie eine der größten Synagogen Europas und ein Anziehungspunkt der jüdischen Gemeinde von Petersburg. **7** S. 197

Isaakskathedrale: Sie ist der drittgrößte Kuppelbau der Welt, der Innenraum wurde mit Halbedelsteinen und Marmor verkleidet, die Decke schmücken opulente Gemälde. **19** S. 204

Nabokov-Museum: In diesem Stadthaus verbrachte Vladimir Nabokov, dessen Familie Russland 1919 für immer verließ, seine Kindheit und Jugend. **22** S. 208

Zu Fuß unterwegs

Aufstieg zur Kuppel der Isaakskathedrale: Städtereisen sind keine typischen Fitnessreisen, aber diese Unternehmung bringt nebenbei das Herz-Kreislauf-System in Schwung. **19** S. 207

Genießen & Atmosphäre

Café Nebo: In der fünften Etage des Einkaufszentrums Pik am Heumarkt kann man sehr schön einen Überblick über die Stadt gewinnen. **4** S. 209

Stroganoff Steak House: Sehr amerikanische Atmosphäre. Neben ausgezeichneten Steaks gibt es das beste Bœuf Stroganoff der Stadt. **3** S. 203, 209

Wodka-Museum: Alles über das russische ›Wässerchen‹ – Historisches, Anekdoten u. v. m. im **Russkaja Rjumotschnaja No. 1.** **5** S. 203, 210

Abends & Nachts

Lichfield Bar: In der atmosphärischen Bar des Traditionshauses Astoria kann man bei Jazzmusik in tiefen Sesseln versinken und die diversen Cocktails auf der Karte ausprobieren. **2** S. 211

Die Viertel der kleinen Leute

»In Wirklichkeit steckt allerdings auch überhaupt nichts hinter der in allen möglichen Sprachen verbreiteten Phrase von dem ›Petersburg Dostojewskijs‹. Entsprechend der jeweiligen Stimmung, in der man durch Petersburg schlendert, sammelt man die unterschiedlichsten Eindrücke von dieser Stadt«, bemerkte einmal der Filmemacher Alexander Sokurow (s. S. 101). Und doch: Kein Stadtteil in St. Petersburg ist so mit Dostojewskij verbunden und mit den Schauplätzen des Romans »Verbrechen und Strafe« (in älterer Übersetzung »Schuld und Sühne«) wie das Heumarktviertel, in dem unser Spaziergang beginnt. Unweit der prächtigen Fassaden des alten Petersburg trifft man hier auf eine Welt der dunklen Hinterhöfe und tristen Mietskasernen.

Westlich schließt sich Kolomna an das Heumarktviertel an. Seinen Namen erhielt der zwischen Mojka-, Krjukow-, Prjaschka- und Gribojedow-Kanal gelegene Stadtteil im 18. Jh. Bis zur Mitte des 19. Jh. war er ein Vorort von St. Petersburg, in dem kleine Beamte, Händler und Handwerker lebten. Gogols Erzählung »Der Mantel« spielt hier und Puschkins »Das Häuschen in Kolomna«.

Auf dem Rückweg geht es zunächst an der Newa entlang, bevor man in den imperialen Teil der Stadt (s. a. S. 116) gelangt, die Gegend rund um den Isaaksplatz.

Infobox

Reisekarte: ▶ J–L 11–13

Tourverlauf

Mit der Metro fährt man bis zur Station Sennaja ploschadj (Heumarkt) oder Sadowaja, hier beginnt der Rundgang. Durch Dostojewskijs Viertel geht es zum Mariinskij-Theater, durch enge Straßen, an Palästen vorbei zum Englischen Ufer und den breiten Konnogwardejskij-Boulevard entlang. Er endet am Isaaksplatz. Von dort fahren die Trolleybusse 5 und 22 Richtung Newskij.

Schöne Plätze für Pausen

Für eine Pause ist der Park der St.-Nikolaus-Kirche mit seinen vielen Bänken geeignet. Aber auch am Anglijskaja nabereschnaja, der Uferstraße, kann man gut verweilen – mit Blick auf die Wassiljewskij-Insel.

Durch das Heumarktviertel

Heumarkt `1`

Der Heumarkt (Sennaja ploschadj), auf dem bereits seit Anfang des 19. Jh. lebhafter Handel stattgefunden hat und auf dem auch heute noch Markt abgehalten wird, wurde in den letzten Jahren einer radikalen Modernisierung unterzogen. Nie war der Platz schön, daran haben auch die Neuerungen nichts geändert. Heute beherrschen die großen Einkaufszentren Sennaja und **Pik** `1` sowie verschiedene gläserne Pavillons den Platz. Vom alten Petersburg ist direkt am Heumarkt kaum etwas zu sehen.

Gribojedow-Kanal

Der Gribojedow-Kanal, den wir hinter dem Heumarkt über eine Fußgänger-

Neben den Vierteln der kleinen Leute gibt es auch die Schauseite an der Mojka

Vom Heumarkt
zum Englischen Ufer

Sehenswert

1 Heumarkt
2 Jussupow-Palais
3 Kussbrücke
4 Konservatorium
5 Mariinskij-Theater
6 St.-Nikolaus-Kathedrale
7 Große Synagoge
8 Alexander-Blok-Museum
9 Villa Schröter
10 Alexej-Alexandro-
   witsch-Palast
11 Palast des Fürsten
   Woronzow
12 Neu-Holland
13 Bobrinskij-Palais
14 Ehemalige Englische
   Kirche
15 Rumjanzew-Palais
16 Verkündigungsbrücke
17 Nikolaj-Schloss
18 Manege
19 Isaakskathedrale
20 Palais Lobanow-
   Rostowskij
21 Reiterstatue von Zar
   Nikolaj
22 Nabokov-Museum
23 Subow-Institut
24 Ehemalige deutsche
   Botschaft
25 Marienpalast

Essen & Trinken

1 Astoria Café
2 Percorso
3 Stroganoff Steak House
4 Café Nebo
5 Russkaja Rjumotschnaja
   No. 1
6 Kokoko
7 Romeo's Bar and Kitchen
8 Borsalino
9 Sadko
10 Idiot
11 Schastje
12 Lechaim
13 U Samowara

Einkaufen

1 Pik
2 Gisich's Private
   Art Gallery
3 Platki Ljon
4 Rosfoto

Aktiv

1 Planet Fitness
2 Rentbike

Abends & Nachts

1 St. Petersburg Opera
2 Lichfield Bar

brücke überqueren, war noch zu Beginn des 18. Jh. ein kleiner Fluss, der sich durch sumpfiges Gebiet schlängelte. Erst Katharina die Große ließ ihn begradigen, vertiefen und die Ufer in Granit fassen. Die Häuser wurden sehr eng an den Kanal gebaut, der über hundert Jahre lang Katharinenkanal hieß. Erst im Jahr 1923 wurde er zu Ehren des Schriftstellers Alexander Gribojedow, der hier gewohnt hatte, umbenannt.

Rund 5 km fließt der Gribojedow-Kanal durch die Stadt, und je weiter nach Westen es geht, desto ärmer wird die Gegend. Wer das Viertel auf Dostojewskijs Spuren erkunden möchte, folgt der Entdeckungstour (s. S. 190), ansonsten geht man weiter am Kanal entlang, der jetzt linker Hand liegt.

Jussupow-Palais 2

nab. reki Mojki 94, tgl. 11–17 Uhr,
s. a. Entdeckungstour S. 194

Der prachtvolle Jussupow-Palast (Jusso-
powskij dworez) erstreckt sich zwischen
der uliza Dekabristow, wo noch der Pavillon des Palastes steht, und dem Mojka-Ufer. Eingang und Kassenhäuschen
befinden sich an der Mojka. Seit Mitte
des 18. Jh. war das Mojka-Ufer eine

von Adligen bevorzugte Wohnlage. So
bezogen auch die Jussupows hier ein
Palais. Die Familie, deren Stammbaum
weit in das russische Mittelalter zu-
rückreicht, besaß vor der Revolution 52
Landgüter, zehn Schlösser und Dutzen-
de von Fabriken. Errichtet wurde das
Palais Mitte des 18. Jh. für den Grafen
Schuwalow, einen Wirtschaftsreformer
unter Elisabeth. 1760 baute ▷ S. 193

Auf Entdeckungstour: Dostojewskij und sein Roman »Verbrechen und Strafe«

1865/66 wohnte Dostojewskij in einer Eckwohnung im Heumarktviertel mit Blick auf das Haus, in dem er seinen Helden Raskolnikow ›unterbrachte‹. Dostojewskijs Methode, beim Schreiben bis in die kleinsten Details konkret zu sein, macht es heute möglich, im Heumarktviertel auf Spurensuche zu gehen.

Zeit: 1–1,5 Std.

Start: Metrostation Sennaja ploschadj/Sadowaja/Spasskaja.

Lektüre: Dostojewski, Fjodor M., Verbrechen und Strafe, Frankfurt 2008, aus dem Russischen von Swetlana Geier. Neuübersetzung des ursprünglich unter dem deutschen Titel »Schuld und Sühne« erschienenen Romans.

Auch heute noch ist der Geist Dostojewskijs in St. Petersburg lebendig. Ein Spaziergang auf den Spuren des Schriftstellers und seiner Romanfiguren beginnt am berühmten ›Petersburger Bauch‹, dem Heumarkt. Bewegt man sich nur wenige Schritte von dem Platz weg, offenbart sich das Petersburg, in dem Dostojewskij lebte und über das er schrieb. Es hat einen gewissen Reiz, sich vorzustellen, wo er recherchierte und welche Orte er vor Augen hatte, als er 1865/66 seinen Roman »Schuld und Sühne« – oder, wie er neu übersetzt heißt, »Verbrechen und Strafe« – schrieb.

Der Held des Romans

Tritt man aus der Metrostation hinaus, verweilt man am besten einen Moment lang auf den Stufen, denn nun liegt der Heumarkt vor einem, der schon seit Mitte des 19. Jh. ein belebter Marktplatz war. »Raskolnikow hatte eine Vorliebe für diese Gegend, ebenso für die Gassen in der näheren Umgebung«, so beschreibt der Schriftsteller das Verhältnis seines Romanhelden Raskolnikow zu diesem Stadtteil. Und schon auf den ersten Seiten des Romans erfährt der Leser nicht nur einiges über die äußere Erscheinung der Hauptfigur, sondern auch über die Atmosphäre, die im 19. Jh. im Heumarktviertel herrschte: »Er war so schlecht gekleidet, daß ein anderer, selbst jemand, der die Armut schon gewohnt war, sich geschämt hätte, bei Tag in solchen Lumpen auf die Straße zu gehen. Übrigens war dieser Stadtteil von der Art, daß es schwer war, durch die Kleidung hier jemand in Verwunderung zu versetzen. Die Nähe des Heumarktes, die übergroße Zahl gewisser Häuser und ganz besonders die Fabrikarbeiter- und Handwerkerbevölkerung, die sich in diesen inneren Straßen und Gassen Petersburgs zusammendrängte, brachten mitunter in das Gesamtbild einen so starken Prozentsatz derartiger Gestalten hinein, daß es sonderbar gewesen wäre, wenn man sich bei der Begegnung mit einer einzelnen von ihnen hätte wundern wollen.«

Dostojewskijs Romanheld ist der Student Raskolnikow, der aus einer verarmten bürgerlichen Familie stammt, sein Studium abbrechen musste und nun in einer Dachkammer haust. Er ist besessen von der Idee, um eines ›bedeutenden Zieles‹ willen zu töten, und beschließt deshalb, eine alte Wucherin umzubringen, die »nicht besser ist als eine

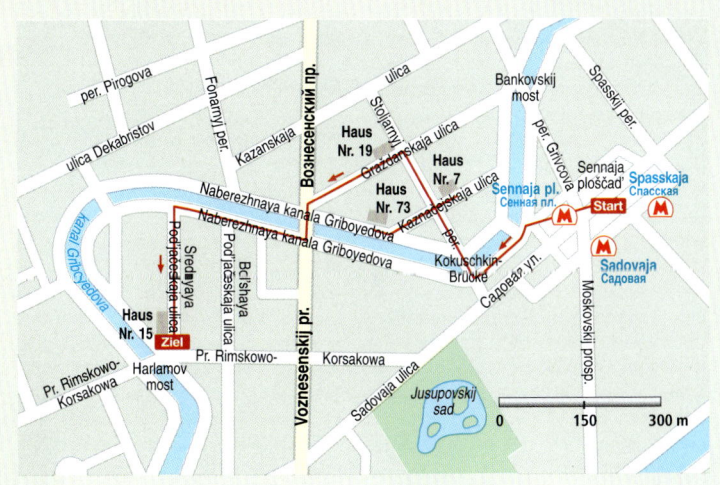

191

Laus«, um mit dem Geld sein Studium zu finanzieren.

Schauplätze des Geschehens

Auf den Spuren von Raskolnikow wird der Platz diagonal überquert. Wie schon damals gelangt man durch einen engen Durchgang zwischen zwei Wohnhäusern zum ›Kanawa‹, dem Jekaterinen-Kanal, der heute **Gribojedow-Kanal** heißt. Hier spielen viele Episoden aus »Verbrechen und Strafe«: Im Kanal will sich beispielsweise vor Raskolnikows Augen eine Frau ertränken, die vom Leben gequält ist.

Über die **Kokuschkin-Brücke** (Kokuschkin most) geht der Mörder zu seinem Opfer, das beschreibt Dostojewskij im ersten Satz des Romans. Hinter der Brücke geht man geradeaus weiter bis zur nächsten Kreuzung, wo man links abbiegt: In **Haus Nr. 73 nab. kan. Gribojedowa** lebt Sonetschka Marmeladowa, in die Raskolnikow verliebt ist, hierher kommt sie nach der schweren Arbeit und hier gesteht Raskolnikow ihr den Mord.

Das Haus Raskolnikows ist **Graschdanskaja uliza Nr. 19,** ein Eckhaus, wie so oft in den Werken von Dostojewskij. Ein Denkmal erinnert heute daran. Wenn man im Torbogen zum Hof verweilt, sieht man links an der Wand die Spuren eines zugemauerten Eingangs in jene Hausmeisterwohnung, wo Raskolnikow die Axt stahl, die zum Mordwerkzeug wurde. Rechts in der Ecke des Hofs liegt der Eingang zum Treppenhaus, der durch eine frische Renovierung seine Unheimlichkeit verloren hat. Bis zum fünften Stock geht es hinauf und dann noch 13 Stufen – es sind tatsächlich genau 13 – bis zum Zimmer Raskolnikows.

Die nächste Station des Spaziergangs liegt gleich gegenüber: Aus **Haus Nr. 7** in der **Kasnatschejskaja uliza,** genauer gesagt aus dem Eckfenster in der zweiten Etage, beobachtete Dostojewskij das Leben auf der Straße und die Menschen ›am unteren Ende der Gesellschaft‹. Hier schrieb er den Roman »Verbrechen und Strafe«.

Der Mord an der Pfandleiherin

Von der Graschdanskaja uliza geht man nach links in den Wosnessenskij prospekt, dann über die Brücke nach rechts an der Uferstraße des Gribojedow-Kanals entlang bis zur **Srednaja Podjatscheskaja uliza Nr. 15.** In einem Zimmer der Wohnung Nr. 63 lebte Raskolnikows Opfer, die Pfandleiherin Aljona Iwanowna: Raskolnikow besucht die alte Frau unter einem Vorwand und erschlägt sie mit einer Axt. Ihre zufällig erscheinende Schwester muss er ebenfalls erschlagen. Doch das Geld der Alten nimmt er nicht, zu groß ist seine Anspannung. Der Durchgangshof ermöglicht es dem Mörder, unbemerkt zu entkommen.

Raskolnikows Qual

Nun beginnt Raskolnikows Qual: Er bricht zusammen und versinkt in ein Delirium. Die Tat hat ihn verändert. Durch die Liebe zu der Prostituierten Sonja glaubt er sein verlorenes Mitgefühl wiederzufinden, erkennt aber dann doch, dass er die Strafe als Sühne braucht. Die Rettung kommt durch Sonja, die ihm die Auferweckung des Lazarus aus dem Johannes-Evangelium vorliest. ›Auferweckt‹ wird er jedoch erst später in einem sibirischen Straflager, wohin Sonja ihm gefolgt ist, durch ihre erlösende Liebe.

Schöner wohnen für Adlige: das Jussupow-Palais

Vallin de la Mothe den Palast im klassizistischen Stil um und erweiterte ihn um einen Portikus. Erst 1830 kam der Bau in den Besitz der Jussupows. Während der Sowjetzeit beherbergte er den ›Kulturklub der Lehrer‹.

Das Palais ist überaus luxuriös ausgestattet. Eine Reihe der 120 Zimmer und 18 großen Säle kann man besichtigen, dazu ein üppig dekoriertes Theater mit 200 Plätzen. Hier probte Glinka seine Oper »Ein Leben für den Zaren« und der berühmte Sänger Fjodor Schaljapin trat vor geladenen Gästen auf. Zu Berühmtheit gelangte das Palais, weil Felix Jussupow im Keller Rasputin ermordete.

Kussbrücke **3**
Bevor man links in die uliza Glinka geht, wirft man nach rechts einen Blick auf die Kussbrücke. Erbaut wurde sie 1816, als eine der ersten Eisenbrücken. Sie ist wahrscheinlich nach einer nahe liegenden Kneipe namens Pozeluj benannt, die dem Petersburger Kaufmann Pozelujew gehörte. Da ›Pozeluj‹ auch Kuss bedeutet, heißt es im Volksmund, dass sich hier die Matrosen von ihren Mädchen verabschiedeten. Wie auch immer, der Blick von der Brücke ist sehr beeindruckend.

Theaterplatz und Umgebung

Auf dem Theaterplatz stand mehr als hundert Jahre lang das erste öffentliche Theater der Stadt. Hier hatten Alexander Gribojedows Komödie »Verstand schafft Leiden« sowie Glinkas Opern »Ein Leben für den Zaren« und »Ruslan und Ljudmila« Premiere. Heute befindet sich an der Stelle das 1862 gegründete **Konservatorium** **4** (Teatralnaja pl. 3), flankiert von den Denkmälern von Glinka und Rimskij-Korsakow. ▷ S. 196

Auf Entdeckungstour:
Mordfall Rasputin – eine Tatortbegehung

Zum Ärger vieler Adliger übte der Wunderheiler Grigorij Rasputin Anfang des 20. Jh. einen starken Einfluss auf den Zaren und vor allem die Zarin aus. Dem wurde im Winter 1916 gewaltsam ein Ende gesetzt. Doch was genau geschah in der Mordnacht? Ein Besuch im Jussupow-Palast gibt darüber Aufschluss.

Karte: Cityplan S. 188
Zeit: ca. 1 Std.
Planung: Jussupow-Palast **2**, nab. reki Mojki 94, Tel. 314 98 83, www.yusupov-palace.ru, tgl. 11–17 Uhr. Die Kasse befindet sich außen links vom Palast; um Rasputin im Keller zu sehen, muss man ein Extraticket lösen!
Lesetipp:
Elisabeth Heresch, Rasputin: Das Geheimnis seiner Macht, LangenMüller, München 2008

Filmtipp:
›Rasputin – Mord am Zarenhof‹ (52 Min.), ein Film von Eva Gerberding für ARTE/ZDF (www.florianfilm.de)

»Das Schicksal hat es gewollt, dass ich den Zaren und Russland von Rasputin erlöst habe«, schrieb der Abgeordnete Wladimir Purischkewitsch, einer der Mörder des Wunderheilers, in sein Tagebuch und sprach damit vermutlich aus, was alle fünf Verschwörer nach der Tat gefühlt hatten. Diese Entdeckungstour führt zum Ort des Verbrechens, dem Jussupow-Palais. Hier lassen sich nicht nur die prunkvollen Säle besichtigen, in denen einer der Haupttäter, Felix Jussupow, ein verwöhnter Mann mit homosexuellen Neigungen, gelebt hat, sondern auch das Kellergemach, in dem Rasputin die letzten Stunden seines Lebens verbrachte: Mit Wachsfiguren ist das Gelage vor dem Mord dargestellt – so wie Felix Jussupow es in seinem Buch »Rasputins Ende« dargestellt hat.

Wer war Rasputin?

Vielleicht war er ein Scharlatan, sicher ein Emporkömmling, doch Alexandra, Russlands letzte Zarin, vertraute ihm: Der sibirische Bauernsohn und selbst ernannte Priester Grigorij Rasputin wurde zum Wunderheiler am Hofe, vor allem für den an der Bluterkrankheit leidenden Zarewitsch. Mit 33 Jahren hatte Rasputin sein Dorf verlassen, wo er eine Frau und drei Kinder zurückließ, und war als Pilger zu Klöstern und heiligen Stätten gezogen. Felix Jussupow beschreibt ihn in seinem Buch: »Es lag etwas Herausforderndes in ihm. Seine Gestalt war von mittlerem Wuchs und untersetzt, er hatte einen recht schmächtigen Körper, an dem sehr lange Arme herabhingen. Der große Kopf war mit wirrem und stark zerzaustem Haar bedeckt.«

Der Kriegswinter 1916

Im Winter des Jahres 1916, als es um Russland nicht gut stand, der Krieg gegen Deutschland verloren zu gehen drohte und frierende Menschen nach Lebensmitteln Schlange standen, fühlten sich der junge Fürst Felix Jussupow und vier andere Männer dazu berufen, das Schicksal Russlands in die Hand zu nehmen. Nachdem Jussupow Rasputins Vertrauen erworben

hatte, lockte er ihn in den Keller des elterlichen Palastes, wo er ihn in einem wohnlich hergerichteten Raum ›fürstlich‹ bewirtete. In Wirklichkeit reichte Jussupow dem Wunderheiler vergifteten Madeirawein und vergiftete Cremetörtchen. Aus dem Saal über ihnen, wo die Mitverschworenen warteten, ertönte Tanzmusik. Jussupow schürte Rasputins Vorfreude auf eine Damengesellschaft und hoffte, das Gift würde bald wirken.

Mord mit Hindernissen

Der Legende Rasputin wurde ein legendäres Ende zugeschrieben, von Fürst Jussupow in seinem Lügenbuch erdacht. Rasputin soll niemals Süßes gegessen haben. Nach neuesten Erkenntnissen weiß man: er wurde gefoltert und dann mit drei Schüssen im Hof des Palastes erschossen, wahrscheinlich unter Beteiligung des englischen Geheimdienstes. Jussupow wies seine Diener später an, einen der Hunde zu erschießen, um die Blutspuren im Hof zu erklären. Man lud Rasputin in ein Auto und warf ihn durch ein Wasserloch in einen Seitenarm der eisigen Newa. Zwei Tage später wurde er gefunden.

»Ich bin verloren«, sagte der Zar, als er die Nachricht vom Tode Rasputins hörte. Er ließ ihn in der Kapelle seiner Sommerresidenz begraben, mit einem Heiligenbild, auf dem die Zarenfamilie unterschrieben hatte. Auf Befehl des Zaren wurden die Ermittlungen im Mordfall Rasputin bereits nach wenigen Tagen eingestellt, die Verschwörer aber der Stadt verwiesen.

Durch die Wirren der Revolution gelangte Felix Jussupow, der mit seiner Tat die Monarchie retten wollte, nach Paris, wo er im Jahr 1928 seine Erinnerungen an den Mord niederschrieb; 1967 starb er dort.

Vor Aufführungsbeginn im Mariinskij-Theater – noch sind nicht alle 1600 Plätze besetzt

Mariinskij-Theater ❗ 5

Teatralnaja pl. 1, www.mariinsky.ru
Das Mariinskij-Theater ist das einzige Opern- und Balletthaus des Landes von internationalem Rang. Die ›Wiege der aristokratischen Ballettkunst in Russland‹ wurde schon 1783 gegründet. Aus dem Ensemble gingen immer wieder weltberühmte Tänzer hervor: Anna Pawlowa, Waslaw Nijinskij, Rudolf Nurejew und Michail Baryschnikow. Seit Stardirigent Valerij Gergijew (s. S. 100) das Haus leitet, gastieren hier internationale Regie- und Gesangstars. Er gilt als einer der weltweit mächtigsten Dirigenten. Zu seinem 60. Geburtstag,

im Mai 2013, bekam Gergijew einen prestigeträchtigen Neubau als zweites Haus geschenkt: Theatertechnik auf der Höhe der Zeit. 2000 Zuschauer finden hier viel Beinfreiheit, ideale Sichtlinien und eine tolle Akustik.

Kolomna

St.-Nikolaus-Kathedrale 6

Nikolskaja pl. 1, tgl. 6–21 Uhr, Gottesdienste 9 und 18, an Feiertagen 7–11 Uhr
Geht man am Krjukow-Kanal entlang, sieht man schon bald die goldenen

de hier die Totenmesse für die Dichterin Anna Achmatowa zelebriert, denn die Kirche war während der Sowjetzeit nicht geschlossen oder zweckentfremdet. Im Innenraum blieb die prächtige Ikonostase aus dem 18. Jh. erhalten, die Hauptikone aus dem 17. Jh. stellt den Namensgeber der Kirche, den hl. Nikolaus, dar. An den Wänden erinnern Marmortafeln an Seeleute, die im Meer umkamen. So gibt es hier auch eine Tafel, die an die Toten des Unglücks des U-Boots »Kursk« erinnert.

Große Synagoge 7

Lermontowskijpr. 2, www.fjc.ru,
www.jewishpetersburg.ru,
So–Fr 10–18 Uhr

Über den Rimskij-Korsakow prospekt gelangt man zum Lermontowskij prospekt und biegt rechts ab. Kurz vor der ul. Dekabristow liegt rechter Hand die Synagoge, die 1893 im maurischen Stil erbaut wurde. Der libanesisch-jüdische Bankier Edmond J. Safra finanzierte mit mehreren Millionen Dollar die Renovierung. Das gab der Gemeinde neues Selbstbewusstsein. 2001 wur-

Türme der St.-Nikolaus-Kathedrale (Nikolskij sobor), auch **Nikolaus-Marine-Kirche** genannt. Während Elisabeths Zeit entstand 1753–62 diese Kathedrale zu Ehren des Schutzpatrons der Seefahrer zwischen Gribojedow- und Krjukow-Kanal.

Der Architekt Sawwa Tschewakinskij, ein Schüler Rastrellis, schuf die fünfkupplige Kirche mit abseits stehendem Glockenturm im schönsten Petersburger Barock. Die Kirche ist in Ober- und Unterkirche unterteilt. In der Unterkirche finden die täglichen Gottesdienste statt, in der Oberkirche die Feiertagsgottesdienste. 1966 wur-

Mein Tipp

Koschere Küche

Im Keller der Großen Synagoge befindet sich das koschere Restaurant **Lechaim** 12 . Besonders die Fischgerichte sind sehr gut, aber auch die Pasteten und der Humus sind lecker, zudem gibt es eine gute Auswahl georgischer Gerichte (Lermontowskij pr. 2, Tel. 572 56 16, Mo–Do 10–22 Uhr bis zum Anzünden der Kerzen, Hauptgericht ab ca. 5 €, Menu unter sinagoga.jeps.ru/Pdf/menu2015_lehaim.pdf).

Lieblingsort

Ruhe und Besinnlichkeit – Park der St.-Nikolaus-Kathedrale **6**
Der Anblick der schönsten Barock-
kirche der Stadt lässt sich besonders gut von dem kleinen Park
aus genießen, der das Gotteshaus
umgibt. Das Grün der Bäume
bildet einen malerischen Kontrast
zur blau-weißen Kathedrale mit
ihren fünf weit auseinanderste-
henden Goldkuppeln. Umrahmt
werden Park und Kirche vom Krju-
kow- und vom Gribojedow-Kanal –
ein romantischer Ort, der die Zeit
vergessen lässt!

de die Synagoge nach ihm benannt. Neben sechs anderen jüdischen Gotteshäusern war sie Anfang des 20. Jh. die Hauptsynagoge der Stadt. Mehr als 100 000 Mitglieder zählt die Petersburger jüdische Gemeinde, die seit 1991 eine eigene Schule betreibt und eine eigene Universität gegründet hat. Auch ein Kulturzentrum existiert, in dem Sprachkurse und Ausstellungen stattfinden. In der Synagoge gibt es einen kabellosen Internetanschluss, denn die Gemeinde möchte, dass man nicht nur zum Gottesdienst kommt, sondern sich hier auch ›wie zu Hause‹ fühlt.

Alexander-Blok-Museum 8

ul. Dekabristow 57, Di 11–17, Do–Mo 11–18 Uhr

Er war einer der bekanntesten Petersburger Dichter: Alexander Blok (1880–1921). Zum hundertsten Geburtstag des symbolistischen Poeten im Jahr 1980 wurde seine letzte Wohnung als Museum geöffnet. Das Ambiente der Wohnräume, in denen er neun Jahre gelebt hatte, wurde nachgebildet; Briefe, Fotografien und Dokumente zeigen sein literarisches Schaffen, das eng mit der Stadt verbunden ist. Aus dem Fenster seines Arbeitszimmers sieht man auf den Hafen und Industrieanlagen.

Villa Schröter 9

nab. reki Mojki 114/2

Durch die uliza Pisarjewa gelangt man wieder zur Mojka. An der Ecke fällt die Villa Schröter des gleichnamigen Architekten mit ihren farbig glasierten Ziegeln auf. Ende des 19. Jh. hat Schröter viele Gebäude der Stadt entworfen, so auch das Wohnhaus Nr. 112 daneben. Schröter war einer der Begründer des ›Ziegelstein-Stils‹, bei dem farbige Ziegel die Stuckatur als Fassadenschmuck ablösten.

Alexej-Alexandrowitsch-Palast 10

nab. reki Mojki 122

Noch ein paar Schritte geht es an der Mojka entlang, die nun bald in die Newa münden wird. An der Ecke zum Anglijskij prospekt liegt der schöne Palast des Großfürsten Alexej Alexandrowitsch. Gebaut wurde er zwischen 1883 und 1885 von Maximilian Messmacher im ekklektischen Stil. Der Großfürst war der Bruder von Zar Alexander III., Onkel von Nikolaj II., und soll ein großer Charmeur und Frauenheld gewesen sein, der jedoch der einzige Junggeselle in der Familie der Romanows blieb und die russische Flotte befehligte.

In der Sowjetzeit verfiel der Palast zusehends. Dann erklärte Putin das weitere Schicksal des Gebäudes zur Chefsache. Es wurde umfassend renoviert und zum **Haus der Musik** (Dom musyki, www.spdm.ru) umgestaltet. Es kann besichtigt werden – auf die schönste Art: Indem man ein Konzert besucht.

Palast des Fürsten Woronzow 11

nab. reki Mojki 106

Den ehemaligen Palast des Fürsten Woronzow kaufte 1895 Großfürst Alexander Michailowitsch, nachdem er die Schwester des letzten Zaren, Ksenija, geheiratet hatte. Die älteste Tochter aus dieser Ehe, Irina, heiratete später Fürst Felix Jussupow. Heute werden in dem Palast Sportlehrer und Trainer ausgebildet.

Neu-Holland 12

nab. Admiralitejskowo kanala 2, www.newhollandsp.ru

Gegenüber liegt das architektonische Ensemble Neu-Holland (Nowaja Gollandija) auf einer dreieckigen Insel zwischen sich kreuzenden Kanälen. Peter der Große hatte sich nebenan einen hölzernen Palast im Stil eines

›holländischen Häuschens‹ errichten lassen, weshalb die Insel den Namen Neu-Holland erhielt. Nach seinem Tode wurde der Palast abgerissen und auf der Insel entstanden 1763–80 nach einem Entwurf von Vallin de la Mothe Lagerhäuser für Schiffsholz (s. S. 159).

Neu-Holland, die verwunschene Insel im Westen des Petersburger Stadtzentrums, sollte eigentlich bereits 2009 ihr neues Leben als Konzert- und Freizeitzentrum beginnen, aber die Krise kam dazwischen. Im Dezember 2010 schrieb die Stadt das Gelände erneut aus, diesmal ging der Zuschlag an den Milliardär Roman Abramowitsch. In St. Petersburg wird sein Engagement für den vernachlässigten Ort allgemein begrüßt. Der Investor hat sich zu einem teuren Umbau der Anlage verpflichtet. Nachdem der Komplex vorerst nur im Sommer als Freizeitoase genutzt wurde, sollten Ende 2016/Anfang 2017 die ersten Gebäude mit Galerien, Cafés und Bühnen renoviert eröffnen. 200 Bäume werden gepflanzt, ein Spielplatz, eine Eisbahn eröffnet und im Freien werden bequeme Stühle aufgestellt.

Bobrinskij-Palais 13
Galernaja ul. 60
Gegenüber vom Neu-Holland-Komplex schaut man auf alte Bäume im Garten des romantisch-verkommenen Bobrinskij-Palais (Bobrinskij dworez), das der Architekt Luigi Rusca 1790 erbaute. Der Haupteingang zum Palast liegt zur Galernaja uliza hin, die schnurgerade auf die Arkade zwischen Senat und Synod zuläuft. Auf der rechten Seite öffnet sich die Hofeinfahrt in das Bobrinskij-Palais, in dem einige Innenräume noch sehr gut erhalten sind. Alexej Bobrinskij war ein Sohn Katharinas der Großen mit Grigorij Orlow. Das Gebäude gehört heute zur Geografischen Fakultät der Universität.

Englisches Ufer

Erst vor ein paar Jahren erhielt die Uferstraße ihren alten Namen aus der Mitte des 18. Jh. zurück: Anglijskaja nabereschnaja. An diesem Abschnitt des Newa-Ufers, das einen atemberaubenden Blick auf die Wassiljewskij-Insel bietet, lebten die meisten Engländer der Stadt, hier waren die englische Botschaft und die englische Kirche ansässig. Im ersten Jahrhundert nach der Stadtgründung hatten die Engländer das Außenhandelsmonopol. Anfang bis Mitte des 18. Jh. entstanden die meisten Gebäude, die jedoch ihre heutige Gestalt erst in der Mitte des 19. Jh. erhielten. Einige sind schon, andere werden gerade restauriert.

Während der Sowjetzeit hieß die Anglijskaja nabereschnaja ›Uferstraße der Roten Flotte‹, denn hier lag der Kreuzer »Aurora«, von dem am 25. Oktober 1917 der berühmte Salutschuss zur Revolution abgegeben wurde; ein Gedenkstein am Ufer erinnert daran.

Ehemalige Englische Kirche 14
Anglijskaja nab. 56
Die ehemalige Englische Kirche (Anglijskaja zerkow) wurde von Quarenghi 1814 entworfen. Im ersten Stock befindet sich ein prachtvoll ausgemalter Festsaal, der vollständig erhalten ist. Leider ist er heute etwas zweckentfremdet, denn hier residiert die Verwaltung des städtischen Exkursionsbüro.

Rumjanzew-Palais 15
Anglijskaja nab. 44, Di 11–16,
Do–Mo 11–17 Uhr
Das frühere Rumjanzew-Palais (Rumjanzewskij dworez) beherbergt heute eine **Filiale des Museums für Stadtgeschichte** mit Dokumenten zur Entwicklung Petersburgs nach der Revolution. Beeindruckende Bilder der Stadt

und der Menschen aus den 20er- und 30er-Jahren, Videos und eine Ausstellung über die Blockadezeit sind zu sehen. Nikolaj Rumjanzew, ein Nachfahre des großen Feldherrn Pjotr Rumjanzew, war Staatsmann, Wissenschaftler und Kunstsammler. Seine wertvolle Buchsammlung bildete den Grundstock der Moskauer Nationalbibliothek. Dem Palais aus dem 18. Jh. ist ein von zwölf Säulen getragener Portikus vorgesetzt, dessen Tympanon das Hochrelief »Apollo im Parnassos«, ein Werk des Bildhauers Iwan Martros, schmückt.

Verkündigungsbrücke 16

In der Nähe des Rumjanzew-Palais überspannt die Verkündigungsbrücke (Blagoweschennskij most) die Newa zur Wassiljewskij-Insel hin. Sie war die erste Steinbrücke, die in den 30er-Jahren des vergangenen Jahrhunderts einer Stahlkonstruktion weichen musste. Ihren Namen erhielt sie erst 2007 zurück, denn in der Sowjetzeit war sie nach Leutnant Schmidt benannt, einem Helden der Revolution von 1905.

Platz der Arbeit und Umgebung

Mitten auf dem Platz der Arbeit (Ploschadj truda) erhob sich im 19. Jh. die Verkündigungskathedrale, die in den 1930er-Jahren dem Bau der Straßenbahn geopfert wurde. Der Platz öffnet sich zwar zur Newa, ist aber im Vergleich mit anderen Plätzen Petersburgs eher das ›hässliche Entlein‹ der Stadt.

Nikolaj-Schloss 17

pl. Truda 4

Das große Nikolaj-Schloss (Nikolajewskij dworez) am Platz wurde in der Sowjetzeit ›Palast der Arbeit‹ genannt, da die Gewerkschaften hier ihren Sitz

hatten. Errichtet wurde es von 1853 bis 1861 nach Entwürfen von Stakenschneider für den Sohn Nikolajs I., den Großfürsten Nikolaj Nikolajewitsch. Der Großfürst war Oberkommandeur der Kavallerie, deswegen ließ er seine Residenz hier, nahe den Regimentskasernen, erbauen. Man sollte einen Blick in den Palast werfen, denn die große Paradetreppe ist – wie vieles in diesem Schloss – noch bestens erhalten. Die Inneneinrichtung ist eine Mischung aus Rokoko-, Barock- und klassizistischen Elementen.

Konnogwardejskij bulwar

Vom Platz der Arbeit führt der Konnogwardejskij bulwar zur Manege. Dieser Boulevard verdient seine Bezeichnung, denn in der Mitte lädt ein von hohen Bäumen bestandener Grünstreifen zum Flanieren ein. Unter dem Boulevard floss einst der Admiralitätskanal, der für den Bau der Isaakskathedrale zugeschüttet wurde und erst wieder um Neu-Holland fließt.

Rechter Hand befanden sich früher die Kasernen für Reiteroffiziere. Heute kann man hier im Restaurant **Russkaja Rjumotschnaja No. 1 5** speisen und auch das kleine **Wodka-Museum** (tgl. 11–22 Uhr) besichtigen oder ein paar Schritte weiter die besten Steaks der Stadt essen, im **Stroganoff Steak House 3**.

Isaaksplatz und Umgebung

Unter dem großen, von imposanten Bauten umgebenen Isaaksplatz (Isaakajewskaja ploschadj) fließt die Mojka

Großstädtisches Flair auch am Abend: Isaaksplatz mit Kathedrale und Nikolaj-Denkmal

Ergebnis größter technischer Anstrengungen: die reich geschmückte Isaakskathedrale

hindurch. Die fast 100 m breite ›Blaue Brücke‹ über den Fluss ist mit dem Platz zusammengewachsen.

Manege 18

Isaakiewskaja pl. 1, www.manege. spb.ru
Wie ein antiker Tempel dominiert die Manege (Manesch) – die Hauptfassade mit den Kolonnaden zur Isaakskathedrale gerichtet – den Platz. Den Eingang flankieren zwei Marmorskulpturen von Paolo Triscorni, die ein Motiv aus der römischen Mythologie darstellen: die Brüder Castor und Pollux als Pferde-

bändiger. 1804–07 wurde die Manege nach Plänen von Giacomo Quarenghi als Reitschule der Garde erbaut. Nach der Revolution als Garage genutzt, ist die Manege heute der zentrale Ausstellungssaal von St. Petersburg.

Isaakskathedrale 19

Isaakiewskaja pl. 4, www.cathedral. ru, Do–Di 11–19 Uhr
Als Auguste de Montferrand nach vierzig Jahren Bauzeit 1858 die Isaakskathedrale (Isaakijewskij sobor) vollendet hatte, demonstrierte das monumentale Gotteshaus vor allem eines: Macht. Die

Prachtvoll ist das Innere: Halbedelsteine und Mosaiken aus verschiedenfarbigem Marmor bedecken die Wände, die Decke wurde von Brüllow und Bruni ausgemalt. 300 Skulpturen schmücken die Kathedrale innen und außen. Vor ihr hatte es an gleicher Stelle drei andere dem hl. Isaak geweihte Kirchen gegeben. Der byzantinische Mönch Isaak von Dalmatien galt als himmlischer Schutzpatron Peters des Großen, der an seinem Namenstag geboren wurde. In der Sowjetzeit diente die Kathedrale als Museum. Erst 1990 feierte der Metropolit der russisch-orthodoxen Kirche hier zum ersten Mal wieder einen Gottesdienst. Bei gutem Wetter entlohnt der Blick auf den Isaaksplatz reich die Mühsal der Turmbesteigung (s. Lieblingsort S. 207).

Weitere Sehenswürdigkeiten

Das **Palais Lobanow-Rostowskij** [20] (Wosnessenskij pr. 1) wurde ebenso wie die Kathedrale von Montferrand entworfen. Das Säulenportal des Palastes wird von zwei mächtigen Löwen bewacht; auf dem einen sitzt in Puschkins Gedicht »Der eherne Reiter« der unglückliche Jewgenij, während er auf Peters Denkmal blickt – zu Puschkins Zeiten war die Isaakskathedrale noch nicht im Weg. Heute residiert das noble Four Seasons Hotel in dem Palais.

Und wieder stehen wir an einem Eckhaus, **Wosnessenskij prospekt/ Malaja Morskaja Nr. 23/8**, in dem Dostojewskij als junger Mann wohnte. Er schrieb hier mehrere Erzählungen, darunter »Weiße Nächte«, bis er wegen Mitgliedschaft in einer revolutionären Gesellschaft 1849 unter Nikolaj I. verhaftet wurde. Eine **Reiterstatue von Zar Nikolaj** [21], dessen Regierungszeit als dunkle Epoche in die russische Geschichte einging, markiert die Mitte

Macht eines gewaltigen, starren Reiches, das aber technisch – wie der Bau bewies – voll auf der Höhe der Zeit war.

Mit Tausenden von Baumstämmen musste der sumpfige Boden befestigt werden, damit die Kirche nicht absackte. Besonders schwierig gestaltete sich die Aufrichtung der 48 unteren, 17 m hohen Granitsäulen. Die Isaakskathedrale ist einer der größten Kuppelbauten der Welt und nach der Peter-Paul-Kathedrale das höchste Gebäude im Zentrum von Petersburg. Ihre weithin sichtbare goldene Kuppel wird im Volksmund ›Gottes Tintenfass‹ genannt.

Engelsperspektive – auf der Kuppel der Isaakskathedrale 19
Allein schon der Aufstieg ist ein Vergnügen und dann erst der Ausblick! Hunderte Stufen führen zur riesigen Goldkuppel hinauf. Nach der Fitnessübung wird man in 43 m Höhe mit einem Rundblick über Dächer und Kuppeln belohnt. 24 Bronzeengel bewachen die Aussichtsgalerie. Zu Füßen liegt der Isaaksplatz mit dem Reiterdenkmal von Nikolaj I., dessen 6 m hohe Skulptur von oben ganz klein wirkt.

Lesetipp
Nährboden für Vladimir Nabokovs schriftstellerisches Schaffen war das Russland seiner Kindheit und Jugend. Nabokov lässt sie in dem wunderbaren Buch »Erinnerung, sprich – Wiedersehen mit einer Autobiographie« (Reinbek 1999) wiederauferstehen, mit all ihren Farben, Gerüchen und Geräuschen geht er bis ins kleinste Detail. Der Spross einer Adelsfamilie, aber aus politisch fortschrittlich gesinntem Elternhaus, betrauert nicht das verlorene Vermögen, sondern den Verlust der magischen Stätten seiner Kindheit.

ließ. Das Leben der Nabokovs im vorrevolutionären Russland war geprägt von schier unglaublicher Prachtentfaltung und Exklusivität: Vor der Revolution besaß die Familie Nabokov neben dem Stadthaus und den Landgütern 50 Diener, Hauslehrer, Gouvernanten und drei große Automobile. Der Vater, Publizist und Politiker, gehörte zum liberalen Adel und galt als einer der führenden Köpfe in der damaligen Hauptstadt des Russischen Reiches. Das Stadthaus gehörte der Mutter, die es von ihren Eltern geerbt hatte.

Im kleinen, sympathischen Museum mit einer großen Bibliothek ist man stolz darauf, einige Manuskripte zeigen und die Petersburger Jugendzeit des berühmten Schriftstellers mit vielen interessanten Fotos und manchem persönlichen Gegenstand dokumentieren zu können. In der Sowjetunion galt Nabokov als Unperson. Erst seit Mitte der 80er-Jahre durften vereinzelt Texte von ihm gedruckt werden.

des Isaaksplatzes. Der Bildhauer Peter Klodt entwarf sie 1856.

An der Nordseite des Platzes trifft man auf das altehrwürdige Hotel Astoria (s. S. 24) und das Hotel Angleterre (s. S. 26). Dort kann man im **Borsalino** 8 mit Blick auf die Isaakskathedrale des großen Dichters Sergej Jessenins (s. S. 96), gedenken, der sich am 24. Dezember 1926, aus Moskau kommend, im Hotel einquartierte und zwei Tage später tot war. Selbstmord oder Mord? In der postsowjetischen Zeit gab es Spekulationen, der KGB könne ihn umgebracht haben, weil seine Stimme zu laut und zu unbequem gewesen war.

Nabokov-Museum 22
Bolschaja Morskaja ul. 47,
www.nabokov.museums.spbu.ru,
Di–Fr 11–18, Sa, So 12–17 Uhr
Literaturfreunde werden dieses Museum im ehemaligen Haus der Familie Nabokov aufsuchen. Hier verbrachte der Schriftsteller seine glückliche Kindheit und Jugend. Ins Russland dieser Lebensphase kehrte er nur in seinen Büchern zurück; er war achtzehn, als er Petersburg für immer ver-

Subow-Institut und ehemalige deutsche Botschaft
Zurück zum Isaaksplatz, der von Palästen aus dem 18. und 19. Jh. gesäumt ist: Haus Nr. 5 gehörte im 19. Jh. dem Grafen Subow, dessen Vorfahre Platon Subow der letzte Geliebte von Katharina der Großen war. Subow gründete in seinem Palast das erste Institut für Kunstgeschichte Russlands – später erhielt es seinen Namen. Nach der Revolution fanden im **Subow-Institut** 23 (Isaakiewskaja pl. 5) kulturelle Veranstaltungen statt. Der junge Schostakowitsch spielte hier Klavier; Stanislawskij, Meyerhold und Tairow sprachen über neue Formen des Theaters und Majakowskij trug seine Gedichte vor. Der Dichter Wladislaw Chodassewitsch erinnert sich an die düstere Atmosphäre auf einem Künstlerball im Subow-Palais in der Zeit

nach der Revolution: »In den riesigen eisigen Sälen des Subow-Palais am Isaaksplatz spärliche Beleuchtung und Frosthauch. In den Kaminen qualmen und schwelen die feuchten Holzscheite. Das literarische und künstlerische Petersburg ist vollständig vertreten. Dröhnende Musik. Die Menschen bewegen sich im Halbdunkel und drängen zu den Kaminen. Mein Gott, wie sehen sie aus! Filzstiefel, Pullover, schäbige Pelze, die man selbst beim Tanzen anbehalten muss!«

Das danebenliegende Gebäude der **ehemaligen deutschen Botschaft** 24 (Isaakiewskaja pl. 11) wurde von dem deutschen Architekten Peter Behrens im Stil des monumentalen Neoklassizismus 1911/12 erbaut, im gleichen Jahr wie das Hotel Astoria.

Marienpalast 25

Isaakiewskaja pl. 6
Den Marienpalast (Mariinskij dworez) an der Südseite des Platzes ließ Nikolaj I. für seine Tochter Maria 1839–44 erbauen. Andrej Stakenschneider übernahm die prunkvolle Innenausstattung. Heute tagt hier das Stadtparlament.

Das Eckgebäude Isaaksplatz/Mojka Nr. 66, wo sich heute ein Kulturklub befindet, beherbergte im 19. Jh. das Ministerium für innere Angelegenheiten. Hier begann Nikolaj Gogol 1829 seine Laufbahn als kleiner Beamter, doch schon nach ein paar Monaten quittierte er den Dienst, denn er wollte nur noch schreiben und verzichtete dafür auf ein geregeltes Einkommen.

Essen & Trinken

Prachtvoll – **Astoria Café** 1 : s. S. 31.
Delizioso! – **Percorso** 2 : s. S. 32.
Fleisch – **Stroganoff Steak House** 3 : s. S. 34 und S. 203.
Wie im Himmel – **Café Nebo** 4 : Sennaja pl. 2, Metro: Sennaja Ploschadj/Sadowaja, tgl. 10–22 Uhr. Wunderba-

›Museum für das Wässerchen‹ – im Restaurant Russkaja Rjumotschnaja No. 1

Vom Heumarkt zum Englischen Ufer

res Café im 5. Stock des Einkaufszentrums Pik (s. S. 211); wie im Himmel fühlt man sich hier, denn die großen Panoramascheiben geben den Blick auf die Stadt frei!

Nostalgisch – **Russkaja Rjumotschnaja No. 1** : Konnogwardejskij bl. 4, Tel. 570 64 20, www.vodkaroom.ru, Bus 3, 22, 27, tgl. 12–24 Uhr, Hauptgerichte ab 8 €. Alles passt zu dem angeschlossenen kleinen Wodka-Museum. Gemütlich-nostalgische Atmosphäre wie aus einem alten Film mit Gerichten wie Buchweizen-Kascha, Piroggen und Kiewer Kotelett sowie der größten Wodka-Auswahl der Stadt.

Neue russische Küche – **Kokoko** 6: s. S. 33.

Hauptsache italienisch – **Romeo's Bar and Kitchen** 7: Rimskowo-Korsakowa pr. 43, Tel. 572 54 48, www.romeosbarandkitchen.ru, Metro: Sadowaja, Mo–Fr 9–23, Sa, So 10–23 Uhr, Hauptgerichte ab 7 €. Ob leckere Bliny zum Frühstück, gegrillte Dorade oder einfach ein Cocktail nach dem Theaterbesuch – all das und vieles mehr findet man nahe dem Mariinskij-Theater im Romeo's. Dazu ein besonders ansprechendes Kuchenbuffet. Vor und nach dem Theater werden auch spezielle Menü-Arrangements geboten. Nette, freundliche Atmosphäre.

Kathedralblick – **Borsalino** 8: Isaakiewskaja pl., Malaja Morskaja ul. 24, im Erdgeschoss des Angleterre Hotel, Tel. 494 51 15, www.angleterrehotel.com/borsalino-restaurant, Pizza oder Hauptgericht ab ca. 7 €. Mit Blick auf die Kathedrale speist man hier vorzüglich hausgemachte italienische Küche.

Kontrastreich, köstlich – **Sadko** 9: ul. Glinki 2, Tel. 903 23 73, www.sadko-rst.ru, tgl. 12–1 Uhr, Hauptgerichte ab 6 €. Gegenüber dem Mariinskij-Theater kann man sich vor der Vorstellung durch den Gesang der Kellner einstimmen lassen. Viele studieren am Konservatorium. Auf der Karte russische Klassiker wie Bœuf Stroganoff, Kotelett auf Kiewer Art und Kohlrouladen. Dazu sehr gute, frisch gemachte Piroschki. Schräge Atmosphäre.

Vegetarisch – **Idiot** 10: s. S. 35.

Pures Glück – **Schastje** 11: s. S. 37.

Koschere Küche – **Lechaim** 12: s. Tipp S. 197.

Hausgemacht – **U Samowara** 13: Lermontowskij pr. 10/53, Tel. 714 33 41, Metro: Sennaja Ploschadj/Sadowaja,

Theatertickets

Karten für das Mariinskij-Theater sollte man nicht über die Hotels besorgen lassen, weil sie dort wesentlich teurer sind. Man kann sie im Internet vorbestellen unter www.mariinsky.ru oder an den Theaterkassen der Stadt oder des Theaters (tgl. 11–19 Uhr) erwerben.

Mag der Heumarkt architektonisch auch nicht begeistern, der dortige Markt lohnt sich

Mo–Sa 11–19 Uhr, Hauptgerichte ab 3 €. Am ›Samowar‹, wie das Restaurant heißt, sitzt man direkt, denn auf jedem Tisch steht einer. Auch sonst ist es ganz gemütlich. Und die Pelmeni und Bliny sind besonders gut!

Einkaufen

Viel los – **Pik 1**: Sennaja pl. 2, Metro: Sennaja Ploschadj/Sadowaja, tgl. 10–22 Uhr. Großes Einkaufszentrum auf fünf Ebenen am Heumarkt. Viele Shops, Cafés – vor allem das Café Nebo (s. S. 209) – Restaurants, Internetcafé und ein Kinozentrum.
Entdeckungsfreudig – **Gisich's Private Art Gallery 2**: s. S. 40.
Handarbeit – **Platki Ljon 3**: Rimsko-wo-Korsakowa pr. 19, Metro: Sennaja Ploschadj/Sadowaja, Mo–Fr 10–20, Sa, So 11–19 Uhr. Eine andere Art von Mitbringsel: Sehr schöne Handarbei-

ten, u. a. Spitze aus Wologda, Tischdecken und Bettbezüge aus Leinen, gehäkelte Tücher und Servietten.
Stilmix – **Rosfoto 4**: s. S. 40.

Aktiv

Total fit – **Planet Fitness 1**: s. S. 52.
Radverleih – **Rentbike 2**: s. S. 52.

Abends & Nachts

Ohrenschmaus – **St. Petersburg Opera 1**: s. S. 47.
Live-Jazz – **Lichfield Bar 2**: In der Bar des Hotels Astoria (s. S. 24) kann man wunderbar den Abend ausklingen lassen, bei Live-Jazz, so lange man will – tgl. ist 24 Stunden geöffnet.
Exzellente Konzerte – **Konservatorium 4**: s. S. 46.
Von Weltrang – **Mariinskij-Theater 5**: s. S. 46.

Fontanka
und Litejnyj-Viertel

Highlight!

Smolnyj-Kloster: Blau und weiß strahlt dieses meisterhafte architektonische Ensemble, ganz barock nach den Plänen des Stararchitekten Rastrelli erbaut. **19** S. 227

Auf Entdeckungstour

Lenin und die Revolution – eine Spurensuche: Die Tour führt zu Orten und Plätzen, die mit dem Namen Lenin verbunden sind, darunter das Smolnyj-Institut, in das im August des Revolutionsjahres die Arbeiter- und Soldatenräte einzogen. Lenins Wohn- und Arbeitsräume dort sind zu besichtigen. S. 224

Kultur & Sehenswertes

Anna Nova Art Gallery: In der trendigen Galerie kann man junge russische Kunst entdecken. **1** S. 40, 222

Wassermuseum: Hier geht es nicht um Wodka, sondern nur um ›Woda‹ – Wasser –, aber das Thema wird auf vielfältige und interessante Art dargeboten. **17** S. 227

Zu Fuß unterwegs

Bummel im Viertel der Antiquitätenhändler: In der uliza Pestelja und der benachbarten Mochowaja uliza konzentrieren sich extrem viele Antiquitätengeschäfte. Hier kann man auf die Suche gehen! **3** – **5** S. 222

Genießen & Atmosphäre

Schaljapin: Angenehm altmodisch geht es in diesem Restaurant zu. Dazu passt auch die Küche, die vor allem gute Hausmannskost serviert. **1** S. 228

Botanika: Vegetarische Küche im grünen Salon mit Blick auf die rot-weiße Kirche des Heiligen Pantelejmon. **7** S. 229

Abends & Nachts

JFC Jazz Club: Im progressivsten und innovativsten Jazzklub in St. Petersburg sind alle Stilrichtungen vertreten. **3** S. 45, 229

Das ehemals großbürgerliche Viertel der Stadt

Bis zum Ende des 18. Jh. bildete die Fontanka, die sich fast 7 km lang durch St. Petersburg zieht, die Stadtgrenze. Die Ufer waren mit Vorstadtvillen bebaut; eine der ersten war der Sommerpalast Peters des Großen im Sommergarten. Erst unter Nikolaj I. begann man jenseits der Altstadt zu bauen und errichtete auf der östlichen Seite der Fontanka Steinhäuser. In der zweiten Hälfte des 19. Jh. unter Alexander II. kam dieser Teil der Stadt sogar regelrecht in Mode und so entstanden hier riesige Wohnungen mit 12 bis 15 Zimmern. Je näher zur Newa gelegen, desto prächtiger waren die Häuser.

Wie die Petrograder Seite erinnert das Litejnyj-Viertel an Städte wie Berlin, Wien oder Paris. In der Sowjetzeit hat gerade dieser Teil von Petersburg besonders gelitten, da hier wegen der Größe der Wohnungen die Kommunalisierung mit besonderer Härte vorangetrieben wurde. Nirgendwo sonst in Petersburg kann man, sobald man sich abseits der üblichen touristischen Pfade bewegt, die 300-jährige Stadtgeschichte deutlicher erkennen als im Litejnyj-Viertel: 200 Jahre glamouröser Aufstieg zur Metropole eines Riesenreichs und hundert Jahre Verfall.

Manegeplatz und Umgebung

Der Manegeplatz (Maneschnaja ploschtschadj), an dem sich Italjanskaja uliza und Karawannaja uliza kreuzen, hat mit dem begrünten Dreieck in der Mitte eine besonders schöne Ausstrahlung und ist im Sommer ein beliebter Treffpunkt. Hier befinden sich einige Restaurants und das **Dom Kino** 1 .

Italjanskaja uliza

1711 ließ Peter der Große an der Fontanka ein Schlösschen für seine Tochter Anna bauen, das ›Italienische Schloss‹. Das Schloss selbst existiert heute nicht mehr, gab der Italjanskaja uliza aber den Namen. Im dritten Stock des **Hauses Nr. 25** 1 lebte 1816–23 der Wissenschaftler und Publizist Nikolaj Karamsin, der nach Pe-

Sehenswürdigkeit an der Fontanka: der Scheremetew-Palast, heute Museum

tersburg gekommen war, um sich von Alexander I. die Herausgabe seiner »Geschichte des Russischen Reiches« genehmigen zu lassen. Der Zar ehrte Karamsin mit dem Orden der Heiligen Anna und bewilligte Geldmittel für den Druck. Puschkin gefiel Karamsins Werk außerordentlich und er lobte in den höchsten Tönen, dass Karamsin das alte Russland entdeckt habe wie Kolumbus Amerika. Die ersten acht Bände erschienen im Jahr 1818 in einer für die damalige Zeit hohen Auflage von 3000 Exemplaren und waren dennoch bereits nach 25 Tagen vergriffen. Karamsins Grab befindet sich auf dem Tichwiner Friedhof (s. S. 180).

Haus Nr. 12 2 – man erkennt es auf den ersten Blick nicht – ist ein neues Gebäude mit Büros und exklusiven Penthouse-Wohnungen, das erst im Jahr 2001 fertiggestellt wurde. Im Hof hat man Iwan Turgenjew ein **Denkmal** errichtet, der zwar kaum etwas über Petersburg geschrieben, aber doch eine Zeitlang um die Ecke in der Fontanka gelebt hat.

Fontanka und Litejnyj-Viertel

11 Stieglitz-Museum
12 Murusi-Haus
13 Erlöser-Verklärungs-
    Kathedrale
14 Annenkirche
15 Taurischer Garten
16 Taurisches Palais
17 Wassermuseum
18 Kikin-Palais
19 Smolnyj-Kloster

Essen & Trinken
1 Schaljapin
2 Demidow
3 La Marée
4 Vox
5 Prjanosti & Radosti
6 Francesco
7 Botanika
8 Aragvi
9 Dwe Palotschki
10 Knigi i Kofe

Einkaufen
1 Anna Nova Art
    Gallery
2 Anglia
3 Serebjannyj Wek
4 Pantelejmonowskaja
5 Antiquarnaja Galereja
    Trianon

Sehenswert
1 Italjanskaja ul. Nr. 25
2 Italjanskaja ul. Nr. 12
3 Winterstadion
4 Palais Schuwalow
5 Katharineninstitut
6 Scheremetew-Palast
7 St. Simeon und Anna
8 Zirkus
9 Michaelsschloss
10 Kirche des
    Hl. Pantelejmon

Abends & Nachts
1 Dom Kino
2 Großes Puppentheater
3 JFC Jazz Club

Winterstadion **3**
Maneschnaja pl. 2
Benannt wurde der Manegeplatz nach der Manege, die einst zum Michaelsschloss gehörte. Heute befindet sich hier das Winterstadion (Simnij Stadion), in dem Konzerte und Sportveranstaltungen wie Eishockeyspiele und Eiskunstlauf-Wettbewerbe stattfinden.

Palais Schuwalow 4

nab. reki Fontanki 21

Das Palais Schuwalow (Schuwalowskij dworez) wurde 1795, wahrscheinlich von Quarenghi, für den Fürsten Naryschkin gebaut. Dieser schenkte es 1840 seiner Tochter, die mit dem Grafen Schuwalow verheiratet war. In der Sowjetzeit wurde das Palais zum ›Haus der Freundschaft‹, in dem zahlreiche internationale Begegnungen stattfanden. Heute ist hier u. a. der Hamburger Club untergebracht, der aus der Partnerschaft beider Städte hervorgegangen ist und die Kontakte fördern soll.

Östlich der Fontanka

Auf der anderen Seite der Fontanka lebte in **Haus Nr. 38** von 1854 bis 1856 Iwan Turgenjew. Lew Tolstoj verbrachte seine Stadtaufenthalte bei Turgenjew und auch die Schriftsteller Gontscharow, Fet und Nekrassow trafen sich bei ihm. Nekrassows Wohnung befand sich gegenüber in **Haus Nr. 19**. Das Nebenhaus, **Fontanka Nr. 36**, ein monumentales klassizistisches Gebäude, beherbergte einst das **Katharineninstitut** 5 , das sich um die Ausbildung von Mädchen aus verarmten adligen Familien kümmerte. Heute befindet sich hier eine Filiale der Russischen Nationalbibliothek.

Scheremetew-Palast 6

nab. reki Fontanki 34, Eingang: Litejnyj pr. 53, www.akhmatova.spb.ru, Di–So 10.30–18.30, Mi 12–20 Uhr

Das Grundstück, auf dem der riesige Scheremetew-Palast (Scheremetjewskij dworez) steht, hatte Feldmarschall Boris Scheremetew bereits 1712 von Peter dem Großen zum Geschenk erhalten. Der Barockbau selbst entstand jedoch erst 1750–55 unter der Leitung

der Architekten Sawwa Tschewakinskij und Fjodor Argunow. Im Sommer 1827 saß Alexander Puschkin im Palast dem Maler Orest Kiprenskij Modell, dem eines der besten Porträts des Dichters gelang. Im 19. Jh. war das Palais ein wichtiges kulturelles Zentrum der Stadt; im Salon trafen sich Schriftsteller, Musiker und Maler. Ab Mitte des 19. Jh. bis 1870 trat hier der Scheremetew-Chor auf, an dem sich auch Glinka, Liszt und Berlioz erfreuten.

Im Januar 1918 übergab der Ururenkel des Grafen Scheremetew, Sergej Scheremetew, die Schlüssel des Schlosses im Smolnyj den Sowjets, die das Haus unter Denkmalschutz stellten. Sergej Scheremetew selbst wurde als wissenschaftlicher Beauftragter für den einstigen Familiensitz verpflichtet.

Der Palast ist mit Anna Achmatowa (s. S. 94) als **Fontanny dom** (Fontänenhaus) in die Geschichte eingegangen. 35 Jahre wohnte sie im Seitenflügel. »Ich habe auf diesen Adelssitz weder Anrecht noch Anspruch. Aber es ergab sich, dass ich fast mein ganzes Leben unter dem Dach des Fontänenhauses verbrachte; arm trat ich ein und arm verlasse ich ihn …«, erinnerte sich die Dichterin. Schon 1918 wohnte sie mit ihrem zweiten Mann Schilejko im Palais, da Schilejko bis zur Revolution als Erzieher im Hause des Grafen Scheremetew angestellt war. In den von der Achmatowa bewohnten Zimmern, die sie über Jahre mit anderen Familienmitgliedern teilen musste, zeigt das **Anna-Achmatowa-Museum** persönliche Gegenstände der Dichterin, aber auch Werke berühmter Künstler ihrer Zeit. 1990 wurden außerdem dem **Museum für Theater und Musik** (s. S. 55) Räume im Palast zur Verfügung gestellt, in Erinnerung an die Zeiten, als er Aufführungsort für Chormusik war.

Weitere Sehenswürdigkeiten

An der uliza Belinskowo ragen die blauen Türme der **Kirche St. Simeon und Anna** 7 (Zerkow sw. Simeona i Anny) auf, die schon 1731–35 im altrussischen Stil zu Ehren von Peters ältester Tochter Anna erbaut wurde. Einst fanden in dieser Kirche festliche Gottesdienste statt. Folgt man der Fontanka noch ein Stück nach Norden, gelangt man zum **Haus Nr. 14**, das 1897 zum letzten Aufenthaltsort von Lew Tolstoj in St. Petersburg wurde. Im 19. Jh. gehörte es dem Grafen Olsufew, der den Architekten Stakenschneider mit einem Umbau des Gebäudes beauftragte. Heute befinden sich hier das Restaurant **Demidow** 2 und ein Café. Wer statt nach Norden über die Belinskij-Brücke geht, kommt zum Zirkus.

Am Belinskij-Platz

Zirkus 8

nab. reki Fontanki 3, www.circus. spb.ru

Der Zirkus ist fester Bestandteil im Petersburger Leben, denn er ist ständig präsent, in einem festen Haus. Im 18. Jh. befand sich an der Stelle des Zirkus ein sogenannter Elefantenhof, in dem verschiedene Raubtiere gehalten wurden. Der erste Elefant kam schon 1714 nach St. Petersburg, ein Geschenk aus Persien für Peter den Großen. Der heutige Bau wurde 1877 errichtet und war damit das erste Zirkusgebäude in Russland.

Michaelsschloss 9

Sadowaja ul. 12, www.rusmuseum.ru, Mo, Mi, Fr, Sa, So 10–18, Do 13–21 Uhr

Das auch als Ingenieursschloss bekannte Michaelsschloss (Michailowskij dworez) ließ Katharinas Sohn Paul errichten. Paul quälte eine extreme Furcht vor einem Anschlag auf sein

Leben, deshalb ließ er sein Schloss zwischen Fontanka und Mojka zusätzlich durch tiefe Wassergräben sichern, die nicht mehr existieren. Es heißt, Paul habe vom Erzengel Michael geträumt, der ihm befahl, ihm zu Ehren eine Kirche zu errichten. So erhielt Pauls Schloss ein Gotteshaus, das dem Erzengel geweiht wurde. Gebaut wurde 1797–1800 nach Plänen der Architekten Brenna und Baschenow an der Stelle, an der zuvor der hölzerne Sommerpalast von Zarin Elisabeth gestanden hatte. Die vier Flügel des Schlosses umschließen einen quadratischen Innenhof. Die Handschuhe der Hofdame Lopuchina sollen den roten Farbton der Fassade inspiriert haben.

Nur 42 Tage wohnte Paul In seinem Schloss, dann fiel er tatsächlich einem Anschlag zum Opfer, an dem Platon Subow, der letzte Geliebte Katharinas, maßgeblich beteiligt war. Pauls Tod löste einen Freudentaumel im Land aus, denn der Zar war kein kluger Herrscher gewesen, sondern hatte sich einzig von dem Wunsch leiten lassen, alles anders zu machen als seine Mutter Katharina, woraus nichts Gutes folgte.

Pauls Sohn Alexander I. wollte nicht in dem Schloss leben, so zog hier ein paar Jahre später die Ingenieursschule ein, an der von 1838 bis 1841 auch Fjodor Dostojewskij studierte. Heute gehört ein Teil des Schlosses zum Russischen Museum und beherbergt die Bibliothek der Kriegsmarine. Im Schlosspark steht ein bronzenes **Reiterdenkmal Peters des Großen,** das noch zu dessen Lebzeiten von Carlo Rastrelli geschaffen wurde, dem Vater des großen Architekten.

Uliza Pestelja und Umgebung

Erneut überquert man die Fontanka. Hinter der Brücke beginnt die uliza Pestelja. Ihren Anfang markiert die 1735–39 erbaute barocke **Kirche des Hl. Pantelejmon** 10 (Zerkow sw. Pantelejmona). Dahinter zweigt die Soljanoj pereulok (Salzgasse) ab, die ihren Namen dem Umstand verdankt, dass sich Ende des 18. Jh. an dieser Stelle die großen Salzlager der Stadt befanden.

Das Gebäude Nr. 13–15 wurde Ende des 19. Jh. im Neorenaissancestil errichtet und beherbergt das **Stieglitz-Museum** 11 (www.stieglitzmuseum.ru, Di–Sa 11–17 Uhr, letzter Fr im Monat geschl.). Sergej Diaghilew, der Tausendsassa der russischen Künste (s. S. 99), zeigte hier seine ersten Ausstellungen. Dank zahlreicher Schenkungen verfügt das Museum heute über 30 000 Exponate, darunter kostbare Möbel, Gobelins, Porzellan, Glasobjekte, Gold- und Silberwaren.

Im Nebengebäude befindet sich die **Muchina-Hochschule für Gestaltung.** Absolventen waren einige der Mitki (s. S. 92) und Michail Schemjakin, der das Denkmal für Peter den Gro-

ßen in der Peter-Paul-Festung schuf.

In **Haus Nr. 5** der ul. Pestelja, die früher nach der Kirche Pantelejmonowskaja hieß, wohnte Puschkin 1833/34 und schrieb hier u. a. sein Poem vom ›Ehernen Reiter‹. In **Haus Nr. 11** lebte der Komponist Mussorgskij von 1871 bis 1873 und überarbeitete hier seinen »Boris Godunow«. Einer seiner Nachbarn war Rimskij-Korsakow. Im Jahr 1865 wohnte für kurze Zeit auch Tschaikowskij in diesem Haus.

Murusi-Haus 12

Im Eckhaus uliza Pestelja/Litejnyj prospekt, dem Murusi-Haus, verbrachte der Dichter Joseph Brodsky 17 Jahre seines Lebens zusammen mit seinen

Gut an der rötlichen Farbe zu erkennen: das Michaelsschloss (Ingenieursschloss)

Eltern in einer Kommunalwohnung mit eineinhalb Zimmern: »Von diesem Balkon aus konnten wir die ganze Länge der Straße überblicken, deren typisch Petersburgische, einwandfreie Perspektive, die mit der Silhouette der Kuppel von der Panteleimonskirche abschloss, oder – schaute man nach rechts – mit dem großen Platz, in dessen Mitte die Frlöser-Kathedrale des Regiments ihrer Kaiserlichen Majestät steht. Als wir in dieses maurische Wunder zogen, war die Straße schon nach Pestel umbenannt, dem hingerichteten Führer der Dezembristen.« So erinnert sich Joseph Brodsky an das Gebäude im maurischen Stil des Fürsten Murusi, in dem in den Jahren

vor der Revolution die Dichter Sinaida Hippius und Dmitrij Mereschkowskij ihren literarischen Salon führten. Vor ein paar Jahren hat man Brodsky mit einer Gedenktafel geehrt, deren schlichte Inschrift lautet: »In diesem Haus lebte von 1955 bis 1972 der Dichter Joseph Alexandrowitsch Brodsky.« In den eineinhalb Zimmern der Familie ist ein kleines Brodsky-Museum mit Originalmöbeln und Gegenständen des Dichters geplant.

Bummel im Viertel der Antiquitätenhändler

Zwischen Fontanka und Litejnyj prospekt konzentrieren sich in der uliza Pestelja und der benachbarten Mochowaja uliza extrem viele Antiquitätengeschäfte. Auf die Suche gehen kann man z. B. bei **Serebjannyj Wek** 3, wo man u. a. Leuchter und Lampen findet, bei **Pantelejmonowskaja** 4 mit einer großen Auswahl an Vorrevolutionärem sowie in der **Antiquarnaja Galereja Trianon** 5, die sich durch ein sehr hochwertiges Angebot an Möbeln, aber auch kleineren Objekten wie Skulpturen auszeichnet.

Für das leibliche Wohl sorgen einige nette Lokale: an der Ecke zur Soljanoj pereulok das ausgesprochen beliebte italienische Restaurant **Vox** 4, gegenüber das kleine vegetarische Restaurant **Botanika** 7.

Preobraschenskaja-Platz und Umgebung

Parallel zum Preobraschenskaja-Platz verläuft die Kirotschnaja uliza Richtung Taurischer Garten. Wenn man diese Straße entlanggeht oder rechts in die Majakowskaja uliza einbiegt, lernt man ein ganz anderes Petersburg kennen. Abseits der Potjomkinschen Dörfer die zum Jubiläumsjahr 2003 aufgebaut wurden, sieht man hier ganze Häuserzeilen, die offensichtlich dem Verfall preisgegeben sind.

Erlöser-Verklärungs-Kathedrale 13
Preobraschenskaja pl. 1
Nachdem Offiziere des Preobraschenskij-Regiments Elisabeth im November 1741 auf den Thron geholfen hatten, verfügte sie den Bau der Erlöser-Verklärungs-Kathedrale (Spaso-Preobraschenskij sobor) nach Entwürfen von Rastrelli, die aber einem Brand zum Opfer fiel. Wassilij Stassow erbaute an ihrer Stelle 1827–29 ein fünfkuppliges Gotteshaus im klassizistischen Stil. Hier wurde im November 1893 Tschaikowskijs Totenmesse

gelesen. Den Zaun um die Kathedrale fertigte man aus 102 türkischen Kanonenrohren, erbeutet von der russischen Armee 1828/29. Der Platz um die Kathedrale wird von kleinen Läden, Cafés und Restaurants gesäumt.

Annenkirche und Umgebung
Die Kirotschnaja uliza hat ihren Namen von der **Annenkirche** 14 (Kircha Swjatoj Anny), einer lutherischen Kirche, die Jurij Veldten 1779 erbaute. In der Sowjetzeit wurde sie zum Kino Spartak, dem einzigen Programmkino der Stadt, das Filme von Truffaut, Godard, Antonioni und Fassbinder zeigte. Über den Kirchhof gelangt man in die Furschtatskaja uliza, in der mehrere Konsulate liegen, u. a. das deutsche und das österreichische Konsulat. Ab hier bis zur Newa hin beginnt der aristokratische Teil des Litejnyj-Bezirks, d. h. die Häuser werden feudaler, doch auch hier weicht die Idee vom Ist-Zustand ab.

Geht man die Majakowskaja ul. bis zur ul. Schukowskowo, kommt man zur trendigen **Anna Nova Art Gallery** 1.

Die Gegend südlich des Preobraschenskaja-Platzes ist das Petersburg Putins: In der Baskow per. 12 lebte er als Kind; bis zur achten Klasse besuchte er die Schule Nr. 193 in der Grodnenskij pereulok. In den 1970er-Jahren befand sich die juristische Fakultät, an der er studierte, in der Nähe des Smolnyj und im Smolnyj begann seine Karriere als Politiker unter dem Reformpolitiker Anatolij Sobtschak, dem Bürgermeister zur Wendezeit.

Taurischer Garten und Umgebung

Taurischer Garten 15
Die Kirotschnaja begrenzt den südlichen Teil des Taurischen Gartens (Ta-

writscheskij sad), der auch ›Stadtpark für Kinder‹ genannt wird: Karussells und Spielplätze bieten den Petersburger Kindern Spaß und im Winter wird auf dem Großen See, wo früher venezianische Gondeln entlangglitten, Schlittschuh gelaufen. Es ist die größte Grünfläche innerhalb der Stadt. Die alte Orangerie, wo man tropische Pflanzen besichtigen konnte, wurde leider zugunsten neuer prestige- und profitträchtiger Wohnhäuser abgerissen.

Taurisches Palais 16

Schpalernaja ul. 47

Folgt man nun der Schpalernaja ul. stadtauswärts, gelangt man zum Taurischen Palais (Tawritscheskij dworez). Den pompösen Palast im Stil des römischen Pantheons erbaute 1783–89 der Architekt Iwan Starow im Auftrag von Katharina der Großen. Diese machte das Palais ihrem Lieblingsgeliebten Grigorij Potjomkin zum Geschenk, denn er hatte 1783 die Krim dem Osmanischen Reich entrissen und den Anschluss der Krim an Russland vorzüglich gelöst. Sie ernannte Potjomkin zum Fürsten von Taurien (die Griechen hatten die Krim Tauris genannt). Die ›Potjomkinschen Dörfer‹, die Scheinwelten, die er ihr bei ihrem Besuch auf der Krim dargeboten hatte, wollte sie wohl nicht erkennen.

Ein Glanzstück des Palais, in dem zu Potjomkins Lebzeiten rauschende Feste gefeiert wurden, war der riesige Ballsaal, für dessen Beleuchtung Kerzen in 50 Kronleuchtern brannten. In einem Augenzeugenbericht über das Neujahrsfest 1791 heißt es: »Nach dem Tanz trat man in ein anderes, mit Gobelins behangenes Zimmer. Hier stand ein künstlicher Elefant, mit Smaragden und Rubinen behangen … Ein Vorhang flog auf und auf einer prächtig dekorierten Bühne wurden

Mein Tipp

Tipico italiano

Nicht nur italienische Baumeister haben in Petersburg Großartiges geleistet, neuerdings schaffen das auch italienische Köche. Im **Francesco** 6 besticht nicht nur die echt italienische Atmosphäre, Chefkoch Giuseppe Priori bereitet auch die besten italienischen hausgemachten Speisen. Köstlich der Risotto mit Kürbis und Hähnchenleber (Suworowskij pr. 47, Tel. 275 05 52, www.restoran-francesco.ru, Metro: Ploschadj Wosstanija, tgl. ab 11 Uhr bis zum letzten Gast, Hauptgerichte ab 9 €).

zwei Ballette und eine theatralische Vorstellung gezeigt. Musik und Sängerchöre wechselten einander ab. Als die Darbietung geschlossen wurde, verteilte sich die Gesellschaft in alle Zimmer des Taurischen Palastes. Wo man hinsah, überraschte jetzt eine prächtige Erleuchtung. Wände und Säulen schienen in Feuer zu stehen; große Spiegel, die teils versteckt angebracht, teils als Pyramiden und in Grotten aufgestellt waren, verdoppelten die seltenen Wirkungen, und auch der große Park schien durch die Tausende von Lichtern wie mit Sternen überzogen zu sein.«

Ein anderes Glanzstück des Taurischen Palais war der Wintergarten, der später als Sitzungssaal für die Duma umgebaut wurde, die seit 1906, als Zar Nikolaj II. unter dem Druck der ersten russischen Revolution 1905 das erste russische Parlament zuließ, hier tagte. Zur Zeit der Doppelherrschaft – ab Februar 1917 – tagten zeitweilig in einem Trakt die Mitglieder der Provisorischen Regierung, ▷ S. 227

Auf Entdeckungstour: Lenin und die Revolution – eine Spurensuche

Lenins Sowjetreich ist tot, doch die Stadt trug 70 Jahre seinen Namen und an vielen Orten finden sich Spuren seines Lebens. Im August 1917 zogen die Arbeiter- und Soldatenräte in das Smolnyj-Institut und leiteten von hier die Revolution ein. Lenins Wohn- und Arbeitsräume sind noch heute zu besichtigen.

Zeit: 2–3 Std.
Start: Finnischer Bahnhof (Metro: Ploschadj Lenina)

Freiheit, Brot und Frieden

Vor dem **Finnischen Bahnhof** steht heute noch **Lenins Denkmal,** denn hier kam er im April 1917 aus seinem Schweizer Exil an. Im plombierten Eisenbahnwaggon hatten ihn die Deutschen nach Russland reisen lassen. Sieben Tage vor seiner Ankunft war er mit seiner Frau Nadeschda Krupskaja, seiner Geliebten Inès Armand und anderen in den Waggon gestiegen. Der deutsche Generalstab hatte für eine ungehinderte Fahrt durch Deutschland gesorgt. Auch mit Geld wurden die Bolschewiki ausgestattet, denn man hoffte, Lenin würde den Krieg mit Deutschland beenden.

Zuvor war es zur Februarrevolution gekommen. Enorme Verluste im Krieg, Lebensmittelknappheit und steigende Preise lasteten schwer auf der Bevölkerung. Die Revolution, die zur Abdankung des Zaren führte, war weniger politisches Aufbegehren als Ausdruck des Wunsches der Menschen nach Frieden und Brot, der sich in Massenaufständen äußerte. Russland wurde zur Republik und eine Doppelherrschaft von bürgerlicher Provisorischer Regierung und den Sowjets, den Arbeiter- und Soldatenräten, wurde errichtet.

Gleich nach der Ankunft hielt Lenin auf dem Bahnhofsplatz von einem Panzerwagen eine flammende Rede, in der er die dringenden Bedürfnisse der Bevölkerung ansprach: Freiheit, Brot und Frieden. Es war eine Kampfansage an die Provisorische Regierung. Dann eilte er in die **Villa Kschessinskaja** (Metro: Gorkowskaja), wo die Sowjets ihr Hauptquartier bezogen hatten, um vom Balkon aus zum Volk zu sprechen. »Alle Macht den Räten!«, rief er den jubelnden Matrosen und Soldaten zu. Heute kann man hier Lenins Arbeitszimmer besichtigen (s. S. 259).

Wer war Lenin?

Während der Sowjetzeit galt er als Heiliger, eingehüllt in den Weihrauchnebel der Parteipropaganda und auf den Denkmalsockeln des Landes allgegenwärtig. Wladimir Iljitsch Uljanow (1870–1924), wie Lenin wirklich hieß, wurde im Wolga-Städtchen Simbirsk in eine zum niederen Adel gehörende Familie hineingeboren. Durch seine Herkunft gehörte er zur russischen Intelligenzija. Er studierte Jura und geriet nach der Hinrichtung seines älteren Bruders Alexander (1887) wegen Beteiligung an der Vorbereitung eines Attentats gegen den Zaren früh zur revolutionären Bewegung.

Die Hinrichtung des geliebten Bruders wird zum Wendepunkt in Lenins Leben. Von nun verschreibt er sich ganz der Revolution und schließt sich marxistischen Kreisen an. Als Externer legt Lenin 1890 sein Juraexamen an der St. Petersburger Universität ab. Mit dem Hinweis auf seine außergewöhnlichen Leistungen erhält er das Universitätsdiplom ersten Grades.

Unstrittig war er einer der herausragenden Köpfe der russischen Revolution und seiner Zeit. Schon 1902 hatte er den Text »Was tun?« geschrieben, in dem er eine Organisation von Berufsrevolutionären forderte. Ein Jahr später wurde er Führer eines Flügels der Sozialdemokratischen Arbeiterpartei Russlands, der ›Bolschewiki‹. Lenin war vor allem ein Theoretiker, aber auch ein genialer Stratege, der den Marxismus in der Praxis anwandte und die revolutionären Massen zu lenken wusste.

Die Oktoberrevolution

Der **Panzerkreuzer Aurora** (s. S. 258; Metro: Gorkowskaja) fuhr von Kron-

225

Zweiter Sowjetkongress im Smolnyj: Lenin hält eine seiner flammenden Reden

stadt die Newa aufwärts und gab den entscheidenden Schuss ab: das Signal für die Aufständischen zum Sturm auf das Winterpalais. Zehn Jahre später wurde die Revolution in Eisensteins Film »Oktober« mit dem Mythos eines großen Aufstandes umgeben. In Wirklichkeit spielte sich alles viel unheroischer ab. Die Mitglieder der Provisorischen Regierung, die im Winterpalast ihren Standort hatten, gaben schnell auf. Es kam nicht zu einem Kampf und es wurde nichts beschädigt.

Die eigentliche Revolution am 25. Oktober (alter Zeitrechnung) 1917 vollzog sich lautlos: Die Menschen bummelten den Newskij auf und ab, der große Fjodor Schaljapin sang im Mariinskij-Theater den König Philipp in Verdis »Don Carlos« und Lenin fuhr mit der Straßenbahn in den Smolnyj, wo am 25. und 26. Oktober der 2. Allrussische Kongress der Sowjets stattfand und die Sowjetmacht ihren Anfang nahm.

Das **Smolnyj-Institut** (s. S. 227; Bus 46, 74, 136 ab Ploschadj Wosstanija) wurde nicht nur Sitz der ersten Sowjetregierung, Lenin bezog hier auch für 124 Tage Quartier. Der historische Festsaal und Lenins Wohn- und Arbeitsräume sind zu besichtigen (Mo–Fr 11–16 Uhr).

Umzug nach Moskau

Anfang 1918 zog die neue Regierung nach Moskau. Lenin war mit dem Bürgerkrieg konfrontiert, in dem ehemalige zaristische Offiziere und antibolschewistische Kräfte die Regierung wieder abzusetzen versuchten. Doch 1921 siegte die Rote Armee. Lenin erlitt kurz darauf einen Schlaganfall und zog sich zurück. Nach seinem Tod 1924 wurde die Stadt in Leningrad umbenannt. Beim Antritt der Heimreise, auf dem Weg zum Flughafen, kann man Lenin übrigens noch einmal zuwinken: Er steht auf dem Podest am Moskowskaja ploschadj.

in dem anderen die Arbeiter- und Soldatenräte. Während der Sowjetzeit war der Palast in den Händen der Kommunistischen Partei, heute ist er Sitz der Zwischenparlamentarischen Versammlung der GUS-Staaten.

Wassermuseum 17

Schpalernaja ul. 56, www.vodokanal-museum.ruu, Mi–So 10–19 Uhr
Gegenüber vom Taurischen Palais erhebt sich der rote Turm des Wassermuseums (Mir Wody Sankt-Peterburga). 1863 als Pumpenturm errichtet, beherbergt er heute eines der jüngsten Museen in Petersburg. Beim Besteigen des Turms vollzieht man die Geschichte der Wasserversorgung nach; jede Etage ist einer anderen Zeit gewidmet. Auch Nachttöpfe und historische Kloschüsseln werden gezeigt.

Kikin-Palais 18

Schpalernaja ul. 9
Das Kikin-Palais (Kikiny palaty) gehört zu den ältesten Bauten der Stadt. General Kikin war ein enger Freund von Peters ungeliebtem und aufrührerischem Sohn Alexej. Da er sich mit diesem verbündet hatte, ließ Peter ihn 1718 hinrichten. Sein Haus wurde konfisziert und schon 1719 richtete Peter in diesem Palast die erste Kunstkammer mit seiner Kuriositätensammlung ein, bis sie in die Kunstkammer auf der Wassiljewskij-Insel umzog. Heute ist in dem Palais eine Kindermusikschule untergebracht. Um den Palast herum sind in der Schpalernaja ul. viele neue, hochpreisige Wohngebäude entstanden.

Smolnyj-Kloster ! 19

Zu Peters Zeiten wurde an der Newa, wo heute der Smolnyj-Komplex steht, Teer (russ. *smola*) für den Schiffsbau gekocht, und da Peter den Teerhof oft besuchte, ließ er sich hier einen kleinen Palast bauen. Diesen schenkte er 1720 seiner Tochter Elisabeth, der die Lage an der Newa so gut gefiel, dass sie ihren Lieblingsarchitekten Rastrelli beauftragte, hier ein Frauenkloster zu bauen, in das sie sich im Alter zurückziehen wollte. Rastrellis Gesamtprojekt war fantastisch und ist bis auf den 140 m hohen Glockenturm realisiert worden. Anfang des 19. Jh. setzte Wassilij Stassow Rastrellis Pläne in die Tat um.

Auferstehungskirche

pl. Rastrelli, 1, Do–Di 10–19 Uhr
Im Zentrum eines von Klostergebäuden umgebenen Platzes steht die Auferstehungskirche (Woskressenskij sobor) mit ihrem 94 m hohen Turm. Stassow vollendete den Innenausbau der Kathedrale, die heute für Ausstellungen genutzt wird. Als in der Kirche noch Chöre sangen, war sie für ihre schlechte Akustik bekannt. Der Legende nach ist ein Priester, der sich einst im Altarbereich erhängte, für die Störung des Raums verantwortlich.

Die elegante blau-weiße Barockkirche wurde Rastrellis Meisterwerk, das der russische Kunsthistoriker Viktor Kurbatow treffend beschreibt: »Mit Rastrellis Kirche war ein Ideal erreicht, die Nebenkuppeln scheinen die mittlere zu tragen und ermöglichen es dieser damit, sich wahrhaft in die Höhe zu schwingen.« Vom Kirchturm bietet sich bei klarer Sicht ein ausgezeichneter Blick. In den umliegenden sanierten Klostergebäuden befinden sich heute einige Fakultäten der Universität und Abteilungen der Stadtverwaltung.

Smolnyj-Institut

ul. Smolnowo 1, s. a. Entdeckungstour S. 226
Das Kloster wurde nie als solches genutzt. Schon 1764 verfügte Katharina

Meisterhafte Architektur in Weiß und Blau: Auferstehungskirche des Smolnyj-Klosters

die Große, dass dort ein Institut für adlige Töchter eingerichtet werden solle. Für diese erste russische Lehranstalt für Frauen errichtete Quarenghi 1808 im südlichen Teil des Geländes einen dreiflügeligen klassizistischen Bau, das Smolnyj-Institut. Noch bis August 1917, als die Arbeiter- und Soldatenräte das Gebäude besetzten, wurde in den Räumlichkeiten die Bildung von jungen Adelsdamen betrieben.

Im Ballsaal, wo die Adelstöchter mit jungen zaristischen Offizieren getanzt hatten, fand im Oktober 1917 der zweite gesamtrussische Sowjetkongress statt, der die ersten Dekrete der neuen Regierung verabschiedete. Nicht nur Lenins Arbeitszimmer befand sich bis zur Verlegung des Regierungssitzes nach Moskau im Smolnyj, sondern die gesamte Sowjetregierung

hatte hier ihren Sitz. Danach vereinnahmte die KPdSU das Gebäude und besaß es bis 1991. Im Jahr 1934 wurde der Leningrader Parteisekretär Sergej Kirow auf dem Weg in sein Büro ermordet. Vom Smolnyj aus leitete Andrej Schdanow die darauf folgende ›Große Säuberung‹ der Partei. Heute ist der Smolnyj Amtssitz des Petersburger Gouverneurs Georgij Poltaschenko (Infos zur Besichtigung der historischen Räume s. S. 226).

Essen & Trinken

Boheme – **Schaljapin**  : ul. Twerskaja 12/15, Tel. 275 32 10, www.shalyapin spb.ru, Metro: Tschernyschewskaja, Hauptgerichte ab 12 €. Benannt nach Russlands Opernstar, macht das Restaurant mit seinen Künstlerfotos an den Wänden seinem Namen alle Ehre.

Einkaufen

Trendy – **Anna Nova Art Gallery** **1**:
s. S. 40 und S. 222.
Alles auf Englisch – **Anglia** **2**: s. S. 39.
Vorrevolutionäres – **Serebjannyj
Wek** **3**: s. S. 39.
Möbel, Bilder, Porzellan – **Pantelejmo-
nowskaja** **4**: ul. Pestelja 13/15, Tel. 273
81 71, Metro: Tschernyschewskaja, Mo–
Sa 11–19 Uhr. Eine große Auswahl an
Vorrevolutionärem.
Antiquitäten nur vom Feinsten – **An-
tiquarnaja Galereja Trianon** **5**: ul.
Pestelja 10, Tel. 272 89 02, www.ar
tantiq.ru, Metro: Tschernyschewska-
ja, tgl. 11–21 Uhr. Hoher Standard an
Empire-, Biedermeier- und Jugendstil-
möbeln, außerdem westeuropäische
Malerei, Leuchter und Lampen sowie
Skulpturen.

Abends & Nachts

Filme jenseits des Mainstreams – **Dom
Kino** **1**: s. S. 49.
Für Groß und Klein – **Großes Puppen-
theater** **2**: s. S. 47.
Innovativ – **JFC Jazz Club** **3**: s. S. 45.

Auf die Tische kommt Bodenständiges
aus der russischen und europäischen
Küche.
Romantisch – **Demidow** **2**: s. S. 33.
Fisch pur – **La Marée** **3**: s. S. 32.
Chic – **Vox** **4**: s. S. 35.
Entspannt – **Prjanosti & Radosti** **5**:
s. S. 36.
Tipico italiano – **Francesco** **6**: s.
S. 35.
Vegetarisch – **Botanika** **7**: ul. Pestelja
7, Tel. 272 70 91, www.cafebotanika.
ru, Metro: Tschernischewskaja, tgl.
12–23 Uhr. Hauptgerichte ab 5 €. Alles
ist hier grün: der Fußboden, die Wän-
de, die Vorhänge und die Samtsofas.
Es ist eines der wenigen vegetarischen
Restaurants in Petersburg; kleine Ge-
richte der italienischen, indischen und
russischen vegetarischen Küche.
Georgisch – **Aragvi** **8**: s. Tipp s. S. 219.
Günstig – **Dwe Palotschki** **9**: s. S. 140.

Mein Tipp

Leselust und Kaffeesucht
Im **Knigi i Kofe** **10** kann man genau
das machen, was der Name verspricht:
Bücher lesen und Kaffee trinken. In
dem Raum, der wie eine Bibliothek
wirkt, finden jeden Abend Veranstaltungen statt: Lesungen, Lieder- oder
Filmabende, Diskussionen oder Ausstellungen (ul. Gagarinskaja 20, Tel.
272 49 90, www.bookcoffee.ru, Metro: Tschernyschewskaja, tgl. 12–22
Uhr).

Wassiljewskij-Insel

Auf Entdeckungstour

Der Gottorper Globus im Turm der Kunstkammer: Dieses Wunderwerk der Geowissenschaften und Astronomie beeindruckte Zar Peter auf einer Reise so sehr, dass er sogleich beschloss, es mit in seine neue Hauptstadt zu nehmen. In der Kunstkammer ist der Globus in seiner ganzen Pracht zu bewundern. **6** S. 238

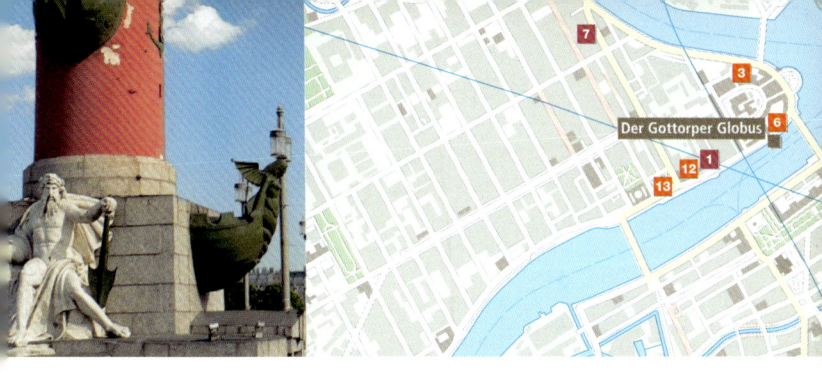

Kultur & Sehenswertes

Puschkinhaus: Das alte Zollgebäude beherbergt Dokumente zum Leben von Puschkin, Lermontow, Gogol, Tolstoj, Dostojewskij, Majakowskij u. a. Auch das Institut für Russische Literatur hat hier seinen Sitz. **3** S. 235

Kunstkammer: Im ersten Museum Russlands, das 1719 eröffnet wurde, sind Kuriositäten Peters des Großen zu bewundern. **6** S. 237

Menschikow-Palais: Hier erfährt man Interessantes über das Leben in der Stadt zur Zeit ihrer Gründung. Beeindruckend sind z. B. die mit Delfter Kacheln geschmückten Säle. **12** S. 241

Zu Fuß unterwegs

Spaziergang im Rumjanzew-Garten: In dem kleinen Park unweit der Newa kann man ein paar Schritte unter Bäumen gehen und einige Büsten betrachten, z. B. die des Malers Ilja Repin. **13** S. 241

Genießen & Atmosphäre

Stolle: Die besten Piroggen der Stadt gibt es hier. Ob süß mit Apfel, Quark oder Kirschen oder kräftig mit Fleisch, Fisch, Kohl, Pilzen oder Lauch. Frisch und gut! **7** S. 246

Abends & Nachts

Bellini: Der Blick aus den hohen Fenstern ist besonders schön am Abend: Im Sommer, wenn die Sonne der ›Weißen Nächte‹ die Paläste auf der anderen Uferseite noch pastellfarbener wirken lässt, und bei Dunkelheit, wenn durch die künstliche Beleuchtung Isaakskathedrale und Uferpromenade geheimnisvoll glitzern. **1** S. 32, 241

Insel der Wissenschaft und Kultur

Die Wassiljewskij-Insel (Wassiljewskij ostrow), auch Wassilij-Insel genannt, ist der windigste Ort der Stadt. Kein Wunder, denn die Insel liegt zwischen Kleiner und Großer Newa und dem Finnischen Meerbusen. Über die Insel wird gesagt, dass sie schon 200 Jahre vor der Gründung Petersburgs ihren Namen hatte, obwohl sie damals nur aus Wäldern und Sümpfen bestand.

Eigentlich hatte Peter die Insel seinem Freund Alexander Menschikow geschenkt, der am Ufer der Großen Newa das erste Steinhaus der Stadt erbauen ließ, das Menschikow-Palais.

Infobox

Reisekarte: ▶ F–K 9–13

Tourverlauf
Der Spaziergang beginnt auf der Strelka, der Spitze der Insel. Wie ein Schiffsbug stößt sie in die Newa, die sich hier in Kleine und Große Newa teilt. Die Strelka liegt genau gegenüber der Eremitage, von dort kann man zu Fuß über die Schlossbrücke gehen. Der Rundgang endet am Srednij prospekt (Metro: Wassileostrowskaja).

Schöne Orte für Pausen
Der kleine Park auf der Strelka ist einer der schönsten Aussichtsplätze der Stadt. Am Newa-Ufer genießt man auf der Uferbrüstung oder auf den Stufen ebenfalls einen tollen Blick und der kleine Rumjanzew-Garten hält einige Bänke für eine Pause bereit.

Doch dann fasste Peter den Entschluss, hier das Stadtzentrum anzusiedeln. Dieser Plan wurde später aber verworfen, da sich die Insel als zu sumpfig erwies. Auch die Insellage stellte sich als ungünstig für ein Stadtzentrum heraus. So entwickelte sich dieser Stadtteil, der nach Plänen des Architekten Leblond bebaut wurde, zum Wissenschafts- und Kulturzentrum von St. Petersburg.

An der Wassiljewskij-Insel kann man am besten sehen, dass St. Petersburg auf dem Reißbrett entstanden ist. Darin ähnelt die Insel Manhattan. Sie ist wie ein Dreieck geformt und auch ihr Aufbau ist geometrisch. Verloren gehen kann man hier nicht: Drei Prospekte – der Große (Bolschoj), der Mittlere (Srednij) und der Kleine (Malyj) – ziehen sich von Osten nach Westen zum Finnischen Meerbusen, senkrecht dazu verlaufen die durchnummerierten ›Linien‹, wobei jede Straßenseite eine eigene Nummer hat. Jenseits der Linien beginnt das Neubaugebiet, auch viel Gewerbe ist hier angesiedelt.

Die Bewohner der Wassilij-Insel sind stolz darauf, hier zu wohnen, und finden, man spüre nur hier, dass Petersburg eine Stadt am Meer ist. Fast alle Sehenswürdigkeiten liegen auf dem Ostteil der Insel, dessen Spitze die Strelka bildet. Hier gibt es auch die größte Konzentration von Studenten und Wissenschaftlern, denn in diesem Bereich befinden sich nicht nur die meisten Fakultäten der Petersburger Universität, sondern auch die Bergbauuniversität und die Akademie der Künste sowie das Literaturinstitut, Puschkinhaus genannt.

Auf den ersten Blick nicht als Leuchttürme zu erkennen: die markanten Rostra-Säulen

Börsenplatz und Umgebung

Auf dem Vorplatz der Börse, der **Strelka** (›Pfeil‹), hat man das Panorama von St. Petersburg ideal vor sich liegen: rechts das Zentrum mit der Admiralität und der Eremitage, links die Halbinsel mit der Peter-Paul-Festung. Man fühlt sich hier wie auf einem Schiff – besonders bei Wind, wenn sich die Wellen vor dem granitenen Ufer brechen und man langsam in die Stadt hineinzugleiten meint. Auf der Newa gibt es seit 2006 Wasserspiele, beleuchtete Fontänen, die im Sommer zu bestimmten Zeiten in Betrieb sind.

233

Wassiljewskij-Insel

Sehenswert

1. Börse
2. Rostra-Säulen
3. Puschkinhaus (Literaturmuseum)
4. Zoologisches Museum
5. Schlossbrücke
6. Kunstkammer
7. Akademie der Wissenschaften
8. Lomonossow-Denkmal
9. Zwölf Kollegien
10. Bibliothek der Akademie der Wissenschaften
11. Geburtshaus von Alexander Blok
12. Menschikow-Palais
13. Rumjanzew-Garten
14. Akademie der Künste
15. Sphingen
16. Kirche der Hl. Katharina
17. Andrejewskij-Kathedrale
18. Kirche der Drei Heiligen

Essen & Trinken

1. Bellini
2. Staraja Tamoschnja
3. Restoran
4. Harbin
5. Grad Petrow
6. Tschajnaja Loschka
7. Stolle

Einkaufen

1. Andrejewskij-Markt
2. Janus
3. Art Gorod
4. Aisberg
5. Babuschka

Aktiv

1. Holiday Club Spa
2. Waterville

Abends & Nachts

1. Jambala
2. Helsinki Bar

In der Grünanlage zur Newa hin liegt ein Anker aus dem 18. Jh. Er wurde im Jahr 2003 zum 300. Stadtgeburtstag hierher gelegt, nachdem man ihn im Hafenbecken gefunden hatte.

Börse 1

Einem antiken Tempel nachempfunden, thront die Börse (Birscha) auf der Spitze der Insel. Schon früh hatte Peter erkannt, dass die Strelka einen günstigeren Ankerplatz für Handelsschiffe bot als der ursprünglich vorgesehene Ankerplatz auf der Petrograder Seite. So fand der Hafen samt Börse, Zoll, Lager- und Packhäusern hier seinen Platz. Erst Ende des 19. Jh. verlegte man ihn wegen der größeren Frachtschiffe an seinen heutigen Platz im Westen der Stadt. Die Börse, in

der die Handelsgeschäfte mit ausländischen Kaufleuten getätigt wurden, entstand allerdings erst 1816 nach Plänen des Schweizer Architekten Thomas de Thomon. Bis 2012 war hier das Marine-Museum untergebracht. Noch ist unklar, was mit dem Gebäude passieren soll.

Rechts und links der Börse wurden symmetrische Lager- und Packhäuser für die Waren gebaut. Wenn man weiß, dass im Russischen für ein ›H‹ ein ›G‹ verwendet wird, kann man erkennen, dass *pakgausy* vom Deutschen abgeleitet ist.

Rostra-Säulen

Schiffsschnäbel (lat. *rostrum*) schmücken die beiden markanten, von Tho-

mas de Thomon errichteten Leuchttürme. Die Skulpturen am Fuß der Säulen symbolisieren die Flüsse Newa, Wolga, Dnjepr und Wolchow. An Feiertagen erfreuen nicht nur Feuerwerke die Petersburger, auf den Rostra-Säulen werden dann auch die 7 m hohen Fackeln angezündet.

Puschkinhaus

nab. Makarowa 4, www.puschkinskij dom.ru, Mo–Fr 11–16 Uhr

Am nördlichen Lagerhaus vorbei geht es zum Ufer der Kleinen Newa, wo das alte Zollamt steht. Es wurde ebenso wie die Packhäuser von Giovanni Luchini im klassizistischen Stil entworfen (1829–32). Auf seinem Giebel wachen drei Kupferstatuen: die

235

Feuerspektakel während der Weißen Nächte – im Hintergrund die Kunstkammer

römischen Götter des Meeres und des Handels, Neptun und Merkur, sowie die Fruchtbarkeitsgöttin Ceres. Heute ist hier das **Institut für Russische Literatur** untergebracht, Puschkinhaus (Puschkinskij dom) genannt, weil es die Handschriften von Alexander Puschkin verwahrt. Andrej Bitow hat dem Institut mit seinem gleichnamigen Roman, einem opulenten Werk über die Sowjetzeit, ein Denkmal gesetzt. Auch das **Literaturmuseum** befindet sich hier.

Nach dem Puschkinhaus kann man links in die kleine Tifliskaja uliza einbiegen, hinter der Börse vorbei gelangt man in die Tamoschennaja pereulok, passiert die beiden Restaurants **Restoran** 3 und **Staraja Tamoschnja** 2, um dann wieder an die Uferstraße, Uniwersitetskaja nabereschnaja, der Großen Newa zu gelangen.

Zoologisches Museum 4

Uniwersitetskaja nab. 1, www.zin.ru, Mi–Mo 11–18 Uhr
Im südlichen Packhaus wurde das Zoologische Museum (Soologitscheskij musej) eingerichtet. Es ist eines der größten Zoologischen Museen der Welt: Rund 40 000 ausgestopfte und präparierte Tiere sind zu besichtigen.

brücke errichtet und beeindruckt besonders während der Weißen Nächte (s. S. 108).

Kunstkammer 6

Uniwersitetskaja nab. 3, www.kunst kamera.ru, Di–So 11–18 Uhr, letzter Di im Monat geschl.

In einem imposanten weiß-blauen Gebäude mit Turm befindet sich die Kunstkammer (Kunstkamera), das erste Museum Russlands (1719 eröffnet). Schon früh hatte Peter auf seinen Europareisen Kuriositäten gesammelt und eine große Sammlung von Raritäten und Abnormitäten zusammengetragen: Kinderköpfe, siamesische Zwillinge, ein Kalb mit zwei Köpfen u. a. Ursprünglich wurde die Sammlung im Kikin-Palast unweit des Smolnyj bewahrt. Peter verstand es, sein Volk in das Museum zu locken: Es gab Wodka und einen kleinen Imbiss frei.

Das neue Gebäude der Kunstkammer wurde erst nach Peters Tod 1734 fertiggestellt. Heute sind hier das **Museum für Anthropologie und Ethnografie** sowie das kleine **Lomonossow-Museum** untergebracht. Letzteres ist Michail Lomonossow (1711–65) gewidmet, einem Fischersohn aus Archangelsk, der als Wissenschaftler mit einigen Erfindungen seiner Zeit um hundert Jahre voraus war. Er initiierte die erste russische Universität in Moskau und verfasste die erste russische Grammatik. Neben seinen bahnbrechenden Leistungen auf dem Gebiet der russischen Literatursprache dichtete und malte er, sein Hauptinteresse jedoch galt den Naturwissenschaften.

Im vierten Stock erreicht man das **Observatorium der Akademie der Wissenschaften** und ein Stockwerk höher den **Gottorper Globus** (s. Entdeckungstour S. 238).

Ein Besuch lohnt allein schon wegen des sympathisch altmodischen Interieurs. Mitten in der Eingangshalle ist eindrucksvoll das Skelett eines Blauwals platziert, doch vor allem kann man sich hier wie nirgendwo sonst umfassend über Mammuts informieren, denn das Museum ist Zentrum der russischen Mammutforscher.

Schlossbrücke 5

Auf Höhe des Zoologischen Museums verbindet die Schlossbrücke die Wassiljewskij-Insel mit der Großen Seite. Die Klappbrücke wurde Anfang des 20. Jh. an der Stelle einer Pontonbrücke errichtet

Auf Entdeckungstour: Der Gottorper Globus im Turm der Kunstkammer

Einst stand er in einem Gebäude im Garten des Gottorfer (dän. Gottorper) Schlosses bei Schleswig: der Gottorper Globus. Dieses Wunderwerk der Geowissenschaften und Astronomie beeindruckte Zar Peter auf einer Reise so sehr, dass er beschloss, es in seine neue Hauptstadt mitzunehmen. Vor ein paar Jahren umfassend restauriert, lässt sich der Globus in seiner ganzen Pracht im Turm der Kunstkammer **6** bewundern.

Karte: Cityplan S. 234

Zeit: 1 Std.

Kunstkammer: Uniwersitetskaja nab. 3, Tel. 328 14 12, www.hermitage museum.org, www.kunstkamera.ru, Di–So 11–18 Uhr, letzter Di im Monat geschl.

Zauberwelt – eines der ältesten Planetarien der Welt

Wollten Sie sich schon immer mal in der Weltkugel verstecken? Im Turm der Kunstkammer könnte der Traum theoretisch Wirklichkeit werden, denn hier befindet sich der riesige begehbare Gottorper Hohlglobus. Im Inneren ist er ein Planetarium, das die Sternbilder so zeigt, wie sie am Himmel erscheinen.

Die ausgeklügelte Konstruktion ersann im 17. Jh. der deutsche Hofgelehrte und Bibliothekar Adam Olearius. Zwischen 1651 und 1664 erbauten Kunsthandwerker nach seinen Vorgaben aus Kupfer, Holz und Leinwand eine Kugel mit einem Durchmesser von 3,10 m. Von außen ist sie ein normaler Globus, an dem sich die Lage der Kontinente und Länder aus Sicht des 17. Jh. erkennen lässt. Durch eine Einstiegsluke im ›Indischen Ozean‹ gelangte man ins Innere, wo sich eine runde Sitzbank mit Platz für zehn bis zwölf Personen befand. Auf die Innenseite der Kugel waren Sterne und Sternbilder gemalt; Kerzen beleuchteten den Raum. Mithilfe einer Kurbel und durch Wasserkraft konnte der Globus in Drehung versetzt werden, um die Veränderung des Sternenhimmels nachzuahmen. Die Sterne waren durch über tausend strahlenförmige, messingvergoldete Nagelköpfe dargestellt, während die Sternbilder farbig-figürlich auf dem blauen Himmelshintergrund gemalt waren. Angestoßen und finanziert hatte das wissenschaftliche Projekt Herzog Friedrich III. von Holstein-Gottorf, der in seinem Schlossgarten eigens ein Gebäude für den Globus hatte errichten lassen.

Der Globus als Kriegstrophäe

Während des Nordischen Krieges kam Zar Peter der Große 1713 mit dem dänischen König Friedrich IV. auf Schloss Gottorf bei Schleswig zusammen, wo er den Globus zu Gesicht bekam. Sofort war das Interesse des wissbegierigen Zars geweckt, der die ungewöhnliche Weltkugel unbedingt in seinen Besitz bringen wollte. Ob als Geschenk oder als Kriegstrophäe – der Globus gelangte 1717 nach St. Petersburg. Zunächst stand er in einem Pavillon nahe dem Sommerpalast. Jeden Morgen soll der Zar eine Stunde in seinem Globus gesessen, Astronomie studiert und meditiert haben.

Wechselvolle Geschichte

Nach Peters Tod baute man den Globus 1726 in den damals noch nicht vollendeten Turm der Kunstkammer ein, dem von Zar Peter ersonnenen ›Kuriositätenkabinett‹, das auch Sitz der neu gegründeten Akademie der Wissenschaften war. Beim Brand der Kunstkammer 1747 erlitt der Gottorper Globus schwersten Schaden, nur seine Metallteile blieben erhalten. Zarin Elisabeth, eine Tochter von Peter dem Großen, ließ eine originalgetreue Kopie anfertigen.

1901 wurde der Globus nach Zarskoje Selo ausgelagert. Wie das Bernsteinzimmer verschwand er während der Belagerung Leningrads von dort – allerdings nicht spurlos: 1947 wurde er in Lübeck entdeckt und nach Leningrad zurückgebracht. Damals beschloss man, ihn an seinem ursprünglichen Ort im Turm der Kunstkammer aufzustellen. Damit die gewaltige Kugel mithilfe einer Seilzugkonstruktion dorthin gelangen konnte, musste ein riesiges Loch in die Fassade geschlagen werden.

Restaurierung

Zum 300. Geburtstag der Stadt St. Petersburg im Jahr 2003 wurde der altersschwache Globus restauriert. Ein halbes Jahr lang arbeiteten Holz- und Metallhandwerker im Schichtbetrieb an der Renovierung des Prachtstücks – Deutschland unterstützte die Arbeiten mit 17 000 Euro. Zudem wurde vom Land Sachsen-Anhalt eine dreisprachige Videodokumentation finanziert, die den Besuchern die Funktionsweise des Wunderwerks erläutert. Wie einst Peter der Große im Globus Platz nehmen, darf allerdings niemand mehr.

Akademie der Wissenschaften 7

Uniwersitetskaja nab. 5

Im Jahr 1724 ordnete Peter, dem sehr viel an der Entwicklung und Förderung der Wissenschaften lag, die Gründung der Akademie der Wissenschaft an. Sie kam zunächst wie die Kunstkammer im Kikin-Palast unter. Auch Michail Lomonossow (s. S. 237) ging in der Akademie seinen Studien nach.

1785 erhielt die Akademie der Wissenschaften neben der Kunstkammer ihr eigenes Gebäude, das Giacomo Quarenghi entwarf. Zu dieser Zeit leitete bereits Fürstin Katharina Daschkowa (1744–1810) die Akademie, eine Vertraute von Katharina der Großen. Die Daschkowa gründete auch die Russische Akademie, die in Nachahmung der Académie Française die Reinheit der russischen Sprache überwachen und ihren besseren Gebrauch fördern sollte. 1934 wurde der Hauptsitz der Akademie nach Moskau verlegt, in Petersburg blieb nur eine Zweigstelle mit Archiv und Bibliothek. Über der großen Haupttreppe zeigt ein Glasmosaik, das Lomonossow selbst gefertigt hat, die Schlacht von Poltawa. An der äußersten linken Ecke der Akademie weist eine kleine Marmortafel auf den Hochwasserstand vom 23. September 1924 hin.

Neben der Akademie, am Anfang der Allee Mendelejewskaja linija (s. Lieblingsort S. 243), wurde Lomonossow 1986 ein **Denkmal** 8 gesetzt. Bis zum Ende des 18. Jh. floss hier ein Kanal, der die Große mit der Kleinen Newa verband.

Universitätsgelände

Zwölf Kollegien 9

Den auffälligen, 400 m langen Gebäudekomplex, der sich die ganze Mendelejewskaja linija hinunterzieht, nutzt bereits seit 1819 die Petersburger Universität. Heute sind hier jedoch nur noch einige Fakultäten untergebracht. Immerhin haben an der Universität drei Führer Russlands studiert: Alexander Kerenskij, Lenin und Wladimir Putin.

Erbaut wurden die Zwölf Kollegien (Kollegien = Ministerien) zwischen 1722 und 1742 im Barockstil nach Entwürfen von Domenico Trezzini. Die zwölf identischen Bauten sollten, so wünschte es Peter, die Einheit des russischen Staatsapparats symbolisieren, also der Regierungsstellen: Zehn Ministerien sowie Senat und Synod. Der Architekt verband die zwölf Gebäude miteinander durch einen Laubengang auf der rückwärtigen Seite, heute ein 399 m langer Flur.

Am Haupteingang in der Mitte des Gebäudes erinnert eine Tafel an den Chemiker Dmitrij Mendelejew, der hier von 1850–90 lebte, forschte und lehrte. Eine andere Tafel erinnert daran, dass an diesem Ort 1905/06 Treffen der Arbeiter und revolutionär gesinnter Studenten stattfanden.

Einst konnte man von den Zwölf Kollegien auf die Strelka blicken, da zwischen ihnen und der Börse ein großer freier Platz lag. Heute befindet sich dort jedoch das Wissenschaftliche Gynäkologische Institut mit einer Poliklinik.

Sacharow-Platz und Umgebung

Der Weg führt rechts am Gostinyj Dwor vorbei, bevor die Mendelejewskaja linija in einen Platz mündet, der 1995 den Namen des Bürgerrechtlers Andrej Sacharow erhielt. Gegenüber der Schmalseite der Zwölf Kollegien befindet sich die **Bibliothek der Akademie der Wissenschaften** 10. Die schmalen, niedrigen Häuser am Platz erinnern an deutsche Kleinstädte.

Zum Newa-Ufer

Vom Platz gelangt man durch eine kleine Tür auf das Gelände der Universität. Den Wandelgang mit Kolonnaden an der rückwärtigen Seite der Zwölf Kollegien sollte man nicht versäumen. Am Anfang des 19. Jh. wurde dieser zweistöckige Gang – oben der Universitätskorridor – auf der ganzen Länge der Fassade angebaut. Im Hof fast am Ende der Zwölf Kollegien stößt man auf ein rotes Ziegelgebäude von 1793. Die Worte »Jeu de Paume« auf einer Tafel bezeichnen ein altes französisches Ballspiel und sind ein Hinweis auf die erste in Russland erbaute Sporthalle. Davor erinnert ein Denkmal an die im Zweiten Weltkrieg gefallenen Studenten und Lehrer der Universität.

Ein bisschen weiter weist eine Tafel an einem kleinen Gebäude auf das **Geburtshaus von Alexander Blok** [11] hin, der hier am 16. (28.) November 1880 das Licht der Welt erblickte. Er verbrachte seine Kinderjahre im Rektorenflügel der Universität, im Hause seines Großvaters, der hier Direktor war. Auch die Hochzeit des bedeutenden Dichters mit der Tochter von Mendelejew (s. S. 240) wurde in dem Gebäude gefeiert.

Das Nebengebäude zum Newa-Ufer hin war einst die Manege des Kadettencorps. Heute beherbergt es das exklusive Restaurant **Bellini** [1], das für seine Aussicht und gute, mediterran angehauchte Küche bekannt ist.

Entlang der Uferstraße

Menschikow-Palais [12]

Uniwersitetskaja nab. 15,
www.hermitagemuseum.org,
Di-Sa 10.30–18, So 10.30–17 Uhr
Das älteste Haus der Insel ist das Menschikow-Palais (Menschikowskij dworez). Es wurde 1710–11 für den Fürsten Alexander Menschikow, einen engen Berater und Freund Peters des Großen erbaut. Menschikow war der erste Generalgouverneur von St. Petersburg. Auch Peter empfing oft Gäste in dem Palast, da er selbst keine geeigneten Repräsentationsräume besaß. Zu jener Zeit konnte man vom Wasser aus direkt in den Palast gelangen. Der deutsche Architekt Gottfried Schädel leitete nach Plänen des Italieners Giovanni Fontana die Bauarbeiten. Der Palast im Petersburger Rokokostil ist seit 1981 das **Museum der Kultur der Petrinischen Zeit,** heute eine Filiale der Eremitage.

Der Palast – das beste Beispiel für die durch Peter nach Russland gebrachte Lebensweise – war eben deshalb damals sehr ungewöhnlich, denn er ist nach westlichem Vorbild gebaut und eingerichtet: Alle Möbelstücke stammen aus Westeuropa, fast 30 000 handbemalte holländische Kacheln wurden verarbeitet und überall hingen Spiegel. Letzteres war von der orthodoxen Kirche verboten, denn es galt als unzüchtig, sich selbst zu betrachten. Menschikows Lieblingszimmer war das mit Nussbaumholz getäfelte Walnusskabinett.

Zwei Jahre nach Peters Tod fiel Menschikow in Ungnade und wurde nach Sibirien verbannt. Das Gebäude ging an das Kadettencorps, die Innenausstattung weitgehend an die Eremitage.

Spaziergang im Rumjanzew-Garten [13]

Hinter dem Menschikow-Palais beginnen die 27 Linien. Zwischen der 1. und der 2. Linija (jede Straßenseite ist eine ›Linie‹) erstreckt sich ein kleiner Park, wo man ein paar Schritte unter Bäumen gehen und eine Pause auf einer der Bänke einlegen kann. Der reiche Kaufmann Solowjow ließ den Park im

Lieblingsort

Kleine Fluchten – Mendelejewskaja linija

Kleine Fluchten gibt es auch mitten im Petersburger Stadtzentrum. Die Mendelejewskaja linija auf der Wassilij-Insel ist so ein besonderer Ort. Ganz unspektakulär liegt die mit vielen Bäumen bewachsene Allee neben den **Zwölf Kollegien** 9 der Universität. Die Atmosphäre ist tagsüber studentisch geprägt. In Gruppen stehen die Studenten zusammen oder sie sitzen auf der Wiese. Abends und am Wochenende ist es dagegen menschenleer und zwischen den Bäumen glitzert hinter dem Universitätsufer die Newa.

30 000 handbemalte holländische Kacheln wurden im Menschikow-Palais verarbeitet

19. Jh. anlegen – und das kam so: Der deutsche Altertumsforscher Heinrich Schliemann, der zeitweilig in St. Petersburg gelebt hat, hatte sich von ihm Geld geliehen, das er nicht zurückzahlen wollte. Solowjow zog vor Gericht und gewann schließlich den Prozess gegen Schliemann. Von dem Geld, das ihm nun wieder zur Verfügung stand, ließ er den Park anlegen. In der Mitte des Parks befindet sich ein Obelisk mit der Aufschrift »Den Siegen Rumjanzews«. Unter der Führung von Pjotr Rumjanzew, der auch Katharinas Geliebter war, besiegten die Russen 1770 die türkische Armee. Heute ist der Platz nach ihm benannt. 1999 wurden in dem kleinen Park noch die Büsten der Maler Ilja Repin und Wassilij Surikow aufgestellt. Beide lehrten an der benachbarten Kunstakademie.

Akademie der Künste 14
Uniwersitetskaja nab. 17, www.arts academy.ru, Mi–So 11–17 Uhr
An den Park schließt die Kunstakademie (Akademia chudoschestw) an, die 1764–88 unter Katharina der Großen nach Plänen des Architekten Vallin de la Mothe erbaut wurde. In dem frühklassizistischen Gebäude haben die berühmtesten Maler und Architekten Russlands studiert. Kunstgeschichte, Malerei, Bildhauerei und Architektur werden an der Akademie gelehrt. Es gibt ein kleines **Museum,** in dem Architekturmodelle, Skizzen, Zeichnungen und Gipsabdrücke ehemaliger Schüler gezeigt werden, aber auch Kopien berühmter Skulpturen und Gemälde.

Sphingen 15
Gegenüber dem Akademie-Gebäude führt eine Freitreppe zur Newa hin-

unter, die 1834 von dem Architekten Konstantin Thon angelegt wurde. Flankiert wird die Treppe von zwei großen ägyptischen Sphingen, die auf Granitsockeln ruhen. Wjatscheslaw Iwanow hat ihnen ein Gedicht gewidmet, dessen erste Verse lauten: »War's Zauberwerk in weißer Nächte Weben, / Nur Widerschein polarer Wundermacht? / Hat Isis bleich euch in die Haft gebracht, / Tierwunder aus dem hunderttor'gen Theben?«

Die 23 Tonnen schweren Sphingen wurden im 13. Jh. v. Chr. in Ägypten geschaffen. Ihre Gesichter tragen die Züge des Pharaos Amenophis III. Nach der Ausgrabung 1820 veranlasste Nikolaj I. 1832 ihren Kauf und zwei Jahre später nahmen sie ihren heutigen Platz ein. Ein Jahr lang dauerte allein ihre Reise vom Nil zur Newa.

Hinter der Brücke beginnt das Leutnant-Schmidt-Ufer (nab. Lejtenanta Schmidta), wo das Marine- und das Bergbauinstitut liegen.

Bolschoj prospekt und Umgebung

An der 1. Linija

Noch ein Blick auf das wunderbare Panorama der Anglijskaja nabereschnaja auf der gegenüberliegenden Seite der Newa, dann geht es durch den Rumjanzew-Garten zurück zur 1. Linija. **Haus Nr. 12** gehört zu den ältesten Bauten der Stadt. 1810 wurde es umgebaut und mit antiken Reliefs geschmückt.

Hinter dem Bolschoj prospekt, in **Haus Nr. 28,** wohnte von 1850 bis 1860 Heinrich Schliemann. Er war im Jahr 1846 als 24-jähriger Kaufmann an die Newa gekommen, um dann hier ein Vermögen zu verdienen, mit dem er sich seinen Traum erfüllte: Er studierte Archäologie und fand das sagenumwobene Troja.

Kirchen am Bolschoj prospekt

Doch zurück zum Bolschoj prospekt. In der kleinen, evangelisch-lutherischen **Kirche der Hl. Katharina** 16 (Sobor sw. Jekateriny) wurden Schliemanns Kinder getauft. Es war die Kirche der deutschen Kolonie auf der Wassiljewskij-Insel. Zu Schliemanns Zeiten lebten in St. Petersburg 40 000 Deutsche, kurz vor der Revolution sollen es sogar an die 100 000 gewesen sein. Die Deutschen, die nach St. Petersburg kamen, dienten dem Zar als Berater, Architekten, Generäle, Ärzte und Kaufleute.

Der Bolschoj prospekt zieht sich von der 1. Linija über die gesamte Wassilij-Insel bis zum Finnischen Meerbusen. In der 6./7. Linija ragt die barocke **Andrejewskij-Kathedrale** 17 empor, die 1780 erbaut wurde. Die benachbarte kleine **Kirche der Drei Heiligen** 18 aus dem Jahr 1745 trägt die Handschrift von Carlo Trezzini und gehört heute der georgischen Gemeinde von St. Petersburg.

6./7. Linija

Zwischen Bolschoj und Srednij prospekt wurde die 6./7. Linija in eine nette Fußgängerzone umgewandelt: Mit zwei Springbrunnen, Bänken, ein wenig Grün, kleinen Cafés, Läden und Architekturensembles aus dem

Mein Tipp

Marktbummel

Gegenüber der Andrejewskij-Kathedrale liegt der **Andrejewskij-Markt** 1 , ein barocker Kaufhof mit offenen Arkaden, der Ende des 18. Jh. eröffnet wurde. Auf dem Markt gibt es täglich ein gutes Obst- und Gemüseangebot. Ein Bummel lohnt sich!

18. und beginnenden 19. Jh. lädt sie zum Flanieren ein. Am Ende der Fußgängerzone liegt die Metrostation Wassileostrowskaja.

Essen & Trinken

Für Gourmets – **Bellini** **1** : s. S. 32.

Gediegen – **Staraja Tamoschnja** **2** : Tamoschnyj per. 1, Tel. 327 89 80, www.oldcustom.ru, Trolleybus: 1, 7, tgl. 13–1 Uhr, Hauptgerichte ab 12 €. Im ›alten Zollamt‹ auf der Wassiljewskij-Insel liefert der französische Chefkoch Erlesenes der französischen Küche, doch auch ein paar russische Standards sind im Angebot.

Loftambiente – **Restoran** **3** : Tamoschennyj per. 2, Tel. 327 89 79, tgl. 12–24 Uhr, Bus: 1, 7, 10, Hauptgerichte ab 8 €. Die Atmosphäre ist wie in einem Loft: die Tische groß, die Stühle bequem, die Spiegel an den rohen Wänden in Goldrahmen. Die Küche serviert russische Spezialitäten und beweist, dass im neuen Russland nicht alles teuer sein muss, was so aussieht! Die Petersburger ›Szene‹ jedenfalls liebt dieses Restaurant!

Chinesisch – **Harbin** **4** : 1. Linija 52, Tel. 323 99 93, Metro: Wassileostrowskaja, tgl. 12–23 Uhr, Hauptgerichte ab 8 €. Wer Lust hat auf chinesische Küche, ist hier genau richtig, denn bei Harbin, einem der ältesten Chinarestaurants der Stadt, wird gut gekocht, freundlich bedient und die Preise sind günstig.

Bayerisch – **Grad Petrow** **5** : Uniwersitetskaja nab. 5, Tel. 326 01 37, www.die-kneipe.ru, Bus: 1, 7, 10, tgl. 12–1 Uhr, Hauptgerichte ab 7 €. Wer Sehnsucht nach bayerischer Gemütlichkeit mit bayerischem Bier hat, muss hierher: Eisbein mit Sauerkraut, Würstchen, Hausmannskost-Suppen und natürlich dazu ein Hefeweizen; auch internationale Küche, dazu Bier aus der eigenen Brauerei.

Günstig – **Tschajnaja Loschka** **6** : 6. Linija 25, Metro: Wassileostrowskaja, tgl. 12–22 Uhr, Hauptgerichte ab 3 €. Das ›Teelöffelchen‹ ist ein Schnellrestaurant, in dem man zwischen diversen Bliny (Pfannkuchen) und Suppen sowie Salaten wählen kann. Alles ist sehr günstig und lecker.

Frisch und gut – **Stolle** **7** : 1. Linija 50, Tel. 328 78 60, www.stolle.ru, Metro: Wassileostrowskaja, tgl. 8–22 Uhr, Hauptgerichte ab 3 €. Die besten Piroggen der Stadt gibt es auch auf der Wassilij-Insel im Ambiente aus dem 19. Jh. Ob süß oder kräftig mit Fleisch, Fisch, Kohl, Pilzen oder Lauch – stets sind sie frisch gebacken und schmecken hervorragend.

Einkaufen

Obst und Gemüse – **Andrejewskij-Markt** **1** : s. S. 245.

Stöberspaß – **Janus** **2** : 6. Linija 23, Metro: Wassileostrowskaja. Kleines Antiquitätengeschäft. Hier macht es Spaß, zu stöbern: Glas, Porzellan, Schmuck, Bücher und sonstiges.

Kunst- und Kunstgewerbliches – **Art Gorod** **3** : 6. Linija 27, Metro: Wassileostrowskaja. In der ›Kunst-Stadt‹ bekommen Künstler alles, was das Herz begehrt; außerdem: kunstgewerbliche Werke aus Holz, Keramik und Malerei.

Musik – **Aisberg** **4** : Srednyj pr. 36, Metro: Wassileostrowskaja, 24 Std. tgl. CDs und DVDs in guter Sortierung und in Hülle und Fülle. Hier findet man sowohl die Stars des russischen Musikmarktes als auch internationale CDs, die hier billiger sind als in Westeuropa.

Souvenirs – **Babuschka** **5** : nab. Lejtenanta Schmidta 33, Bus: 7, Bus: 10. Kunstgewerbliches aller Art: Schmuck aus Bernstein, Grafiken, Aquarelle, Holzschnitzereien.

Aktiv

Relax – **Holiday Club Spa** : Birschewoj per. 2–4, Tel. 335 22 14, www.sokos hotels.fi/ru, Metro: Wassileostrowskaja, Mo–Fr 7–16 Uhr (500 RUB/Std.), Sa/So 16–23 Uhr (1000 RUB/Std.). Der Spa gehört zum Sokos Hotel Palace Bridge, aber man muss nicht im Hotel wohnen, um in die Wellnesswelt einzutauchen: großer Poolbereich, sieben Saunen, Jacuzzi und diverse Beauty-Treatments. Hier kann man wunderbar relaxen.

Wasserspaß – **Waterville**: ul. Korablestroitelej 14, www.waterville.ru, Metro: Primorskaja, tgl. 9–23 Uhr. Der erste Aquapark der Stadt: ein Freizeitparadies mit fünf Wasserrutschen, Wellenbad und Saunalandschaft zwischen dem Finnischen Meerbusen und dem Hotel Pribaltijskaja.

Abends & Nachts

Reggae pur – **Jambala**: Bolschoj pr. 80, Tel. 332 10 77, www.jambala.ru, Metro: Wassileostrowskaja, Fr 11–6, Sa 15–6, So 15–23 Uhr, am Wochenende länger. Der einzige Reggae-Klub der Stadt versteckt sich in einem Hinterhof. Live-Bands spielen, aber es legen auch DJs auf. Gute Stimmung!

Nostalgie pur – **Helsinki Bar**: Kadetskaja Linija 31, www.helsinkibar.ru, Metro: Wassileostrowskaja, tgl. 12–2 Uhr. Eine DJ-Bar mit Kurs gen Norden – wie der Name schon sagt. Zu essen gibt es Finnisch-Russisches; Einrichtung im Stil der späten 70er-Jahre und dazu passende Musik. Neben DJ-Nights werden auch Abende organisiert, an denen jeder seine Lieblingsmusik mitbringt.

Warum in die Disco gehen? Im Sommer eignet sich auch die Strelka als Tanzfläche

Petrograder Seite

Highlight!

Peter-Paul-Festung: Die Haseninsel mit der Peter-Paul-Festung ist das Herz der Stadt und wurde zu ihrem Wahrzeichen. Der Festungsbau war Peters Bollwerk gegen die Schweden. S. 250

Auf Entdeckungstour

Junges Modedesign – Shopping auf der Petrograder Seite: St. Petersburg steht Moskau als Modemetropole in nichts nach. Auch in der Stadt an der Newa setzen junge Designer neue Trends. 4 – 8 S. 256

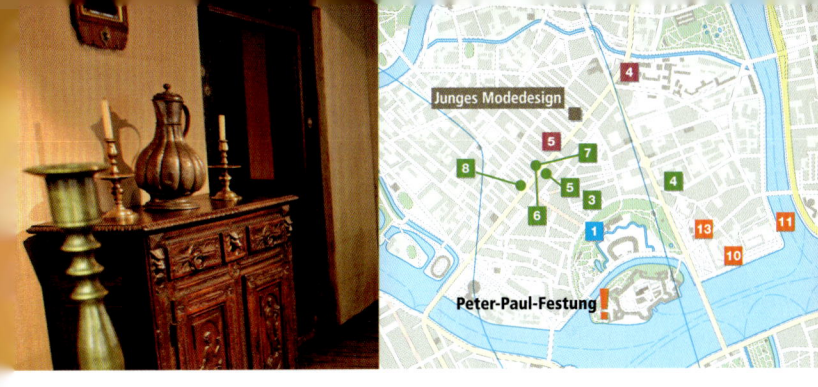

Kultur & Sehenswertes

Haus Peters des Großen: Das erste Wohnhaus der Stadt wurde in nur wenigen Tagen errichtet. Von dem kleinen Holzhaus aus überwachte Peter den Aufbau seiner Stadt. 10 S. 258

Panzerkreuzer Aurora: Am 25. Oktober 1917 feuerten die Matrosen um 21.45 Uhr den legendären Schuss ab, der zum Sturm auf das Winterpalais führte. 11 S. 258

Villa Kschessinskaja: Das Jugendstilhaus wurde für die Ballerina Mathilda Kschessinskaja erbaut. Vom Balkon der Villa sprach Lenin zum Volk. 13 S. 259

Aktiv unterwegs

Marktbummel: Ein reger Menschenstrom verrät den Weg zum Sytnyj rynok, dem ältesten Markt der Stadt. In der Markthalle und draußen kann man stundenlang an Ständen mit Obst, Gemüse, Fisch und Fleisch oder Kleinkram vorbeischlendern. 3 S. 263.

Genießen & Atmosphäre

Strand der Peter-Paul-Festung: Wer will, kann es den Petersburgern gleichtun und ein Sonnenbad nehmen. S. 254

Restaurant Tschechow: Beste Hausmannskost aus Tschechows Zeit in entspannter Atmosphäre und gar nicht so teuer. 4 S. 264

Abends & Nachts

Music Hall: Revuetheater mit Shows und jeder Menge aufregender Akrobatik im Alexanderpark. 1 S. 47, 263

Restaurant Jean-Jacques: Große Auswahl an französischen Rotweinen, dazu kleine Snacks und eine Atmosphäre wie in Frankreich. 5 S. 265

Wo die Geschichte der Newa-Metropole begann

Die Petrograder Seite ist der älteste Teil von St. Petersburg. Zwei Nebenarme der Newa, die Kleine Newa und die Große Newa, umschließen die vier Inseln, die die Petrograder Seite bilden. Im Mai 1703 wurde hier das erste Haus der Stadt errichtet, das kleine Holzhaus Peters des Großen. Zwischen seinem Wohnhaus und der Festung lag nur der Troizkaja-Platz, zu Peters Zeiten das Handelszentrum von Petersburg. Vorgelagert ist der Petrograder Seite die Haseninsel mit der Peter-Paul-Festung.

Viele Prunkbauten des Adels entstanden zu Beginn des 18. Jh. in diesem Teil der Stadt. Mit der Verlagerung des Stadtzentrums verfielen die Häuser, zudem zerstörte ein Brand Mitte des 18. Jh. viele von ihnen. Nun bezogen die weniger privilegierten Teile der Bevölkerung hier in Holzhäusern Quartier, und erst in der Zeit um 1900 begann der Stadtteil architektonisch wieder aufzublühen, vor allem, weil die Petrograder Seite endlich durch die 1903 eröffnete Troizkij-Brücke mit dem Zentrum verbunden wurde.

Entlang den beiden Hauptstraßen der Petrograder Seite, dem Kamennoostrowskij prospekt und dem Bolschoj prospekt, entstanden großbürgerliche Wohnhäuser, zum Teil im Stil modern, der Petersburger Variante des Jugendstils. Schlendert man durch die Straßen im Dreieck dieser beiden Straßen, hat man eher den Eindruck, in Berlin, Paris oder Wien zu sein als in einer russischen Stadt. In den letzten Jahren hat sich dieses Viertel sehr lebendig entwickelt: Viele junge Designer haben hier ihre Shops aufgemacht, neben Cafés und Restaurants.

Peter-Paul-Festung !

Festungsgelände tgl. 9–21 Uhr
Museen: www.spbmuseum.ru,
Di 11–17, Do–Mo 11–18 Uhr
Nachdem im Mai des Jahres 1703 die schwedische Festung Nyenschanz, die sich weiter östlich befand, in die Hände der russischen Armee gefallen war, wurde am 27. Mai, dem Gründungstag der Stadt, der erste Spatenstich für die Peter-Paul-Festung getan. Sie sollte nahe am Meer liegen, um den Zugang zur Ostsee zu sichern. So wählte Peter der Große die Haseninsel im Delta der Newa als geeigneten Ort. Die Haseninsel ist klein, nur 600 m

Infobox

Reisekarte: ▶ G–M 7–10

Tourverlauf
Der Rundgang über die Petrograder Seite beginnt auf der vorgelagerten Haseninsel in der Peter-Paul-Festung (Metro Gorkowskaja), führt dann auf den Ostteil der Petrograder Seite zum Haus Peters des Großen und zur »Aurora«, bevor man den Hauptprospekt Richtung Norden hinaufgeht. Die Tour endet im Alexanderpark.

Historisches Schiff
vor der Kulisse der Haseninsel
mit der Peter-Paul-Kathedrale

Petrograder Seite

lang und 360 m breit, das machte es leicht, sie ringsherum zu befestigen. Schon 1704 war die erste Festung aus Holz mit Wällen fertig, doch 1706 wurde sie mit festen Steinmauern weiter gesichert, an deren Bau alsbald 20 000 Mann arbeiteten. Peters

Hausarchitekt, Domenico Trezzini aus Astano im Tessin, war nun in die Stadt gekommen, um ihr eine erste Prägung zu geben.

Zur Absicherung nach Norden hin ließ Peter auf der Petrograder Seite eine zusätzliche Festungsanlage, das

Kronwerk, errichten, von dem heute nur noch Teile erhalten sind, u. a. ist hier das **Artilleriemuseum** untergebracht. Erst 1740 war der Bau der gesamten Festung beendet – ihre Tauglichkeit als Verteidigungsbau musste sie jedoch nie unter Beweis stellen.

Die Festung erhielt die Form eines ungleichmäßigen Sechsecks mit hervorstehenden Bastionen, die nach dem Herrscher und seinen Mitkämpfern im Nordischen Krieg benannt worden sind: Gosudarjew (der Herrscher), Naryschkin, Trubezkoj, Sotow,

253

Golowkin und Menschikow (von Südosten im Uhrzeigersinn).

1787 wurden die Bastionen zur Newa hin mit Granit verkleidet, um sie dem mittlerweile prunkvollen Stadtbild anzupassen. Seit 1922 ist die Festung Museum. Sie ist überall in der Stadt gegenwärtig, denn täglich um 12 Uhr ertönt von der Naryschkin-Bastion ein Kanonenschuss.

Peterstor 1
Man betritt die Haseninsel vom Kamennoostrowskij prospekt über die Johannesbrücke durch das Johannestor und das dahinterliegende Peterstor. Trezzini entwarf das Peterstor als Triumphbogen 1718 im frühbarocken Stil. Über dem Wappen Russlands, einem doppelköpfigen Zarenadler mit Reichsapfel und Zepter in den Klauen,

Mein Tipp

Schöne Aussichtspunkte
An der Zaren- oder Herrscherbastion nahe dem **Peterstor** 1 führt ein Aufgang zu einem 300 m langen Aussichtssteg auf der Festungsmauer. Von hier hat man einen wunderbaren Blick über die Newa und die Stadt. Eine andere Perspektive bietet sich, wenn man durch das **Newa-Tor** zum Fluss geht. Ein kleiner Strand lockt die Petersburger bei Sonnenschein hierhin: Manche stehen aufgereiht zum Sonnenbad in Badezeug an den Mauern der Festung, erstaunlicherweise baden auch viele in der verdreckten Newa. Im Winter trifft sich an dieser Stelle der ›Klub der Walrosse‹ zum Schwimmen. Bei zugefrorener Newa wird ein Loch ins Eis gehauen, danach läuft man sich warm.

befindet sich ein hölzernes Basrelief, auf dem die Geschichte von Simon dem Zauberer erzählt wird, der, um seine Überlegenheit zu beweisen, unter dem Beistand der Dämonen durch die Lüfte zu fliegen versuchte. Petrus aber bezwang die Dämonen durch ein Gebet, Simon stürzte zur Erde hernieder und war beschämt. Das Basrelief wird als Allegorie auf die Festigkeit und Unbezwingbarkeit der Stadt interpretiert. In den Nischen beiderseits der Einfahrt stehen die Statuen der römischen Göttinnen Bellona (Krieg) und Minerva (Weisheit).

Vom Ingenieurs- zum Kommandantenhaus
Eine Allee führt zum **Ingenieurshaus** 2, in dem heute das **Museum ›Das alte Petersburg‹** untergebracht ist. Gezeigt werden Alltagsgegenstände aus der vorrevolutionären Zeit.

Das bronzene **Denkmal** 3 mit dem kleinköpfigen Peter dem Großen am Weg machte der Bildhauer Michail Schemjakin 1991 der Stadt als Geste der Versöhnung zum Geschenk, hatte man ihm doch in der Sowjetunion übel mitgespielt.

Im **Kommandantenhaus** 4 wird die Geschichte der Stadt von 1703 bis 1918 sehr ausführlich präsentiert. Danach gelangt man direkt zur Kathedrale, die den Aposteln Petrus und Paulus geweiht ist.

Peter-Paul-Kathedrale 5
Do–Di 10–19 Uhr
Trezzini entwarf die 1712–33 errichtete Peter-Paul-Kathedrale als dreischiffige Hallenkirche im Stil des Frühbarock. Damit ähnelt sie westeuropäischen Barockkirchen dieser Zeit. Markantester Teil des Bauwerks ist der Glockenturm (122,5 m Höhe), der sich langsam zu einer goldenen Nadel verjüngt und scheinbar alles mit sich in die Schwere-

Sightseeing als Gemeinschaftserlebnis: Erkundung der Peter-Paul-Festung

losigkeit zieht. Es ist die höchste Turmspitze der Stadt. Auf Wunsch Peters sollte der Turm weitaus höher sein als der Glockenturm ›Iwan Welikij‹ im Moskauer Kreml. Die Krönung der Spitze ist die Wetterfahne in Gestalt eines fliegenden Engels mit Kreuz, den die Petersburger als Schutzengel ihrer Stadt ansehen. Als sich nach einem Blitzeinschlag im Jahr 1830 der Engel neigte, glückte eine spektakuläre Aktion: Der Dachdecker Pjotr Tjoluschkin stieg ohne Gerüst, nur mit Seilschlingen auf den Turm, um den Engel zu richten. Seine Entlohnung soll freier Wodka in allen Petersburger Kneipen gewesen sein.

In der Peter-Paul-Kathedrale wurden die Zaren beigesetzt, nachdem in der Isaakskathedrale die Totenmessen zelebriert worden waren. In einer Seitenkapelle der Kathedrale wurden 1998 die sterblichen Überreste der letzten Zarenfamilie beigesetzt. Zar Nikolaj II. und seine Familie waren nach der Revolution nach Jekaterin-

burg verschleppt und dort 1918 von den Bolschewiki ermordet worden.

Bemerkenswert in dieser Barockkirche nach westlichem Muster ist die traditionelle russische Ikonostase.

Großfürstengruft 6

Eine gedeckte Galerie verbindet die Kathedrale mit einer Kapelle, der Großfürstengruft. Sie ist dem Heiligen Alexander Newskij gewidmet und wurde 1908 als Bestattungskirche für die Mitglieder der Zarenfamilie geweiht.

Bootshaus 7

Auf dem großen Kathedralenplatz wirkt das Bootshaus fast ein wenig verloren. Es ist mit Skulpturen, einer Allegorie auf die Seefahrt, geschmückt. Lange wurde hier das erste Segelboot Peters aufbewahrt, auf dem er als Kind in Moskau seine ersten Instruktionen in der Kunst des Segelns erhielt. Heute ist das Boot im Kriegsmarinemuseum ▷ S. 258

Auf Entdeckungstour: Junges Modedesign – Shopping auf der Petrograder Seite

Zum Shoppen nach St. Petersburg? Auf diese Idee käme niemand so leicht. Und doch: Es ist lohnend, sich in der Petersburger Modewelt umzusehen. Am besten eignet sich dafür die Petrograder Seite. St. Petersburg steht Moskau als Modemetropole in nichts nach. Auch in der Stadt an der Newa werden von jungen Designern Trends gesetzt.

Zeit: einen halben bis einen Tag
Start: Metrostation Gorkowskaja
Adressen: Den i notsch, Malaja Posadskaja 6, www.day-night.ru; **Leonid Alexeev,** Bolschoj pr. 46, Geb.1, www.vkontakte.ru/leonidAlexeev; **Tanya Kotegova,** Bolschoj pr. 44, www.kotegova.com; **Fashion delicatesses,** Bolschoj pr. 44, www.delicatesses.ru; **ModaNew,** Bolschoj pr. 28/1, www.modanew.spb.ru; **Tatyana Parfionova,** Newskij pr. 51, www.parfionova.ru.

Im Modelabyrinth

Wir beginnen die Entdeckungstour im Modeshop **Den i notsch** 4 (›Tag und Nacht‹, s. Abb. oben) in der Malaja Posadskaja uliza nur ein paar Schritte von der Metro entfernt. Hier wird Shoppen zum Event. Schon das Schaufenster zeigt die labyrinthische Installation, die später im Innern zugleich verwirrt und neugierig macht. Grün ist die vorherrschende Farbe. Zwar gibt es hier keine russischen Designer zu entdecken, aber tolle Avantgardemode vor allem britischer und belgischer Modemacher wie Vivienne Westwood, Dries Van Noten, Martin Margiela und A. F. Vandehorst.

Dann geht es den belebten Kamennoostrowskij prospekt hinauf Richtung Norden bis zum Ploschadj Lwa Tolstowo, wo links der Bolschoj prospekt abzweigt.

Modemeile Bolschoj prospekt

Anschließend geht es den Bolschoj prospekt hinunter, der ein wahres Modemekka ist – ein Shop reiht sich an den anderen, dazwischen Cafés und Restaurants. ›Fashion victims‹ sind hier verloren: Pal Zileri, Paul Smith, Max Mara, Bogner, Hugo Boss, Karen Millen, Armani, Missoni, Moschino – um nur einige zu nennen.

Neben den westlichen Labels logiert der junge Designer **Leonid Alexeev** 5 . Er entwirft interessante Männermode, die er in seinem Concept Space verkauft. Daneben liegt versteckt (Eingang über die Oranienbaumskaja ul.) das Modehaus von **Tanya Kotegova** 6 . Sie gehört zu den Big Shots der Petersburger Modeszene. Kotegova empfängt in ihrem 300 m² großen Atelier, das zugleich Showroom ist, nur nach Voranmeldung. Die Designerin bevorzugt schwarz, aber gelegentlich ist auch ein bisschen Farbe dabei. Ihr Vorbild ist der Japaner Yamamoto: Der Stil ist schlicht und elegant, die Stoffe, meist in Italien und Frankreich gekauft, sind erlesen.

Im gleichen Haus (Eingang ul. Strelninskoj) befindet sich der exklusive Shop **Fashion delicatesses** 7 . Hier kommt man so schnell nicht wieder heraus, denn etwa 70 unterschiedliche Labels hängen an den Stangen: von Lagerfeld und Gaultier bis zu jungen englischen Designern.

Ein paar Blöcke weiter wird in dem Shop **ModaNew** 8 eine interessante Auswahl russischer Designermode zu erschwinglichen Preisen präsentiert.

Und zum Schluss: ein Abstecher zur Petersburger Modezarin

Wenn Sie viel geschaut, aber nichts gefunden haben, sollten Sie noch einen Abstecher zum Newskij Prospekt machen. Hier residiert die Zarin der Petersburger Mode: **Tatyana Parfionova** 9 (s. S. 42). Selbst Moskauerinnen kommen nach Petersburg, um sich bei ihr einzukleiden. Am Newskij befindet sich nicht nur die Werkstatt, in der etwa 40 Angestellte arbeiten, in dem puristisch-eleganten Laden kann man auch Teile der Kollektion bewundern – vom Understatement-Businesskostüm bis zum spektakulären Seidenkleid. Wer sich hier einmal einen übergroßen Seidenschal gekauft hat, wird süchtig!

Zweimal jährlich werden die Kollektionen der russischen Designer auf der Fashion Week Russia in Petersburg präsentiert. Einen Eindruck davon vermittelt die Website www.mercedesbenzfashionweek.ru – eine sehr gute Möglichkeit, junge Designer zu entdecken!

untergebracht und in den schönen Barockpavillon ist ein Souvenirladen eingezogen.

Münzhof 8

Der Münzhof gegenüber der Kathedrale wurde erst 1798–1806 im klassizistischen Stil erbaut. Doch bereits seit 1724 wurden in der Festung Münzen und Medaillen geprägt. Noch heute ist der Münzhof in Betrieb und prägt vor allem Gedenkmünzen, die man hier auch erwerben kann.

Trubezkoj-Bastion 9

Schon seit 1718, als Peter hier seinen eigenen Sohn Alexej einkerkern ließ, diente die Trubezkoj-Bastion als Gefängnis für politisch Verfolgte: Die Dekabristen wurden hier festgehalten, Dostojewskij saß hier ein, und der Schriftsteller Nikolaj Tschernyschewskij schrieb in der Haft seinen Roman »Was tun?«, in dem er das Bild einer zukünftigen, glücklichen Gesellschaft entwarf.

Östlich der Festung

Haus Peters des Großen 10

Petrowskaja nab. 6, Mo 10–17, Mi–So 10–18 Uhr

Hinter der Festung überquert man den Kamennoostrowskij prospekt, um ans Ufer der Newa zu gehen, denn alles begann mit dem Haus Peters des Großen. Zuvor passiert man ein zweistöckiges Gebäude im neoklassizistischen Stil, das 1910 als Palast für den Großfürsten Nikolaj Nikolajewitsch erbaut wurde; heute befindet sich hier der Hochzeitspalast, das Standesamt. Brautpaare lassen sich danach gern vor dem Peter-Denkmal fotografieren.

Das kleine Holzhaus ließ sich Peter direkt ans Newa-Ufer bauen, wo es heute völlig verloren zwischen neuen Wohnblocks steht. Man fragt sich, wie der 2,04 m große Zar in dieses Blockhäuschen hineinpasste. Es gab nur zwei Zimmer. 1930 wurde hier ein Museum (Musej domik Petra I) eingerichtet, das auf eindrucksvolle Weise den bescheidenen Lebensstil des großen Zaren vor Augen führt. Der Kachelofen mit den holländischen Kacheln gehörte zur Originaleinrichtung, die anderen Gegenstände stammen aus der Zeit Peters des Großen. Obwohl der Zar nur fünf Jahre hier gelebt hat, ranken sich viele Legenden um diesen Ort. Dass Peter ein begnadeter Handwerker war, ist wohl bekannt, doch auch als Lotse betätigte er sich gern, stellte sich als ›Piter‹ vor und lud so manchen Kapitän in sein bescheidenes Häuschen zum Essen ein. Zum Schutz vor Hochwasser erhielt das Haus im 19. Jh. eine Hülle aus Stein.

Panzerkreuzer Aurora 11

Petrogradskaja nab. 4, www.aurora.org.ru, Restaurierung voraussichtlich bis zum Jubiläum 2017

Kurz bevor die Uferstraße nach links abbiegt, um die Bolschaja Newka zu begleiten, kann man auf breiten Stufen zwischen mythischen Figuren, Froschlöwen, die 1907 aus der Mandschurei nach Petersburg kamen, zur Newa hinabgehen und sich gegebenenfalls in der Sonne ausruhen.

Die Gabelung von Newa und Bolschaja Newka ist seit 1948 Ankerplatz der legendären »Aurora«, die 1956 zum **Museum** wurde. Es zeigt die Geschichte des Schiffs und der russischen Flotte. Ein Kuriosum sind die Gastgeschenke von Delegationen, die ebenfalls dort zu sehen sind. In die Geschichte eingegangen ist der Panzerkreuzer Aurora, der 1903 gebaut und im Russisch-Japanischen Krieg eingesetzt wurde, weil er am 25. Oktober (7. November) 1917 um 21.45 Uhr den Startschuss für den Sturm auf den Win-

Fünf Jahre das Domizil des Zaren: das Haus Peters des Großen auf der Petrograder Seite

terpalast gab, in dem sich die Provisorische Regierung aufhielt, die jedoch faktisch schon entmachtet war. Der Sturm auf den Winterpalast war eher ein symbolischer Akt. Bedeutender war am nächsten Tag Lenins Aufruf über den Sender des Schiffes: »Wsjem! Wsjem! Wsjem!« (An alle! An alle! An alle!), mit dem er der Welt den Sieg der Sowjets über die Provisorische Regierung verkündete. Leider ist aber die heute zu besichtigende »Aurora« ein Nachbau und nicht mehr das Original.

Das blau-weiße Gebäude, vor dem die »Aurora« ankert, wurde 1909–11 im Pseudo-Barockstil erbaut. Es beherbergt heute die **Nachimow-Schule** 12, an der künftige Offiziere zur See ausgebildet werden.

Villa Kschessinskaja 13

ul. Kujbyschewa 4, www.polithistory. ru/en/, Fr–Mi 10–18 Uhr, Mi bis 20 Uhr, letzter Mo im Monat geschl.

Durch die uliza Kujbyschewa führt der Weg zurück bis zur Villa Kschessinskaja, einem eleganten Jugendstilhaus mit 35 Zimmern, das der Primaballerina Mathilda Kschessinskaja (1872–1971) gehörte. 1906 wurde die Villa nach Plänen des Architekten Alexander Hogen im Auftrag von Nikolaj II. für seine ehemalige Geliebte erbaut. 1920 emigrierte die Ballerina nach Paris. Während der Sowjetzeit wurde in dem wunderschönen Gebäude das ›Museum der Großen Sozialistischen Oktoberrevolution‹ eingerichtet, denn in der Villa der Tänzerin befand sich vom 11. März bis 6. Juli 1917 das Zentralkomitee der Bolschewiki, und Lenin war im April 1917 bei seiner Rückkehr aus dem Exil direkt nach seiner Begrüßungsrede am Finnischen Bahnhof hierher geeilt, um vom Balkon der Villa zum Volk zu sprechen. Lenins Arbeitszimmer kann noch besichtigt werden. Heute ist hier das **Museum der politischen**

Lieblingsort

**Mehr als ein Hauch Nostalgie –
Restaurant Mari Vanna** 🔟
Ein ungewöhnliches Restaurant!
Alle, die die Sowjetunion kannten,
werden hier von nostalgischen
Gefühlen befallen – schon beim
Öffnen der Tür: Onkel Kasimir
nimmt stilecht in Trainingshose
und T-Shirt die Mäntel entgegen.
Man hat das Gefühl, eine Woh-
nung zu betreten, eine besondere
Wohnung – eine Kommunalka zu
Sowjetzeiten. Das Restaurant wirkt
eher wie ein Wohnzimmer. Bücher
und ein altes Radio stehen in den
Regalen, Blumentöpfe auf den
Fensterbänken. Passend dazu die
Küche: Einfache Hausmannskost
kommt auf den Tisch, günstig
und lecker (ul. Lenina 18, Tel. 230
53 59, www.marivanna.ru, 24 Std.
tgl., Metro: Petrogradskaja).

Geschichte Russlands untergebracht, das beispielsweise Ausstellungen zur Geschichte der russischen Duma oder zum russischen Kaufmannstum in der Zarenzeit zeigt.

Moschee 14
Kronwerkskij pr. 7
Hinter der Villa ragen die Minarette und die blaue Kuppel der Moschee in die Höhe, die eine genaue Kopie der Gruft des großen asiatischen Eroberers Tamerlan ist. Petersburg hat sich immer schon als internationale Stadt verstanden und so konnten sich in diesem Teil der Stadt schon früh Tataren ansiedeln. Doch erst im Jahr 1912 wurde diese Moschee von den Architekten Kritschinskij und Wassiljew der Gour-Emir-Moschee (15. Jh.) im usbekischen Samarkand nachempfunden.

Am Kamennoostrowskij prospekt

Der Dichter Ossip Mandelstam nannte diesen Prospekt »die leichteste und verantwortungsloseste Straße Petersburgs«. In den letzten Jahren hat der Kamennoostrowskij prospekt gewonnen: Er hat den Sowjettouch verloren und ist wieder ein bisschen zu dem geworden, was er Anfang des 20. Jh. war. Danach zogen viele gut situierte Künstler und Unternehmer in die Jugendstil- und neoklassizistischen Häuser.

Gleich zu Beginn fällt das **Jugendstilgebäude Nr. 1–3** 15 auf, das der Stararchitekt des Petersburger Jugendstils, Fjodor Lidwal, 1904 für seine Mutter erbaute; es machte ihn berühmt und brachte ihm viele weitere Aufträge ein. An diesem Mietshaus hat er zum ersten Mal jene stilistischen und gestalterischen Mittel angewandt, die

zu den typischen Merkmalen der nördlichen Moderne wurden: das Zusammenspiel behauener Steine mit unterschiedlich strukturiertem Farbverputz, reiche Reliefdekorationen mit Motiven aus der Flora und Fauna der nördlichen Wälder.

Filmstudio Lenfilm 16
Kamennoostrowskij pr. 10, www.lenfilm.ru/news/
Auf der gegenüberliegenden Seite liegen ein wenig zurückgesetzt die legendären Filmstudios der Stadt (s. S. 102). Auf dem Gelände befand sich vor der Revolution der Vergnügungspark Aquarium mit einem Theater, einem Eispalast und Pavillons.

Zum Kirow-Museum
Kurz hinter der Bar Lenkonzert öffnet sich der **Österreichische Platz** (Awstriiskaja pl.), an dem 1902 bis 1906 von dem Architekten Wassilij Schtaub drei Eckhäuser (Nr. 13, 18 und 20) im schönsten Jugendstil gestaltet wurden. Ungewöhnlich für die Bebauung des Prospekts ist **Haus Nr. 22**, das erst 1932 im konstruktivistischen Stil errichtet wurde. In der Sowjetzeit hieß die Straße Kirow prospekt, nach Sergej Kirow, der hier von 1923 bis 1934 gelebt hatte. Er war ein Spitzenfunktionär gewesen und 1934 einem Attentat zum Opfer gefallen, das nie aufgeklärt werden konnte. Stalin nahm es zum Anlass für die Schauprozesse und die anschließenden sogenannten Säuberungen der Partei.

In der ehemaligen Wohnung Kirows befindet sich heute ein kleines **Museum** 17 (Kamennoostrowskij pr. 26/28, Sa–Di, Do 11–18, Di 11–17 Uhr). Das Wohnhaus wurde 1913 von den Brüdern Benois erbaut, in einem der Höfe steht eine Büste des Komponisten Dmitrij Schostakowitsch, der hier eine Zeitlang lebte.

Zwischen Bolschoj prospekt und Newa

Bis zum Lew-Tolstoj-Platz (pl. Lwa Tolstowo) führt unser Weg den Prospekt hinauf. Dort zweigt links der Bolschoj prospekt ab, der sich in den letzten Jahren zur ›Straße der Mode‹ entwickelt hat. Hier findet man nicht nur mehrere russische Designer, sondern auch etablierte und weniger bekannte westliche Designer (s. Entdeckungstour S. 256). Dem Viertel merkt man an, dass es nicht am Reißbrett entstanden ist. Links zweigt die uliza Lenina ab, die zum Markt führt.

Marktbummel

Ein reger Menschenstrom verrät den Weg zum **Sytnyj rynok** `3`, dem ältesten Markt der Stadt, der bereits seit dem Jahr 1711 existiert. Die blaue Markthalle verströmt appetitanregende Gerüche. Obst und eingelegtes Gemüse liegt neben Fleisch, Fisch und Blumen. Im 18. und 19. Jh. fanden auf dem Platz öffentliche Hinrichtungen statt. Die heutige Markthalle wurde erst 1912/13 erbaut. Rund um die Halle stehen lauter kleine Buden und Stände, die Werkzeug und skurrilen Kleinkram verkaufen. Auf dem Platz herrscht zur Marktzeit immer eine ausgesprochen lebendige Atmosphäre.

Kronwerkskij prospekt

Nun gelangt man zum Kronwerkskij prospekt, an dessen Ecke ein **Denkmal** `18` an den Schriftsteller Maxim Gorkij erinnert, der von 1914 bis 1921 in Haus Nr. 23 lebte, bevor er die Sowjetunion vorübergehend verließ, um in Italien zu gesunden, aber auch politisch Abstand zu finden.

Der Kronwerkskij prospekt zieht sich in einem Halbrund um eine Parkanlage, in der sich seit 1706 die Reste der Befestigungsanlage Kronwerk neben dem Zoo (der nicht besonders interessant ist), der Music Hall, dem Planetarium und dem Festival-Theater Baltisches Haus befinden. Die **Music Hall** `1` ist ein Revue-Theater, das schon seit 1900 besteht. In der Sowjetzeit hieß die Parkanlage Lenin-Park, inzwischen hat sie ihren alten Namen **Alexander-Park** `19` zurückbekommen.

Abseits des Weges

Museum der Avantgarde `20`
ul. Professora Popowa 10, www. spbmuseum.ru/matyushin, Do–Di 11–18 Uhr, Di bis 17 Uhr
In dem kleinen Holzhaus wohnte und arbeitete der Komponist und Künstler Michail Matjuschin. Mit seiner Frau Elena Guro zog er 1912 hier ein. Es wurde schnell zur Anlaufstelle von Künstlern: Majakowskij, Malewitsch, Filonow und Chlebnikow gingen hier ein und aus. Liebevoll sind Originale und Dokumente zusammengetragen, die jene wilden Jahre des Aufbruchs in den Künsten dokumentieren.

Freud-Traum-Museum 21

Bolschoj pr. 18 a, www.freud.ru,
Di, So 12–17 Uhr

Von allen russischen Museen ist das Freud-Traum-Museum wohl das merkwürdigste. Sigmund Freuds Ideen, Theorien und Träume werden hier dokumentiert. Dass es dieses Museum gibt, hängt damit zusammen, dass Russland Anfang des 20. Jh. das erste Land war, in dem Übersetzungen von Freuds Schriften erschienen. Das erst vor wenigen Jahren eröffnete Museum entwickelte sich rasch zu einem intellektuellen Zentrum. Im Museum finden auch wechselnde Ausstellungen zeitgenössischer Künstler statt.

Essen & Trinken

Weinselig – **Probka** 1 : s. S. 35.
Merkwürdig – **Flying Dutchman** 2 : s. S. 36.
Panoramablick – **Wolga-Wolga** 3 : im Sommer: Petrowskaja nab., gegenüber Haus Nr. 8, im Winter ankert das Schiff um die Ecke: Petrogradskaja nab., gegenüber Haus 18, Tel. 900 83 38, www.ginza-volga.ru, Metro: Gorkowskaja, Hauptgerichte ab 10 €. Der perfekte Sommerplatz an der Newa mit Panoramablick auf die ganze Stadt: Fleisch und Fische vom Grill, aber auch Spaghetti Vongole und Pelmeni mit Meeresfrüchten.

Datscha-Atmosphäre – **Tschechow** 4 : Petropawlowskaja ul. 4, Tel. 234 45 11, www.restaurant-chekhov.ru, Metro: Petrogradskaja, tgl. 12–0 Uhr, Hauptgerichte ab 9 €. Tschechow wacht von einem kleinen Foto an der Wand über die russische Küche, die schon ihn so begeisterte: hausgemachte russische Klassiker wie Borschtsch, Soljanka, Pilze in Datscha-Marinade, mit gehacktem Lammfleisch gefüllte Piroschki und leckere Forellenfrikadellen. Für den perfekten Abschluss sollte man noch einen selbst gebrannten Wodka probieren.

Wer so dem Material vertraut, gewinnt aus erhöhter Perspektive einen Eindruck von dem Sandkunstwerk am Badestrand der Peter-Paul-Festung

Typisch französisch – **Jean-Jacques** 5 : Bolschoi prospekt 54/2, Tel. 232 99 81, www.jan-jak.com, So–Do 10–0 Uhr, Fr, Sa durchgehend 24 Std., Hauptgerichte ab 8 €. Schon zum Frühstück ist das Angebot hier verführerisch. Am Abend lockt die Weinkarte: umfassend und günstig, ab 15 € die Flasche. Französische Bistromusik begleitet die kleinen französischen Speisen.

Atmosphäre – **Tscherdak** 6 : ul. Kujbyschewa 38/40, Tel. 232 11 82, Metro: Gorkowskaja, tgl. 12–23 Uhr, Hauptgericht um 5 €. Der ›Dachboden‹ – wie das Restaurant übersetzt heißt – hat viel Atmosphäre. Die Teller sind gut gefüllt, hauptsächlich mit russischen Speisen, aber auch Vegetarisches ist im Angebot.

Georgisch – **Tbilissi** 7 : Sytninskaja ul. 10, Tel. 232 93 91, www.tbiliso. ru, Metro: Gorkowskaja, tgl. 12–23 Uhr, Hauptgericht ab 5 €. In dem gemütlichen kleinen Restaurant mit zurückhaltendem traditionellem kitschig-georgischem Ambiente gibt es preiswerte Leckereien der georgischen Küche. Empfehlenswert sind die Sakuski. Die Gerichte werden von sympathischen Kellnern gereicht und lassen sich in entspannter Atmosphäre genießen.

Piroggen – **Stolle** 8 : Kamennoostrowskij pr. 54/34, Tel. 327 52 85, www.stolle.ru, Metro: Petrogradskaja, tgl. 9–21 Uhr, Hauptgericht ab 3 €. Stimmung wie in einem Wiener Kaffeehaus und dazu die besten Piroschki und Piroggen von ganz Petersburg. Als Füllung kann man wählen zwischen Lachs, Kaninchen mit Pilzen, Frühlingszwiebeln und Ei oder Kohl. Für Süße gibt es auch Quark, Kirschen oder Apfel. Alles kann frisch vom Tresen weg gekauft oder dort verspeist werden.

Leckere Kuchen – **Café Florio** 9 : s. Tipp S. 263.

Mehr als ein Hauch Nostalgie – **Mari Vanna** 10 : s. Lieblingsort S. 260.

Entspannt – **Wolkonskij:** 11 : s. S. 37.

Einkaufen

Münzen – **Magasin** 1 : in der Peter-Paul-Festung neben der Münze, Metro: Gorkowskaja, tgl. 10–18 Uhr. Medaillen, Orden und Gedenkmünzen kann man hier erwerben.

Exklusiv – **Salon Ananov** 2 : s. S. 42.

Marktlife – **Sytnyj rynok** 3 : s. S. 41 und S. 263.

Avantgarde – **Den i notsch** 4 : s. S. 42 und S. 256.

Junger Designer – **Leonid Alexeev** 5 : s. S. 256.

Bevorzugt schwarz – **Tanya Kotegova** 6 : s. S. 257.

Große Auswahl – **Fashion delicatesses** 7 : s. S. 257.

Erschwingliche Mode – **ModaNew** 8 : s. S. 257.

Die Modezarin – **Tatyana Parfionova** 9 : s. S. 257.

Aktiv

Eislauf – **Ledowij Mir:** 1 : s. S. 52.

Abends & Nachts

Revue – **Music Hall** 1 : s. S. 47 und S. 263.

Underground–Konzerte – **Kotelnaja Kamtschatka** 2 : ul. Blochina 15, Tel. 498 08 87, www.clubkamchatka. ru, Metro: Sportiwnaja, tgl. 17–23 Uhr, Konzerte ab 20 Uhr im größten Tanzklub Petersburgs. Rocklegende Viktor Zoi arbeitete hier als Heizer vor seinem Durchbruch als Frontmann der Gruppe »Kino«. Heute gibt es hier einen Musikklub mit kleinem Zoi-Museum.

Engagiert – **Russisches Enterprise Theater** 3 : s. S. 47.

Ausflüge in die Umgebung

Highlights !

Peterhof: Das ›russische Versailles‹ beeindruckt mit einem Schloss, Pavillons und einem ausgeklügelten Wasserkunstwerk. S. 274

Zarskoje Selo: Der Katharinenpalast in Zarskoje Selo ist eines der schönsten Zarenschlösser. S. 277

Auf Entdeckungstour

Zu Gast bei dem großen russischen Maler Ilja Repin: Ilja Repin ist einer der bedeutendsten russischen Maler. Seine Bilder kann man im Russischen Museum bewundern, sein Refugium in Repino am Finnischen Meerbusen. S. 282

Kultur & Sehenswertes

Bernsteinzimmer: Eine halbe Million Bernsteinscheibchen, Gravuren, Bilderrahmen und Figuren – das verloren gegangene Weltwunder erstrahlt in neuem Licht, als sei es nie aus dem Katharinenpalast von Zarskoje Selo verschwunden. S. 278

Aktiv unterwegs

Inselerkundung per Boot oder Rad: Ein wirkliches Vergnügen ist es, bei schönem Wetter im Norden der Stadt ein Paddelboot oder Kanu zu mieten und die Jelagin-Insel zu umrunden. Auch per Fahrrad lässt sie sich gut erkunden. S. 274

Spazlergang im Park von Pawlowsk: Im größten Landschaftspark Europas gibt es Tempel, Pavillons, Monumente, ein kleines Flüsschen und einen See – ein Park zum Verlaufen. S. 281

Genießen & Atmosphäre

Russkaja Rybalka auf der Kreuzinsel: Hier kann man die Fische, die man essen möchte, selbst fangen. Das ist auch im Winter möglich. S. 269

More: Vor den Toren der Stadt entspannt auf einer Terrasse sitzen, kleine Speisen oder frische Cocktails genießen, dazu der Blick auf Wasser und den Park auf der Steininsel. S. 34, 269

Podvorje: Der richtige Ort, um sich nach einem ausgedehnten Spaziergang im Park von Pawlowsk zu stärken. Das Podvorje gilt mit seiner guten Hausmannskost als das russischste aller russischen Restaurants. S. 281

Das schöne Umland – Inseln, Schlösser und Parks

Rund um St. Petersburg laden zahlreiche Ziele zu herrlichen Ausflügen ein und bieten ein ganz anderes Bild der Metropole. Ein Ruhepol sind die kleinen Inseln im Norden der Stadt: Kreuz-, Stein- und Jelagin-Insel. Sie liegen heute nicht mehr außerhalb, sondern durch die Ausdehnung St. Petersburgs fast mitten in der Stadt und haben sich zu einem beliebten Wohngebiet für wohlhabende Petersburger entwickelt.

Am Finnischen Meerbusen lädt das Landhaus des Künstlers Ilja Repin zu einem Besuch ein und besondere Highlights sind die märchenhaft schönen Zarenschlösser im Süden und Westen der Stadt.

Drei Inseln im Norden der Stadt

Kreuzinsel

▶ F–J 7–9

Die Kreuzinsel (Krestowskij ostrow) ist die größte der drei Inseln in Petersburgs Norden. Zahlreiche Neubauten zeugen davon, dass sich hier reichere Russen niedergelassen haben: Wohnblocks mit exklusiven Appartements wurden ebenso gebaut wie neue Villen. Auf der Kreuzinsel befindet sich auch die exklusivste Privatschule der Stadt.

Infobox

Reisekarte: ▶ F–K 7–9 und Karte 5

Anreise
Kreuzinsel, Steininsel und Jelagin-Insel: Von der Metrostation Tschornaja retschka gelangt man über die Uschakowskij-Brücke auf die Steininsel, von dort erreicht man zu Fuß auch die Jelagin- und die Kreuzinsel. Rückfahrt ab Metrostation Krestowskij Ostrow.
Peterhof: Für die Anreise stehen mehrere Möglichkeiten zur Verfügung. Mai–Okt. kann man mit dem Tragflügelboot »Meteor« fahren. Anlegestellen: Eremitage, Denkmal Peters des Großen, Anglijskaja nab. und Panzerkreuzer Aurora am Petrogradskaja nab.; Fahrtdauer ca. 30 Min. Eine Alternative ist die Elektritschka, die vom Baltischen Bahnhof (Metro Baltijskaja) bis zur Station Nowyj Petergof etwa 45 Min. benötigt.
Zarskoje Selo: ab Witebsker Bahnhof Elektritschka nach Detskoje Selo (Fahrzeit ca. 25 Min.); vom Bahnhof sind es zu Fuß etwa 20 Min. bis zum Katharinenschloss; schneller geht es ab Bahnhof Detskoje Selo mit Bus 371 oder 382.
Pawlowsk: Ab Witebsker Bahnhof benötigt die Elektritschka ca. 30 Min.

Organisierte Ausflüge
Die Exkursionen außerhalb von St. Petersburg bucht man am besten über Ost-West-Kontaktservice, Ligowskij pr. 10, office 2133, www.ostwest.com.

Siegespark und Stadion

Im Oktober 1945 legten die Leningrader aus Anlass des Sieges den **Siegespark** (Park Pobedij) im westlichen Teil der Insel an. 45 000 Bäume und Sträucher wurden gepflanzt sowie Wege und Spielplätze angelegt. Die Hauptallee führte zum großen **Kirow-Stadion**, das 2007 abgerissen und durch ein neues, hypermodernes Stadion mit Parkhaus und Supermarkt ersetzt wurde. Von der Metrostation Krestowskij Ostrow kann man zurück ins Zentrum fahren.

Vergnügungspark Wunderinsel

Direkt an der Metro, www.divo-ostrov.ru, Metro: Krestowskij Ostrow
Die meisten Petersburger kommen auf die Kreuzinsel, um die Wunderinsel (Diwo Ostrow) zu besuchen, einen Vergnügungspark für die ganze Familie mit Achterbahnen, Autoscooter, 180-Grad-Kino, einem Riesenrad, Kettenkarussells, Schiffsschaukeln, einem See mit Booten u. v. m. Als ›Eintrittskarte‹ (etwa 10 €) bekommt man am Eingang Armbänder, mit denen man die Stationen abfahren kann.

Essen & Trinken

Fisch und ein schöner Blick – **More:** s. S. 34 und Mein Tipp S. 269.
Originell – **Russkaja Rybalka:** Juschnaja doroga 11, Tel. 323 98 13, www.russian-fishing.ru, Metro: Krestowskij Ostrow, tgl. 12–21 Uhr, Hauptgerichte ab 8 €. Im Holzhaus im Stil einer Fischerhütte direkt am Wasser kann man sich seine eigenen Fische fangen oder fangen lassen. Sogar Putin hat sich hier schon seinen Fisch geangelt. Man kann aber auch etwas ganz anderes essen, beispielsweise Pelmeni mit Elchfüllung, denn es gibt auf der Karte auch die Abteilung ›Anti-Fisch‹.

Mein Tipp

Strandurlaub auf der Kreuzinsel

Der Klub **Tschornoje More** vermittelt wirklich das Gefühl am Schwarzen Meer zu sein: Hier am südlichen Ufer der Kreuzinsel gibt es einen kleinen Strand mit Liegestühlen, Volleyballplatz und Pool. Auf der Terrasse kann man in tiefen Sofas versinken und hat die Auswahl zwischen 100 Cocktails und verschiedenen Speisen, besonders gut ist das Schaschlik! Jetzt muss nur noch die Sonne scheinen, dann ist der Ausflug perfekt! (Juschnaja doroga 6/1, Tel. 935 53 34, Metro: Krestowskij Ostrow, tgl. 12–24 Uhr, nur Mai–Sept., Hauptgerichte ab 8 €).

Steininsel

▶ J/K 7/8

Wohnhäuser, Sportanlagen und Industriebetriebe prägen die Steininsel (Kamennyj ostrow). Am Inselrand zu den Newa-Armen hin haben zudem Jachtklubs ihre Domizile. Zum Glück konnten Investoren auf dem Eiland bisher noch nicht wirklich loslegen, sonst wäre es schon bedeckt von neuen Bauten. Die meisten alten Datschen sind Regierungsresidenzen.

Kamennoostrowskij-Palast

Katharina die Große ließ den Kamennoostrowskij-Palast (Kamennoostrowskij dworez) von den Architekten Veldten und Baschenow 1776–81 für ihren Sohn Paul errichten. Das von Stassow im Jahr 1801 umgebaute Palais war die Lieblingsresidenz von Zar Alexander I., der hier seine Sommer verbrachte.

**Steingewordener Traum –
das Jelagin-Schloss**

Wer möchte nicht gern einmal
ein solches Geschenk bekommen:
Den wundervollen Palast auf
der Jelagin-Insel ließ Alexander I.
für seine Mutter errichten. Der
Halbrundbau mit Kolonnaden
und einer Kuppel im klassizistischen Stil war Carlo Rossis erstes
Werk in St. Petersburg. Vom Palast
hat man eine fantastische Aussicht
auf das Wasser und das üppige
Grün des Parks.

Ausflüge in die Umgebung

Während der Sowjetzeit wurde der Palast zum Sanatorium für Militärangehörige, im Jahr 2007 ging er in die Hände der Stadtregierung über, die ihn gründlich restaurieren lässt. Der Palast soll für Repräsentationszwecke genutzt werden, aber auch für Ausstellungen.

Im Schlosspark liegt die neogotische **Kirche Johannes des Täufers,** die Jurij Veldten 1778 erbaute.

Die ehemaligen Sommervillen der Adelsfamilien

Bis zur Revolution erholte sich auf der Steininsel der russische Adel in wunderschönen Sommerhäusern. In einem Reiseführer, der 1957 in Leningrad erschien, ist zu lesen: »Die Oktoberrevolution stieß für die Werktätigen die Türen zu den Villen auf der Steininsel auf. 32 Sommerhäuser der Bourgeoisie und des Adels wurden in Erholungsheime und Sanatorien für Arbeiter umgewandelt.« Leider begann damit auch der Niedergang dieser einstigen Idylle. Mittlerweile sind aber viele der verfallenen Bauten restauriert.

Besonders schöne Villen liegen in der Bolschaja alleja: Die **Villa Follenweider** (Nr. 13) wurde 1904 von Roman Melzer im Stil modern, dem russischen Jugendstil, erbaut. Heute residiert hier das dänische Generalkonsulat. Seine eigene Villa, **Villa Melzer** (Polewaja alleja 6/8), entwarf er zur gleichen Zeit: ein Märchenhaus aus Holz im russischen Folklorestil. Die luxuriöseste Datscha ist die klassizistische **Villa von Alexander Polowzow,** Außenminister unter Nikolaj II. Man sieht sie von der Teatralnaja alleja aus.

Klassizistisches Theater

Von der Teatralnaja alleja ist es nicht weit zu einem kleinen Platz mit einem klassizistischen Theater ganz aus Holz, das im Jahr 1827 von Schustow errichtet wurde, abbrannte und dann unter der Leitung des Architekten Albert Cavos 1844 in seiner heutigen Gestalt erbaut wurde. Inzwischen ist es renoviert worden. Auf dem Platz vor dem Theater fühlt man sich wie in der Kulisse eines Tschechow-Stücks; der Blick geht zum Jelagin-Schloss hinüber. Will man die Nachbarinsel besuchen, spaziert man über die 1. Jelagin-Brücke.

Essen & Trinken

Frisch – **Simaleto:** Juschnaja doroga 8, Tel. 703 41 30, www.zimaleto.su, Metro: Krestowskij Ostrow, Mo–Do, So 12–0 Uhr, Fr, Sa bis zum letzten Gast, Hauptgerichte ab 8 €. Von indisch bis französisch wird hier ein interessanter Küchenmix geboten. Man sitzt auf einer schönen Terrasse mit Blick auf Wasser und Park. Originell ist die Bar: Hier werden Tee und frische Säfte geboten sowie ›Rosa Elefanten‹: Man probiert sechs verschiedene Cocktails!

Jelagin-Insel

▶ H/J 7/8, Karte S. 274

Die Jelagin-Insel (Jelagin ostrow) ist ein beliebtes Naherholungsgebiet der Petersburger (s. Aktiv auf der Jelagin-Insel, S. 274). Abgesehen vom Schloss ist sie unbebaut und immer noch ein idyllischer Ort – bestens geeignet für einen Spaziergang mit Picknick! Der schönste Weg über die Insel ist der am Newa-Ufer entlang mit Blick auf die Kreuzinsel. Von hier führt eine Brücke hinüber. Geht man bis zum Westzipfel der Insel, hat man einen freien Blick auf den Finnischen Meerbusen.

Perfektes Ausflugsziel fernab vom Trubel der Stadt: die Jelagin-Insel

Jelagin-Schloss
Jelagin Ostrow 1, www.elaginpark.org, Mi–So 10–18 Uhr, s. a. Lieblingsort S. 270

Die kleinste der drei Inseln wurde zu Zeiten Peters vor allem für die Bärenjagd genutzt. 1770 schenkte Katharina sie dem Hofmarschall Jelagin, der den Park anlegen und ein Schloss bauen ließ. Später erwarb Alexander I. die Insel und ließ den heutigen Palast errichten. Während der Belagerung der Stadt im Zweiten Weltkrieg zerstörten die Deutschen den Palast, der jedoch originalgetreu wieder aufgebaut wurde. Heute beherbergt er das **Museum für angewandte und dekorative Kunst,** das Exponate vom 18. bis zum Anfang des 20. Jh. zeigt: Porzellan, Glas, Möbel, Stoffe sowie Holz- und Metallarbeiten.

Schlosspark
Geht man den Weg hinter dem Schloss weiter, kommt man in den weitläufigen, baumreichen Park mit Seen, der

273

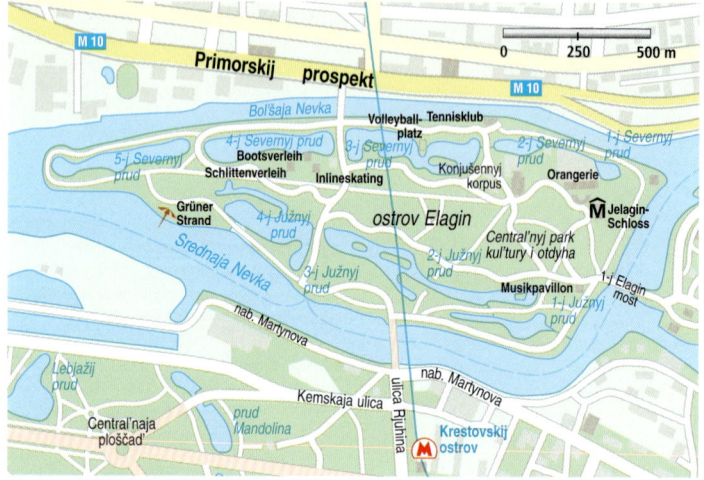

Aktiv unterwegs auf der Jelagin-Insel

von dem Gartenarchitekten Josef Busch gestaltet wurde. Carlo Rossi entwarf die Nebengebäude und Pavillons. Im Park gibt es einen kleinen **Musikpavillon,** wo im Sommer Konzerte stattfinden, einen Billardklub und Spielplätze.

Aktiv unterwegs auf der Jelagin-Insel

Die Jelagin-Insel hat sich in den letzten Jahren zu einem kleinen Sport- und Freizeitparadies entwickelt: Es gibt eine Eisbahn, einen Volleyballplatz, Tennisplätze und Strände. Im Winter kann man nicht nur Schlittschuh laufen, viele Petersburger kommen sogar hierher, um Langlaufski zu fahren. Im Sommer bietet sich ein Vergnügen ganz anderer Art an: Man kann Paddelboote und Kanus mieten und ganz entspannt von der Srednaja Newka zur Bolschaja Newka paddeln. Da die Insel autofrei ist, eignet sie sich auch bestens zum Fahrradfahren und Inlineskaten (Fahrradverleih s. S. 52, 181).

Die Schlösser
Peterhof (Petergof) !

▶ Karte 5, B 2/3

Es ist eine Pracht: Der lange Palast von Peterhof erhebt sich mit der Fassade zum Finnischen Meerbusen gerichtet auf einem mit Kaskaden und Springbrunnen besetzten Hügel. In dem etwa 1000 ha großen Park stehen 20 Schlösschen und Pavillons und jede Allee führt zu einem Wasserbecken oder einer Fontäne. Anfangs hatte im späteren Peterhof nur ein kleines Landhaus gestanden, in dem Peter der Große auf dem Weg nach Kronstadt, der Festung auf der Insel Kotlin, Rast machte. Dann ließ Peter sich im Jahr 1714 in exponierter Lage am Finnischen Meerbusen dieses ›russische Versailles‹ erbauen.

Großer Palast
Mai–Sept. Di–So 10.30–19 Uhr, letzter Di im Monat geschl.

Als 1723, noch zu Lebzeiten Peters, die Sommerresidenz eingeweiht wurde, herrschte große Begeisterung sowohl bei den ausländischen Diplomaten als auch beim russischen Adel. Peter hatte sich aber noch einen eher bescheidenen Palast bauen lassen. Erst unter Elisabeth bekam der Große Palast zwischen 1747 und 1752 durch Rastrelli sein heutiges Gesicht.

Der rund 300 m breite Barockpalast erstreckt sich auf einer Anhöhe über dem Meer. Die glanzvolle Innenausstattung übernahm in den 70er-Jahren des 18. Jh. zum Teil Jurij Veldten. So gestaltete er den Thronsaal mit dem Thron Peters des Großen, das ›Weiße Speisezimmer‹ im neoklassizistischen Stil und den Tschesme-Saal, in dem auf zwölf großen Gemälden des deutschen Malers Jacob Philipp Hackaert der Sieg der Russischen Flotte im Krieg gegen die Türken von 1768 bis 1774 dargestellt ist.

Park und Wasserspiele
Park tgl. 9–20 Uhr, Fontänen Mai–Sept. 10–18 Uhr

Bei der Schlossanlage war es Peter dem Großen vor allem um die Parks und Wasserspiele gegangen. Im Park von Peterhof setzte sich die neue Seemacht selbst ein Denkmal, insbesondere mit der vergoldeten Skulpturen-Fontäne »Samson zerreißt den Löwen« in der Mitte der Großen Kaskade, die 1735 zum Jahrestag der Schlacht von Poltawa errichtet wurde. Die **Große Kaskade**, die durch einen Kanal mit dem Meer verbunden und mit insgesamt 225 vergoldeten Skulpturen geschmückt ist, wurde zu einer Allegorie des Sieges über die Schweden und des gewonnenen Zugangs zur Ostsee. Der russische Hydraulikingenieur Wassilij Tuwolkow konstruierte ein 22 km langes Selbstfluss-System, das seit nunmehr fast 300 Jahren die Springbrunnen und Kaskaden Peterhofs mit Wasser versorgt. Das Besondere an diesem System ist, dass es das Niveaugefälle zwischen den Teichen und Fontänen ausnutzt und keine Pumpen nötig sind.

In der weitläufigen Parkanlage sind zahlreiche weitere Fontänen und Kaskaden sehenswert, beispielsweise die Schachberg-Kaskade, die Pyramiden-, die Sonnen- und die Regenschirm-Fontäne sowie die Römischen Fontänen.

Cottage im Alexandra-Park
Mai–Sept. Sa–Do 11–17, Okt.–April Sa, So 10.30–17 Uhr

An den Unteren Park schließt sich im Osten der Alexandra-Park im Stil der englischen Romantik an. Hier ließ sich Nikolaj I. das Cottage bauen, über das Astolphe de Custine schrieb, es »ist ein kleines Haus nach Art des in England so beliebten neugotischen Stils«. Besonders schön ist hier das Seezimmer, das Nikolaj I. als Arbeitszimmer nutzte.

Erstaunliches haben die russischen Restauratoren geleistet, die den Palast völlig neu wieder aufgebaut haben. Er war während des Zweiten Weltkriegs von den Deutschen fast dem Erdboden gleichgemacht worden. In den Jahren 1941 bis 1944 verlief die

Peterhof besuchen
Peterhof ist die älteste und schönste Sommerresidenz der Romanows. Ein Besuch lohnt jedoch nur im Sommer, wenn auch die Fontänen in Betrieb sind, denn darin liegt der Reiz der Anlage. Man sollte Peterhof jedoch nach Möglichkeit nicht am Wochenende besuchen, da es dann hoffnungslos überfüllt ist. **Infos im Internet:** www.peterhofmuseum.ru.

Hauptkampflinie der Belagerer an der Küste des Finnischen Meerbusens und im Süden der Stadt mitten durch das Gebiet der Zarenschlösser. Mit deutscher Gründlichkeit zerstörten die Besatzer auch den Park. Ihre Zerstörungswut ist auf Fotos dokumentiert.

Weitere Sehenswürdigkeiten

Peters Lieblingsort in Peterhof war der kleine **Palast Monplaisir,** den er sich im holländischen Stil direkt ans Ufer hatte bauen lassen. Von hier eröffnet sich ein wunderbarer Blick auf das Meer.

Im **Marly-Palais** (Mi–Mo 11–17 Uhr) wurden die Gäste untergebracht. Das ehemalige Hoffräuleinhaus neben dem Großen Palast beherbergt heute das **Benois-Museum** (Di–So 11–17 Uhr), das dem Wirken der französischen Künstlerfamilie Benois gewidmet ist.

Zarskoje Selo (Puschkin) !

▶ Karte 5, D/E 4

»Eine Welt für sich, ein Märchenreich«, so nannte Gleb Botkin, der Sohn des Hofarztes des letzten Zaren, Zarskoje Selo. Ein Märchenreich war es vielleicht noch nicht, als Peter der Große 1708 seiner Frau Katharina ein kleines Landgut 26 km südlich von St. Petersburg schenkte. Damals hatte es den finnischen Namen Saari Mojs, russisch Zarskaja Mysa, was so viel hieß wie ›Meierei auf der Anhöhe‹. Bald darauf benannte man es in phonetischer Anlehnung um in Zarskoje Selo (Zarendorf). Die besten Architekten errichteten hier die glanzvolle Sommerresidenz der Zaren – und nutzten dabei alle Möglichkeiten der

Prachtentfaltung, die im 18. Jh. zur Verfügung standen.

Bis zur Revolution existierten in Zarskoje Selo zwei Welten nebeneinander: der prunkvolle Palast und der riesige Park mit Pavillons, Lusthäuschen, Teichen und Statuen, daneben ein Garnisonsstädtchen mit einstöckigen Holzhäusern, einer kleinen Variante des Petersburger Kaufhauses Gostinyj Dwor und einem Lyzeum.

Die Revolution veränderte die Ortschaft drastisch. Die Dichterin Anna Achmatowa, die in den 1920er-Jahren in den Ort ihrer Jugend zurückkehrte, schrieb: »Zarskoje bot damals ein unvorstellbares Bild. Alle Zäune hatte man verfeuert. Über den offenen Schächten der Wasserleitungen standen verrostete Lazarettbetten aus dem Ersten Weltkrieg, Gras wucherte zwischen den Pflastersteinen, überall stolzierten und krähten Hähne in den verschiedensten Farben …«

Die Revolution führte zwar zu einer gewissen Verwilderung der Schlossanlage, ihre Zerstörung schafften jedoch erst die Deutschen im Zweiten Weltkrieg. Da hieß der Ort bereits Puschkin. 1937, zu des Dichters 100. Geburtstag, hatte man ihn umbenannt. Seit einigen Jahren heißt das Dorf aber wieder Zarskoje Selo. Die Restaurierung der von den Deutschen zerstörten oder beschädigten Bauten begann in den 1950er-Jahren. Allein die Restaurierung des Großen Saals im Schloss dauerte 20 Jahre.

Katharinenpalast 1

www.tzar.ru, Okt.–April 10–17, Mai–Sept. 12–18, Juni–Aug. 12–19 Uhr; geschl. Okt.–April Di und der letzte Mo im Monat, Mai–Sept. Di, an div. Feiertagen sowie jeden letzten Mo im Monat; für Individualbesucher an nationalen Feiertagen und in den Schulferien 12–14, 16–17 Uhr

Hier ist alles Gold, was glänzt:
Brunnenfiguren in Peterhof

Ausflüge in die Umgebung

»Azurne Mauern in einem Schwarm weißer Säulen«, so beschreibt Andrej Belyj in seinem Roman »Petersburg« treffend die Architektur des Katharinenpalastes. Doch nicht von Beginn an zeigte sich das Schloss in solcher Pracht. Peters Frau Katharina (Katharina I.) hatte in Zarskoje Selo 1718–24 noch einen bescheidenen Palast erbauen lassen. Ihre Tochter Elisabeth, die den Palast in Erinnerung an ihre Mutter Katharinenpalast nannte, gab sich damit jedoch nicht zufrieden. Sie zog den genialen Architekten Bartolomeo Francesco Rastrelli heran, der 1752 ein prunkvolles Barockschloss entwarf.

Unter Katharina der Großen wurde das Schlossinnere von Quarenghi und dem Schotten Charles Cameron im frühklassizistischen Stil entscheidend umgestaltet, wodurch der Palast eine größere Eleganz bekam.

Das Schloss ist über 300 m lang und reich mit Skulpturen, Balustraden, Säulen und Kapitellen verziert. Mit Gold wurde bei der Ausstattung nicht gespart. Ein Glanzstück Rastrellis ist der **Große Saal** mit einer Fläche von fast 900 m², in dem Gold, Spiegel und das Licht, das durch die großen Fenster fällt, miteinander zu tanzen scheinen. Bei Festen reflektierten die vergoldeten Spiegel das Licht von 56 Kron- und Wandleuchtern. Das wirkliche Highlight des Palastes ist aber das **Bernsteinzimmer,** eine Rekonstruktion des im Zweiten Weltkrieg verschwundenen Zimmers mit einer halben Million Bernsteinscheibchen, Gravuren, Bilderrahmen und Figuren (Details s. S. 88).

Spaziergang im Park
Tgl. 7–21 Uhr, kostenpflichtig
9–18 Uhr, Eintritt 300 RUB
Der riesige Park (600 ha) wurde schon unter Elisabeth mit dem **Eremitage-Pavillon** 2 und der **Grotte** 3 von Rastrelli gestaltet. Katharina die Große mochte von allen Sommerresidenzen Zarskoje Selo am meisten. Sie ließ den Park erweitern und umbauen, wobei sie, so formulierte sie es selbst, »die Anglomanie in der Plantomanie« bevorzugte. Der englische Gartenarchitekt John Bush, ein Schwiegersohn des Schotten Charles Cameron, gestaltete den Garten im englischen Landschaftsstil. Cameron ergänzte den Park durch seinen Achatpavillon und die Cameron-Galerie. Im **Achatpavillon** 4 befanden sich die Bäder der Zarin und in der **Cameron-Galerie** 5 fanden Feste statt. Auf der danebenliegenden Wiese wurde für die Gäste Theater gespielt und Feuerwerke veranstaltet. Auch das **Chinesische Dorf** 6 wurde nach Entwürfen von Cameron, dem schottischen ›Dichter-Architekten‹, realisiert.

Alexanderpalast 7
Katharina ließ später für ihren Lieblingsenkel, Alexander I., den Alexanderpalast von Quarenghi errichten – er wurde dessen Meisterwerk. Während im 18. Jh. das Katharinenschloss die Hauptresidenz war, verlagerte sich der Schwerpunkt im 19. Jh. in Richtung Alexanderpalast.

Mit hundert Zimmern war der Alexanderpalast eine relativ ›kleine‹ Behausung für einen russischen Zaren. Doch auch der letzte Zar Nikolaj II. und seine Familie lebten bis zur Revolution hauptsächlich im Alexanderschloss. Von hier wurde die Familie zuerst ins sibirische Tobolsk gebracht und von dort nach Jekaterinburg, wo alle Mitglieder im April 1918 erschossen wurden. Eine Freundin der Dichterin Achmatowa schreibt in ihren Erinnerungen: »Die Zarenfamilie lebte völlig abgeschirmt, nur dann und wann sahen wir sie auf unseren Spaziergängen …«

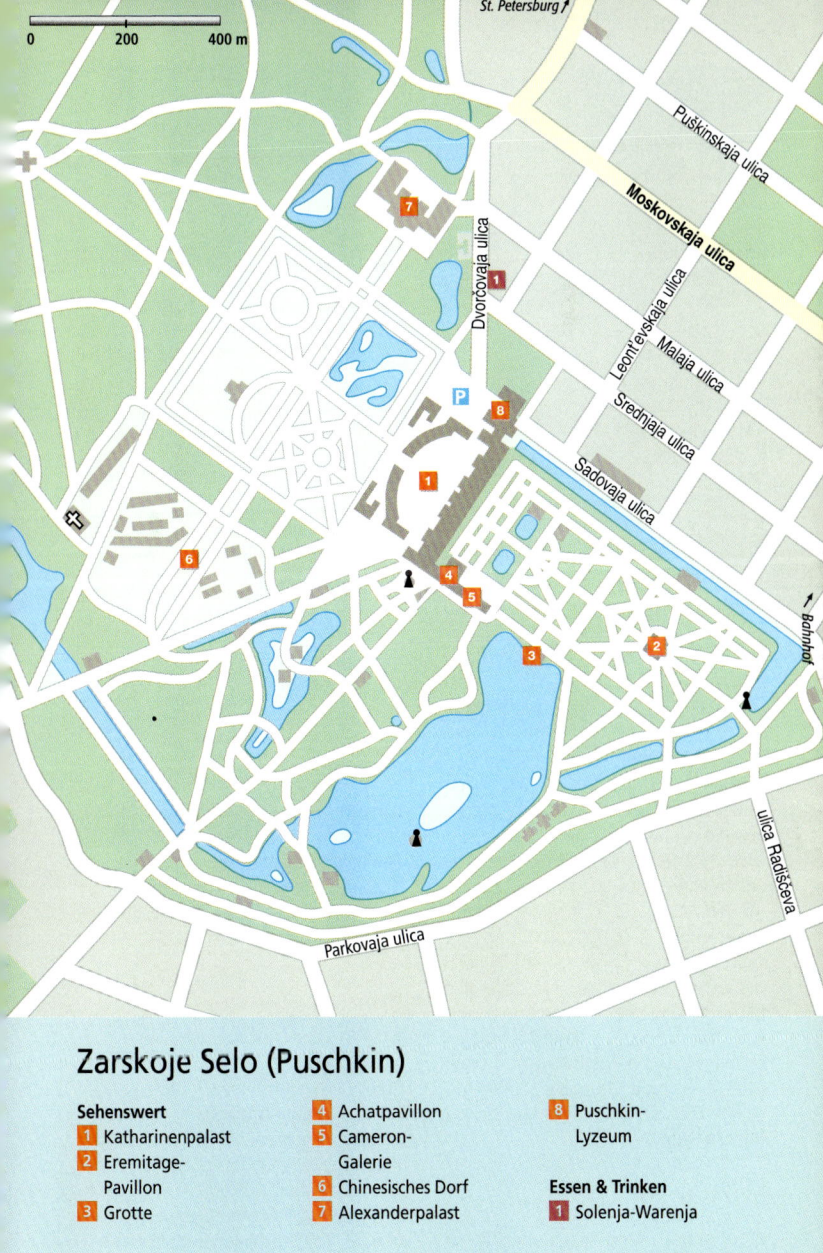

Zarskoje Selo (Puschkin)

Sehenswert

1 Katharinenpalast
2 Eremitage-
  Pavillon
3 Grotte
4 Achatpavillon
5 Cameron-
  Galerie
6 Chinesisches Dorf
7 Alexanderpalast
8 Puschkin-
  Lyzeum

Essen & Trinken

1 Solenja-Warenja

Märchenschloss aus einer anderen Zeit: der Katharinenpalast

Puschkin-Lyzeum 8

www.museumpushkin.ru,
Mi–Mo 10.30–18 Uhr, 12–20 Uhr
Zar Alexander I. hatte das Lyzeum im Jahr 1810 für ein pädagogisches Experiment gestiftet, das ein anspruchsvolles Programm vorsah. 1811 begannen 30 Knaben dort ihre Ausbildung, darunter Alexander Puschkin, dem in dem Gebäude heute ein kleines **Museum** gewidmet ist. In dem Lyzeum wohnte Mitte der 1920er-Jahre der Dichter Ossip Mandelstam mit seiner Frau.

Essen & Trinken

Gemütlich – **Solenja-Warenja 1**: ul. Srednjaja 2 a, Tel. 465 26 85, www.solen ya-varenya.ru, tgl. 12–23 Uhr, Hauptgericht ab 5 €. In ländlicher gehobener Bauernstubenatmosphäre wird hier Russisches serviert: salzig und süß. Die kleinen Piroggen sind ebenso gut wie der Borschtsch.

Pawlowsk

▶ Karte 5, E 4
Einer der schönsten europäischen Landschaftsparks liegt in Pawlowsk. Im 18. Jh. galten die dichten Wälder am Flüsschen Slawjanka als bester Ort für die höfische Jagd. 1777 machte Katharina die Große ihrem Sohn Paul (Pawel) anlässlich der Geburt des ersten Enkels, des späteren Alexander I.,

die Ländereien zum Geschenk. Sie liegen nur 4 km von Zarskoje Selo entfernt.

Nach Pauls Thronbesteigung erhielt die Siedlung um Pawlowsk das Stadtrecht, in der Folge entstanden hier Landhäuser für den Adel, später auch für bürgerliche Kreise. Heute befinden sich im Ort kleine Industriebetriebe und landwirtschaftliche Fachschulen. Auch wenn sich manches verändert hat, begeistert die Parklandschaft mit dem Schloss und den vielen kleinen Nebengebäuden noch immer.

Palast

www.pavlovskmuseum.ru, tgl.
10–18 Uhr, 1. Mo im Monat geschl.
Der schottische Architekt Charles Cameron, der schon Zarskoje Selo verschönert hatte, entwarf den Generalbebauungsplan für die Anlage und baute oberhalb des Flüsschens Slawjanka einen eleganten, hufeisenförmigen Palast im klassizistischen Stil, in dem vor allem der ägyptische Saal mit Motiven aus dem alten Ägypten und der italienische Saal, der einem Festsaal in einem römischen Palazzo nachempfunden ist, sehenswert sind.

Auf einer Europareise hatte Paul mit seiner Frau Maria Fjodorowna, einer württembergischen Prinzessin, die eine Kunstliebhaberin war, Europa bereist und wertvolle Antiquitäten erworben, die noch heute den Palast schmücken. Nach Katharinas Tod bestieg Paul für fünf Jahre den Thron und machte Pawlowsk nicht nur zur offiziellen Sommerresidenz, sondern erweiterte auch den Palast.

Spaziergang im Park

Der Architekt des Palastes, Charles Cameron, hatte verschiedene Lauben und Pavillons im Park errichtet und so eine perfekte Harmonie zwischen Landschaft und Architektur geschaffen. Nach dem Tod Pauls erfuhr der Park jedoch eine Umgestaltung. Dieser Aufgabe widmete sich 1803–28 der italienische Bühnenbildner und Gartenarchitekt Pietro Gonzaga. Pawlowsk war nun im Besitz der Zarenwitwe, die mehr als 60 kleine Bauten in den Park stellen ließ und hier literarische Abende veranstaltete, an denen die berühmtesten Dichter ihrer Zeit lasen.

Auch an Sommerwochenenden kann man in diesem weitläufigen, leicht hügeligen Park ungestört seinen Gedanken nachhängen. Künstliche Seen und eine Vielzahl schöner Rundwege, vorbei an einem kleinen See, lauschigen Pavillons, Skulpturen, Kaskaden und über kleine Brücken, machen einen ausgedehnten Spaziergang zum Vergnügen.

Musikpavillon

Zur Eröffnung der ersten Eisenbahnstrecke, St. Petersburg–Zarskoje Selo–Pawlowsk, wurde 1837 neben dem Bahnhof ein Musikpavillon erbaut, der bald für die hier stattfindenden Konzerte berühmt war. Fjodor Schaljapin sang in dem Musikpavillon, und Franz Liszt, Robert Schumann sowie Johann Strauß dirigierten. Letzterer war hier sogar 15 Jahre als Dirigent verpflichtet. Der Musikpavillon – englisch ›vauxhall‹ – lieferte übrigens das russische Wort für Bahnhof, ›woksal‹.

Essen & Trinken

Hausmannskost – **Podvorje:** Filtrowskoje schosse 16, Tel. 466 85 44, www.podvorye.ru, tgl. 12–23 Uhr. Nach einem Spaziergang im Park von Pawlowsk kann man hier wunderbar mittags oder abends einkehren. Podvorje gilt als das russischste aller russischen Restaurants.

Auf Entdeckungstour: Zu Gast bei dem großen russischen Maler Ilja Repin

Ilja Repin war einer der bedeutendsten russischen Maler. Seine Bilder können im Russischen Museum bewundert werden, sein Refugium am Finnischen Meerbusen. Repino mit dem skurril anmutenden Repin-Haus ist das Ziel einer wirklichen Entdeckungsreise.

Reisekarte: ▶ Karte 5, B 1
Zeit: ein halber, besser ein Tag.
Planung: Repino, Promorskije schosse 411, Mi–So 10.30–17 Uhr (Einlass bis 16 Uhr), eng.nimrah.ru/musrepin/
Start: Vom Finnischen Bahnhof stündlich Elektritschkas nach Repino (Fahrzeit: rund 50 Min.); ca. 2 km Fußweg vom Bahnhof zum Museum (s. Wanderkarte am Bahnhof). Oder: ab Metrostation Tschornaja Retschka mit Bus 211 bis zur Haltestelle Penaty, dann ist man direkt vor der Tür.

Repin und seine Tafelrunde

Jeden Mittwoch um zwölf Uhr fand sich eine fröhliche Runde zum Essen bei Ilja Repin ein. Man versammelte sich um den runden Tisch im Esszimmer. Auf dem äußeren Kreis fanden Teller, Gläser und Besteck Platz, auf dem inneren Kreis, einer Drehplatte, standen die Speisen. Der Hausherr legte großen Wert auf Selbstbedienung – es gab keine Dienstmädchen im Haus, aus Prinzip! Wer gegen derlei Vorgaben verstieß, musste von der kleinen Tribüne in einer Ecke des Raums eine Rede halten. Nach dem Essen verschwand das Geschirr für die restliche Zeit der Geselligkeit in einer Schublade, die vor jedem Platz in den Tisch eingelassen war.

In dem Esszimmer, an dessen Wänden Gemälde von Ilja Repin hängen, saßen in der vorrevolutionären Zeit so bedeutende Zeitgenossen wie der Sänger Fjodor Schaljapin, der Komponist Anton Rubinstein und die Dichter Maxim Gorkij sowie Wladimir Majakowskij um den runden Tisch.

Der Maler und sein Landgut

Ilja Repin (1844–1930) war und ist einer der bekanntesten russischen Maler. Normalerweise arbeitete er wie ein Besessener – nur am Mittwoch nicht. Repins große Zeit waren die 70er- und 80er-Jahre des 19. Jh., als er zu der russischen Kunstbewegung ›Die Wanderer‹ gehörte. Berühmt wurde er mit seinem Gemälde »Die Wolgatreidler«.

Um die vorige Jahrhundertwende floh der Maler vor dem lauten Treiben in der Stadt und kaufte sich etwa 40 km nördlich von St. Petersburg am Finnischen Meerbusen ein bewaldetes Stück Land mit einem kleinen, einstöckigen Haus, dem heutigen Museum. Der Ort hieß damals Kuokkala und gehörte zu Finnland. Repin verwandelte das Haus ganz nach seinen Vorstellungen, indem er darum herum viele verschiedene Glas- und Holzanbauten errichtete. So entstand ein reizvolles, verwinkeltes Ensemble, das er selbst »Penaty« nannte, nach den römischen Schutzgöttern. Ein sehr schöner, lichter Raum ist das Winteratelier im ersten Stock, in dem noch ein unvollendetes Porträt von Puschkin zu sehen ist. Hier suchte Repin nach der Revolution Distanz zu den politischen Umwälzungen in seinem Heimatland.

Als Repin 1930 starb, vererbte er sein Haus der Russischen Akademie der Künste, mit der Bitte, es zu einem Museum zu machen. Als der Landstrich an die Sowjetunion fiel (1940), wurde Repins Wunsch erfüllt. Leider brannte das Museum im Zweiten Weltkrieg ab, doch es wurde später originalgetreu wieder aufgebaut.

Das Museum wird sehr liebevoll betreut. In jedem Zimmer steht ein Tonbandgerät, von dem man sich in seiner Sprache Geschichte und Geschichtchen erzählen lassen kann.

Der Maler und seine Bilder

Repin gilt als Tolstoj der russischen Malerei. Seine Gesellschaftsszenarien, Straßenbilder, monumentalen Historienbilder und Porträts fügen sich zu einem facettenreichen, sinnlich einprägsamen Epochengemälde. In Repino sind seine Bilder nur als Kopie zu sehen. Wer Originale sehen möchte, findet sie im Repin-Saal des Russischen Museums.

Repins geliebte Landschaft

An einem schönen Tag – ob im Winter oder Sommer – sollte man in den Kiefernwäldern am Strand spazieren gehen. Die Landschaft, die den Maler Ilja Repin in den Bann zog, beeindruckt auch heute noch.

Sprachführer

Zur Transkription

Im Text werden russische Wörter in der Duden-Transkription wiedergegeben, da diese die Aussprache im Deutschen am besten spiegelt. In den Karten wird die hiervon abweichende, in der Kartografie aber übliche, internationale ISO-Transliteration verwendet. Entgegen der Dudentranskription geben wir das j nach i und y als j wieder.

Russischer Buchstabe		Tran-skription	Russischer Buchstabe		Tran-skription
А	а	a	П	п	p
Б	б	b	Р	р	r
В	в	w	С	с	s
Г	г	g	Т	т	t
Д	д	d	У	у	u
Е	е	e/je	Ф	ф	f
Ё	ё	jo	Х	х	ch
Ж	ж	sch	Ц	ц	z
З	з	s	Ч	ч	tsch
И	и	i	Ш	ш	sch
Й	й	i/j	Щ	щ	schtsch
К	к	k	Ъ	ъ	
Л	л	l	Ы	ы	y
М	м	m	Ь	ь	
Н	н	n	Э	э	e
О	о	o	Ю	ю	ju
			Я	я	ja

Höflichkeit, Allgemeines

guten Morgen!	dobroje utro!	доброе утро!
guten Tag!	dobryj den!	добрый день!
guten Abend!	dobryj wetscher!	добрый вечер!
auf Wiedersehen!	do swidanija!	до свидания!
ja/nein	da/njet	да/нет
danke	spassibo	спасибо
bitte	poschaluista	пожалуйста
gut	choroscho	хорошо
schlecht	plocho	плохо
Entschuldigung!	iswinite!	извините!

Unterwegs

Hotel	gostiniza	гостиница
freies Zimmer	swobodny nomer	свободный номер
Dusche	dusch	душ
Toilette	tualet	туалет
Frühstück	sawtrak	завтрак
alles belegt!	wsjo sanjato!	всё занято!

funktioniert nicht	ne rabotajet	не работает
Post	potschta	почта
Restaurant	restoran	ресторан
Museum	musej	музей
Flughafen	aeroport	аэропорт
links	nalewo	налево
rechts	naprawo	направо
geradeaus	prjamo	прямо
Fahrplan (Zug)	raspissanije pojesdow	расписание поездов
Zug	pojesd	поезд
1. Klasse	mjachki wagon	мягкий вагон
Bahnhof	woksal	вокзал
Schalter	kassa	касса
Abfahrt	otprawlenije	отправление
Ankunft	pribytije	прибытие
Gleis	put	путь
Fahrkarte	bilet	билет
nicht einsteigen	possadki net	посадки нет
Flugzeug	samoljot	самолёт
Autobus	awtobus	автобус
Straßenbahn	tramwai	трамвай
Haltestelle	ostanowka	остановка
Taxistand	stojanka taxi	стоянка такси

Hinweisschilder

Vorsicht!	ostoroschno!	Осторожно!
Halt!	stoj! stojte!	Стой! Стойте!
Eingang	wchod	Вход
kein Eingang	wchoda net	Входа нет
Ausgang	wychod	Выход
kein Ausgang	wychoda net	Выхода нет
geschlossen	sakryto	Закрыто
Reparatur	remont	Ремонт
geöffnet	otkryto	Открыто
besetzt	sanjato	Занято
Notausgang	sapasnoj wychod	Запасной выход
Erste Hilfe	skoraja pomoschtsch	Скорая помощь
Toilette (D/H)	tualet (Sch/M)	Туалет (Ж/М)

Essen, Restaurant

Mittagessen	obed	обед
Abendessen	uschin	ужин
Mineralwasser	mineralnaja woda	минеральная вода
Kaffee	kofe	кофе
Tee	tschai	чай

Saft	sok	сок
Milch	moloko	молоко
Wein	wino	вино
Sekt	schampanskoje	шампанское
trocken	suchoje	сухое
weiß	beloje	белое
rot	krasnoje	красное
Brot	chleb	хлеб
Ei	jaizo	яйцо
Honig	mjod	мёд
Zucker	sachar	сахар
Marmelade	warenje/dschem	варенье/джем
Butter	maslo	масло
Käse	syr	сыр
Schinken	wettschina	ветчина
Wurst	kolbassa	колбаса
Speiseeis	moroschenoje	мороженое
Vorspeise	sakuski	закуски
Suppe	sup	суп
Nachspeise	dessert	десерт
Salz	sol	соль
Pfeffer	perez	перец
Fisch	ryba	рыба
Fleisch	mjasso	мясо
Kaviar	ikra	икра
Huhn	kuriza	курица
Würstchen	sossiski	сосиски
Salat	salat	салат
Gemüse	owoschtschi	овощи
Obst	frukty	фрукты
gefüllte Teigtaschen	wareniki/pelmeni	вареники/пельмени

Zahlen

1	odin	один		13	trinadzat	тринадцать
2	dwa	два		14	tschetyrenadzat	четырнадцать
3	tri	три		15	pjatnadzat	пятнадцать
4	tschetyre	четыре		16	schestnadzat	шестнадцать
5	pjat	пять		17	sjemnadzat	семнадцать
6	schest	шесть		18	wosjemnadzat	восемнадцать
7	sjem	семь		19	dewjatnadzat	девятнадцать
8	wosjem	восемь		20	dwadzat	двадцать
9	dewjat	девять		21	dwadzatodin	двадцатьодин
10	desjat	десять		30	trizat	тридцать
11	odinnadzat	одиннадцать		40	sorok	сорок
12	dwenadzat	двенадцать		50	pjatdesjat	пятьдесят

60	schestdesjat	шестьдесят	100	sto	сто
70	sjemdesjat	семьдесят	150	sto pjatdesjat	сто пятьдесят
80	wosjemdesjat	восемьдесят	200	dwesti	двести
90	dewjanosto	девяносто	1000	tyssjatscha	тысяча

Die wichtigsten Sätze

Allgemeines

Sprechen Sie Deutsch?	Wy goworite po nemezki?	Вы говорите по немецки?
Ich verstehe nicht.	Ja ne ponimaju.	Я не понимаю.
Ich spreche kein Russisch.	Ja ne goworju po russki.	Я не говорю по русски.
Ich heiße …	Menja sowut …	Меня зовут …
Wie heißen Sie?	Kak was sowut?	Как вас зовут?
Wie geht es dir/Ihnen?	Kak ty poschiwajesch/ Kak wy poschiwajete?	Как ты поживаешь/ Как вы поживаете?

Unterwegs

Wie komme ich zu/nach … ?	Kak proiti k/w	Как пройти к/в …?
Wo ist bitte …?	Gdje nachoditsja … ?	Где находится …?
Könnten Sie mir bitte … zeigen?	Pokaschite mne, poschaluista, …	Покажите мне, пожалуйста, …
Wie viele Kilometer sind es bis …?	Skolko kilometrow do …?	Сколько километров до …?

Notfall

Können Sie mir bitte helfen?	Pomogite mne, poschaluista.	Помогите мне, пожалуйста.
Ich brauche einen Arzt.	Mne nuschen wratsch.	Мне нужен врачь.
Hier tut es weh.	Tut mnje bolno.	Тут мне больно.
Ich möchte telefonieren.	Ja chotschu poswonit po telefonu.	Я хочу позвонить по телефону.

Übernachten

Haben Sie ein freies Zimmer?	Jest li u was swobodnyj nomer?	Есть ли у Вас свободный номер?
Wie viel kostet das Zimmer pro Nacht?	Skolko stoit nomer sa notsch?	Сколько стоит номер за ночь?
Ich habe ein Zimmer bestellt.	Ja sakasal nomer.	Я заказал номер.

Im Restaurant

Die Speisekarte, bitte.	Dajte, poschaluista, menju.	Дайте, пожалуйста, меню.
Die Rechnung, bitte.	Dajte, poschaluista, stschot.	Дайте, пожалуйста, счет.
Bitte reservieren Sie uns für heute Abend einen Tisch für vier Personen.	Ja chotel by sakasat stol dlja tschetyre tscheloweka na sewodnjaschnij wetscher.	Я хотел бы заказать стол для четырех человек на сегодняшний вечер.

287

Register

Register

Register

Die Autorin: Eva Gerberding bereist seit ihrem Slawistik-studium Russland regelmäßig. Durch zahlreiche Reportagen für verschiedene Printmedien und Radiosender sind enge Kontakte zur Moskauer und St. Petersburger Kulturszene entstanden. Für ARTE dreht sie auch Dokumentarfilme über Russland. Im DuMont Reiseverlag sind von Eva Gerberding die Reise-Taschenbücher »Moskau« und »Hamburg« erschienen sowie in der Reihe DuMont Direkt der Band »St. Petersburg«.

Abbildungsnachweis

Café Schastje, St. Petersburg: S. 37
DuMont Bildarchiv, Ostfildern: S. 7, 16/17, 34, 38/39, 62/63, 64/65, 69, 72, 88/89, 91, 98/99, 103, 114 (2x), 126/127, 137, 144 (2x), 147, 156/157, 158, 184 (2x), 185 li., 202/203, 204/205, 209, 210/211, 212 (2x), 213 li., 215, 220/221, 228/229, 230 re., 238, 244, 248 re., 249 li., 255, 259, 266 li., 267 li., 273, 282 (Sasse)
f1-online, Frankfurt a. M.: S. 177 (Lebed)
Eva Gerberding, Hamburg: S. 6, 13 o. li., 164/165, 292
Getty Images, München: S. 138 (Kommersant Photo/Kontributor)
Michail Goroshko, St. Petersburg (Russland): S. 12 o. re., 12 u. li., 242/243
Grand Hotel Europe, St. Petersburg (Russland): S. 105
Michael Holz, Hamburg: S. 12 u. re., 13 u. re., 28/29, 141, 142, 161, 167, 174/175, 260/261
Huber-Images, Garmisch-Partenkirchen: S. 13 o. re., 115 li., 120/121, 198/199 (Gräfenhain); 8 (Mezzanotte)
iStockphoto, Calgary (Kanada): S. 231 li., 233
laif, Köln: 77 (Dorn); 13 u. li., 270/271 (Gaasterland); 95, 132/133, 152/153, 178/179, 193, 196/197, 251 (Galli); 79 (Gurian); 266 re., 280

(Hoffmann); Titelbild, 12 o. li., 130/131, 145 li., 154, 162/163, 206/207, 247 (Hub); 190 (Jonkmanns); 42/43 (Martin/Le Figaro); Umschlagklappe vorn, 151, 248 li., 264 (Sasse); 52/53, 231 li., 236/237 (Schwelle); 25 (Standl); 256 (Spierenburg)
Look, München: S. 224 (age fotostock); 171 (Frei); 112/113 (Travel Collection); 187 (Widmann)
Mauritius Images, Mittenwald: S. 33 (Alamy/Kellerman); 48/49 (Alamy/Levy); 168 (Alamy); 276 (Age); 108/109 (Buss); 182 (Hollweck)
Neuholland, St. Petersburg: S. 11 (Kostyushin)
picture-alliance, Frankfurt a. M.: S. 80, 83 (AKG); 101 (epa Keystone Trezzini); 87 (epd/Neetz); 74/75, 124 (Heritage Images); 10, 128 (ITAR-TASS/Belinsky); 97 (KPA/TopFoto); 194 (AKG/da Cunha); 226 (united archiv)
Shutterstock, New York (USA): 134/135 (Pakutina)
Visum, Hannover: S. 56 (Kah); 107, 110 (PhotoXPress)
© VG Bild-Kunst, Bonn: Henri Matisse, »Rotes Zimmer«, S. 124, Eremitage, St. Petersburg

Kartografie

DuMont Reisekartografie, Fürstenfeldbruck
© DuMont Reiseverlag, Ostfildern

Umschlagfotos: Der Winterpalast am Schlossplatz (Titelbild), Gribojedow-Kanal und Christi-Auferstehungs-Kathedrale (Umschlagklappe vorn)

Hinweis: Autorin und Verlag haben alle Informationen mit größtmöglicher Sorgfalt geprüft. Gleichwohl erfolgen alle Angaben ohne Gewähr. Bitte schreiben Sie uns! Über Ihre Rückmeldung und Ihre Verbesserungsvorschläge freuen wir uns: **DuMont Reiseverlag,** Postfach 3151, 73751 Ostfildern, info@dumontreise.de, www.dumontreise.de

5., aktualisierte Auflage 2017
© DuMont Reiseverlag, Ostfildern
Alle Rechte vorbehalten
Redaktion/Lektorat: Erika E. Schmitz, Nadja Gebhardt
Grafisches Konzept: Groschwitz/Blachnierek, Hamburg
Printed in China

MIX
Papier aus verantwortungsvollen Quellen
FSC® C124385